ABERTURAS E IMPASSES

PAULO DE TARSO SALLES

ABERTURAS E IMPASSES

O PÓS-MODERNISMO NA MÚSICA E SEUS REFLEXOS NO BRASIL – 1970-1980

© 2003 Editora Unesp

Direitos de publicação reservados à:
Fundação Editora da Unesp (FEU)
Praça da Sé, 108
01001-900 – São Paulo – SP
Tel.: (0xx11) 3242-7171
Fax: (0xx11) 3242-7172
www.editoraunesp.com.br
www.livrariaunesp.com.br
feu@editora.unesp.br

CIP – Brasil. Catalogação na fonte
Sindicato Nacional dos Editores de Livros, RJ

S165a

Salles, Paulo de Tarso
    Aberturas e impasses: o pós-modernismo na música e seus reflexos no
Brasil – 1970-1980 / Paulo de Tarso Salles. – São Paulo: Editora Unesp, 2005. il.

    Inclui bibliografia
    ISBN 85-7139-582-9

    1. Música – Brasil – História e crítica.   2. Música – Filosofia e estética.
3. Pós-modernismo – Brasil. I. Título.

05-0823   CDD780.981
                                                                 CDU 78.03(81)

Este livro é publicado pelo projeto *Edição de Textos de Docentes e
Pós-Graduados da Unesp* – Pró-Reitoria de Pós-Graduação e Pesquisa
da Unesp (PROPP) / Fundação Editora da Unesp (FEU)

Editora afiliada:

Asociación de Editoriales Universitarias
de América Latina y el Caribe

Associação Brasileira de
Editoras Universitárias

Para Marisa e Pedro

SUMÁRIO

PREFÁCIO

Escrever este prefácio me orgulha por diversos motivos. Primeiro, porque acompanhei passo a passo a gestação desta pesquisa, do surgimento das primeiras ideias, suas modificações e adequações até o seu resultado final, que agora vem a público no formato de livro. Segundo, pelo fato de o tema ser instigante, atual e raro nos meios acadêmicos brasileiros. E terceiro, porque tive o privilégio de ter como primeiro orientando Paulo de Tarso Salles, um pesquisador nato, independente e criativo, como todo pesquisador deve ser.

Aberturas e impasses transita em um universo polêmico, pois, se o termo "pós-moderno" suscita divergências entre aqueles que são considerados especialistas, discutir sua pertinência e adequação no campo musical e, especificamente, na música erudita brasileira, o controverte mais ainda. Por um lado, como observa o autor,

> na maioria dos relatos sobre "música pós-moderna" o que se tem é a impressão de que pós-modernismo é uma esfera estilística na qual se pode entrar ou da qual se pode sair de acordo com a conveniência. O pós-modernismo é visto como um sucessor mal-intencionado do modernismo, dotado de menor rigor artístico e maior ambição mercadológica... os que admitem praticar esse "menor rigor" enfatizam a maior liberdade

de escolha do compositor como um aspecto positivo da pós-modernidade. Entre os que atacam essa prática, predomina a sensação de algum tipo de engodo, de adesão irrestrita aos ditames da indústria do entretenimento e dos meios de comunicação. (p.14)

A controvérsia sobre a música erudita brasileira, por outro lado, assenta-se parcialmente em uma crença questionável (mas reiteradamente propagada), na qual a música brasileira só adquire legitimidade quando discutida e/ou produzida no âmbito da música popular, pois esta é reconhecida nacional e internacionalmente como uma das maiores expressões de nossa cultura. A despeito de sua qualidade, que é inegável, esta afirmação baseia-se, entretanto, na falsa premissa de que o brasileiro possui uma "intuição musical espontânea", o que fomenta opiniões tal qual a do maestro Kurt Masur, que em sua recente estada no Brasil declarou à imprensa que nossa música popular é "tão boa que nem precisamos da erudita" (*O Estado de S. Paulo*, 23.7.2003).

A partir do levantamento e confronto das variadas definições e implicações ideológicas, sociológicas e políticas do conceito de pós-moderno e seu debate na música europeia e norte-americana, Paulo de Tarso Salles toma como palco de discussão a música erudita brasileira produzida entre as décadas de 1960 e 1980, mapeando os principais debates que nutriram, direta ou indiretamente, a sua realização: o projeto nacionalista de Mário de Andrade, suas consequências ideológicas e seus seguidores (Camargo Guarnieri, Francisco Mignone), Hans Joachim Koellreuter e a nova proposta de composição nos anos 1940-1950, a modernização dos governos Vargas e Kubitschek, o golpe militar de 1964, a criação do Grupo Música Nova (Gilberto Mendes, Willy Correa de Oliveira), a abertura dos cursos universitários em música, a criação da Funarte, entre outros.

Apesar da diversidade bibliográfica e do pluralismo de contradições que necessariamente permeiam uma pesquisa dessa natureza, tornam-se nítidos o domínio e a familiaridade com que Paulo de Tarso percorre o tema. Sua leitura crítica e rigorosa não se perde, em momento algum, na discussão do pormenor e do periférico. É justamente esse aspecto que faz que *Aberturas e impasses* seja um trabalho original e que, portanto, ofereça uma nova perspectiva metodológica de abordagem da música erudita brasileira. Afinal, tomar como justificativa apenas a riqueza, a variedade e a intersecção existente entre os repertórios e as práticas de nossa cultura musical, sem exercer o espírito crítico, não possibilita a formação de julgamentos de valor.

Que o público, portanto, desfrute desta leitura e que outros estudiosos observem que a interdisciplinaridade em pesquisa não é apenas uma mera palavra de moda, mas sim uma prática viável na qual o rigor deve servir como linha mestra.

Lia Tomás

Introdução

Este livro surgiu da insatisfação do autor com pelo menos duas utilizações bastante comuns na aplicação do termo "pós-modernismo" com finalidade de apreciação estética da música contemporânea. A primeira delas pode ser exemplificada por estudos que buscam uma definição estilística da "música pós-moderna", ou ainda pela simples adesão de compositores a uma "estética pós-moderna", conferindo assim ao conceito de pós-modernismo uma questão de opção, como se fosse possível ser ou deixar de ser "pós-moderno" pela simples adoção de alguma técnica ou comportamento artístico. O segundo uso assume uma conotação crítica em relação a esse "pós-moderno", olhando-o de fora, como uma manifestação exacerbada da cultura de massa, ou uma espécie de derrotismo ante uma anunciada morte da arte e do indivíduo, contra a qual o artista deve se insurgir. O pós-moderno, nesse caso, é a parte podre da cultura, circundando os tecidos saudáveis do pensamento crítico que rejeita qualquer forma de tergiversar sobre o sublime.

Ambas as posições equivalem a atribuir à arte uma autonomia considerável em relação à sociedade, o que chega a ser até compreensível se analisarmos o caso específico da música contemporânea, cuja penetração no mercado das artes se dá especialmente por meio de atividades subvencionadas por governos e/ou universidades. Mas não se pode exagerar quanto à autonomia da música contemporânea em relação ao mercado, pois as inúmeras mediações que legitimam e dão *status* oficial à criação musical já a tornam parte de um sistema complexo no qual o compositor precisa integrar-se para ser reconhecido como tal. A existência de um mercado alternativo no qual se negociam as estratégias para a realização de obras musicais não significa que essas obras sejam totalmente isentas ao mercado; ser alternativo é também ser de alguma forma contestador, é participar de uma postura ideológica ante o processo da criação, de um modo peculiar de fazer e endereçar essa música.

Daí que o emprego do termo "pós-moderno", na maioria dessas posições que mencionamos, confunde-se com uma música mais eclética ou acessível no sentido de fazer uma adequação com alguns dos pontos da teoria pós-moderna. O ecletismo seria uma forma de derrubar as polarizações entre estilos incompatíveis; a acessibilidade seria o meio de tornar a linguagem musical mais compreensível ao ouvinte médio, facilitando sua tarefa com o uso de estruturas familiares, como acordes tonais, texturas mais simples, formas de organização já conhecidas, alusões à música popular etc.

Em contrapartida, essa facilitação implica a marginalização da música mais elaborada, uma postura anti-intelectual quanto aos atos de ouvir e de criar música. Seja como fator de eventual adesão ou rejeição, na maioria dos relatos sobre "música pós-moderna" o que se tem é a impressão de que pós-modernismo é uma esfera estilística na qual se pode entrar ou da qual se pode sair de acordo com a conveniência. O pós-modernismo é visto como um sucessor mal-intencionado do modernismo, dotado de menor rigor artístico e maior ambição mercadológica. O que difere em ambos os pontos de vista é que os que admitem praticar esse "menor rigor" enfatizam a maior liberdade de escolha do compositor como um aspecto positivo da pós-modernidade. Entre os que atacam essa prática, predomina a sensação de algum tipo de engodo, de adesão irrestrita aos ditames da indústria de entretenimento e dos meios de comunicação de massa.

Essa oposição foi suficientemente descrita por Umberto Eco (2000a), mantendo-se praticamente intacta à medida que a questão do pós-modernismo foi sendo levada para a discussão estética. Os males e os benefícios atribuídos à cultura de massa no livro de Eco tornaram-se análogos ao estilo musical pós-moderno, de acordo com essas duas visões. O que torna insatisfatória essa dicotomia é justamente o estudo das raízes sociais da teoria pós-moderna, cuja aplicação estética não se impõe como uma única definição de estilo, mas como uma periodização em que vários estilos convivem, juntamente com suas diversas ideologias.

Se de fato existe esse pós-modernismo, como um período de tempo em que o alcance tecnológico faz que nosso inconsciente seja tomado por vivências reais e virtuais, por realidades paralelas entre aldeias e megalópoles, em discussões sobre mercados globais, efeito estufa, turismo sexual, guerras ("preventivas" ou tradicionais), imperialismo, terrorismo, clonagem, pirataria e epidemias, fica evidente o quão superficial é a abordagem que imagina possível entrar ou sair do pós-modernismo, como se a música, ou qualquer outro aspecto da cultura, pudesse pairar fora dessa discussão. Jameson (1997) alertou-nos para o fato de que é impossível estar "fora" do pós-modernismo, se o conceito é observado como uma narrativa dos tempos contemporâneos.[1]

Assim, tornou-se necessário, antes de enfocar a questão propriamente da música no pós-modernismo neste livro, circunscrever melhor esse território a partir do conceito vizinho do modernismo (primeiro capítulo), chegar até a música desse modernismo (segundo capítulo) para daí avançar para as considerações pós-modernas ao redor da música (terceiro capítulo). Tomamos por base a extensa literatura sobre a música do século XX e empreendemos uma avaliação comparativa entre essa produção teórica e musical em razão da teoria pós-moderna. O leitor-músico que nos perdoe esse *retardo*

---

1 Pode-se encontrar também em Williams (1992) um aprofundamento da questão entre a autonomia da arte e o envolvimento do artista com um sistema social.

talvez demasiado prolongado, mas necessário, antes de abordar a questão musical no pós-modernismo.

Alguns compositores emergiram naturalmente como o centro dessa questão: Schoenberg, Stravinsky, Cage, Boulez, Stockhausen, Glass. Podemos atribuir a algum deles o papel de último bastião da modernidade ou de avatar dos tempos pós-modernos? Responder a essa questão não é propriamente o aspecto central deste livro, mas sim investigar a pertinência do conceito de pós-modernismo como fio condutor de uma reflexão sobre a música contemporânea.

Consideramos, todavia, que a demonstração ficaria mais factível por meio de uma análise mais pormenorizada, o que nos levou a empreender uma discussão sobre o pós-modernismo na música erudita brasileira (MEB), reservando assim ao quarto capítulo deste trabalho um autêntico "estudo de caso".

Esse detalhamento nos revelou a importância que o contexto de uma cultura específica determina sobre nossa percepção do que o pós-modernismo representa para cada sociedade. Assim nos fica claro que falar de pós-modernismo na música brasileira assume peculiaridades muito distantes do modelo norte-americano de Jameson (1997), ou da música europeia por Ramaut-Chevassus (1998). Entretanto, para melhor circunscrevermos os limites deste trabalho, concentramo-nos no período em torno do golpe de 1964, abrangendo a produção musical brasileira das décadas de 1960-1980.

Aproveito ainda para agradecer a todos os que me ajudaram a realizar este trabalho, especialmente a Marisa e Pedro, Lia Tomás, Alberto Ikeda, Maria Elisa Pereira, Marlos Nobre, Jean-Yves Bosseur, Giacomo Bartoloni, Celso Mojola, Yara Caznók, Heloísa D. Valente, Edson Zampronha e a todo o pessoal muito gentil da Editora Unesp.

1
O PÓS-MODERNISMO E SUAS TEORIAS

Discutir "pós-modernismo" pressupõe uma abordagem prévia do"modernismo". Também cabe fazer uma distinção entre "modernismo" e "modernidade", assim como entre "pós-modernismo" e "pós-modernidade". Todos esses termos envolvem conceitos filosóficos, políticos e estéticos, portanto "culturais", se dermos à noção de "cultura" o significado atribuído por Raymond Williams (1992, p.13) em que ocorre a convergência entre o sentido antropológico-sociológico de cultura com o sentido mais especializado das atividades artísticas e intelectuais.

A designação mais comum que distingue "modernidade" de "modernismo" é a que estabelece a modernidade como uma era iniciada por volta do século XVI. Essa distinção é clara a partir do pensamento hegeliano, que via a modernidade como conceito de época, delimitado pela descoberta do Novo Mundo, pelo Renascimento e pela Reforma (Habermas, 2000, p.9).

A interpretação conceitual do moderno sofre ainda diferenciações de acordo com tradições nacionais. Bradbury & McFarlane (1989, p.75) chegam a propor uma "geografia do Modernismo"; Compagnon (1999, p.122-3) realça as diferenças entre o pensamento alemão e o francês,[1] ao passo que Jameson (1997, p.308) estende a discussão não apenas entre "diferentes tradições nacionais", como também entre "várias disciplinas acadêmicas".

Milan Kundera (2001, p.9), em suas reminiscências literárias da Europa central, ao refletir sobre as peculiaridades de autores modernos como Kafka, Musil, Hermann Broch e Gombrowicz, acrescenta outros matizes às idiossincrasias regionais do modernismo europeu, descobrindo não apenas conceitos diferentes, como também diferentes hierarquizações entre as artes nas diversas culturas europeias:

> Na França, o classicismo, o racionalismo, a libertinagem, a lucidez do grande romance do século 19. Na Europa Central, o reino da arte barroca particularmente extática; depois, no século 19, o idílio moralizante do Biedermeier, grandes poetas românticos e nenhum grande romance. A inegável glória da Europa Central residia em sua música, que, de Haydn a Schoenberg, de Liszt a Bartók, condensou durante quase dois séculos o essencial de toda a música europeia.
>
> A arte europeia era a revolta estética contra o passado; sim, de acordo, salvo que os passados não eram semelhantes. Antirracionalista, anticlassicista, antirrealista, antinaturalista, a arte moderna na França prolongava a grande rebelião lírica de Baudelaire e de Rimbaud. Bastante indiferente à música, ela encontrou sua expressão privilegiada na pintura e, antes de tudo, na poesia, que era sua arte predileta.

Além disso, "modernismo" deixa entrever um sentido estético em geral, especificando um determinado movimento artístico que atualizou uma concepção mais "antiga" de arte. Esse processo de "modernização", em que um estilo passa a representar o novo paradigma, ocorre, na verdade, desde época anterior à citada modernidade.

A música medieval, por exemplo, celebrou o advento da "nova arte" do contraponto, a *Ars Nova*, em oposição à *Ars Antiqua*; pos-

---

1 Cabe ressaltar que Compagnon faz essa observação num contexto no qual contrapõe Habermas a Derrida em termos de concepções nacionais opostas do tipo "França *versus* Alemanha", com a qual não concordamos, já que o próprio Habermas (2000) assinala que Derrida parte de Heidegger, evidenciando que essa questão nada tem a ver com territorialismo.

ABERTURAS E IMPASSES 19

teriormente vieram os músicos flamengos, Palestrina, Monteverdi, Gluck, Beethoven, Debussy, Schoenberg e outros renovadores. À última onda de renovação convenciona-se chamar de "movimento moderno", ou "modernismo". Essa sucessão de rupturas cria um tipo de unicidade entre os vários "modernismos", congregados sob o signo da modernidade.

O efeito desse ciclo de rupturas cada vez mais próximas entre si faz que seja inerente ao modernismo uma autorreferência às próprias ações, como se houvesse necessidade de justificativa:

> A modernidade vê-se referida a si mesma, sem a possibilidade de apelar para subterfúgios. Isso explica a suscetibilidade da sua auto-compreensão, a dinâmica das tentativas de "afirmar-se" a si mesma, que prosseguem sem descanso até nossos dias. (Habermas, 2000, p.12)

Portanto, ao conceito de "moderno" se alia o de "contemporâneo", que serviu para justificar e legitimar a arte de vanguarda até a década de 1970. As vanguardas históricas operavam por meio da "supressão dos limites do estético, em direção a um alcance metafísico, ou histórico-político da obra" (Vattimo, 1996, p.43). Essa supressão de limites, todavia, não é contínua, mas intercala-se a períodos de estabilidade. A dualidade entre os períodos de ruptura, gerada pela vanguarda, e estabilização, quando essa vanguarda atinge consenso dentro do modernismo, constitui aquilo que Karl (1988, p.21) vê como estágios que recebem sua classificação de acordo com cada momento, o modernismo sendo assim o processo que turva a estabilidade que caracteriza a modernidade.

O pós-modernismo, em suma, será a superação desse *processo*, alavancado pelo advento de novas tecnologias que alteraram a relação entre arte e sociedade. Inicialmente concebido com um sentido "ultramoderno",[2] o pós-modernismo será contraposto ao moder-

---

2 Anderson (1999, p.9-10) conta que o termo apareceu pela primeira vez com o poeta espanhol Federico de Onís na década de 1930 denotando uma "poesia rigorosamente contemporânea".

nismo principalmente a partir da década de 1950. Num nível mais profundo, a pós-modernidade seria, por analogia à definição de F. Karl, a descontinuidade com um *modelo*.[3] Como ambos acontecem simultaneamente e estão ainda em pleno processo de cristalização, iremos nos permitir articular ambas as formas com certa liberdade. A aludida diferenciação entre as tradições de pensamento tem gerado diferentes concepções de pós-modernidade – havendo até mesmo correntes que desprezam esse termo –, algumas decorrentes de concepções históricas de caráter nacional (historiadores mais ortodoxos de tradição franco-europeia, por exemplo, veem na Revolução Francesa de 1789 o marco do fim da modernidade), ou enfoques econômicos e administrativos como a teoria da "sociedade pós-industrial" de Daniel Bell e a "terceira onda" de Alvin Toffler, à qual se pode opor o pessimismo "apocalíptico" de Jean Baudrillard, derivado da crítica sistemática dos filósofos de Frankfurt; uma certa fusão entre a crítica da cultura de massa e teoria econômica foi feita por Fredric Jameson que descreve a "lógica cultural do capitalismo tardio"; outras teorias são derivadas de procedimentos metodológicos específicos, como o "desconstrucionismo" de Derrida, ou as propostas de uma "teoria crítica pós-moderna" de Boaventura Santos, e de uma "teoria da ação comunicativa" de Jürgen Habermas.

A discussão entre algumas dessas teorias é o que faremos a seguir.

Os cinco lances de Jameson e outras considerações sobre o pós-modernismo

O termo "pós-modernismo" requer algumas definições antes de passarmos a relacioná-lo com música. Tais definições abrangem conceitos estéticos, sociológicos, filosóficos e históricos, entre outros, que interagem e se justapõem na forma como se expressam as

---

3 O termo *modelo*, nesse caso, pode ser intercambiado com a noção de *paradigma* de acordo com Kuhn (1997), à qual nos referiremos no segundo capítulo.

manifestações culturais e artísticas. As múltiplas abordagens vêm do fato de que os modelos epistemológicos totalizantes, conhecidos como *metanarrativas*,[4] são vistos com crescente desconfiança por dependerem do contexto ideológico em que foram formulados. Assim, um historiador:

> pode perfeitamente bem expor as relações entre economia, sociedade, estética e fatores técnicos musicais e as ideias correntes da época, sem ser obrigado por isso a comprometer-se, por questão de princípios, em adotar qualquer hierarquia particular de pontos de vista – desde uma afirmação da primazia invariável da história da cultura sobre interpretações sociológicas, ou vice-versa. (Dahlhaus, 1989, p.81)

Muitos autores têm escrito sobre o assunto, e consideramos particularmente esclarecedor o livro *As origens da pós-modernidade*, de Perry Anderson (1999), pelo enfoque direcionado à estética e à teoria literária, em que são feitas várias considerações sobre a origem e a aplicação do termo até sua "cristalização" na década de 1970. Anderson (p.65-78) considera que a definição mais completa do pós--modernismo surgiu com Fredric Jameson, podendo ser resumida em "cinco lances":

1 A pós-modernidade cultural se escora em novos modos de produção, em uma nova "lógica do capital".

2 A cultura é a *segunda natureza*, já que o modernismo destruiu a natureza primitiva; a destruição do passado minou a objetividade e instaurou a subjetividade. A publicidade e as mídias eletrônicas desempenham papel ativo nesse processo.

3 Abrangência de todas as manifestações culturais; acompanhada pelo cruzamento interdisciplinar, confluindo em uma "teoria".

4 Entrada de novos povos no "palco global"; segundo Anderson, o Terceiro Mundo nivela por baixo a cultura, encerrando a era das "obras-primas do Modernismo".

---

4 Um exemplo clássico de "metanarrativa" seria o marxismo, com seu olhar para o mundo pela perspectiva da relação dialética entre trabalho e produção (Lyotard, 1996, p.67-80).

5 A tentativa de evitar uma "moralização" do pós-modernismo, sem a arcaica classificação entre bem e mal.

A "nova lógica do capital" – o "primeiro lance" de Jameson – seria expressa pela dinâmica da economia de mercado, cujas várias definições de cunho socioeconômico têm em geral expressas a noção de uma modernidade atingida, em que o prefixo "pós" é significativo e subliminar, quando não ostensivo:

Os rótulos atribuídos à sociedade atual, aos estágios evolutivos da transição e às sociedades auspiciadas são mais de trezentos e vão desde "sociedade em impasse" (M. Crozier) e "sociedade despreparada" (D. Michael), a "idade do equilíbrio" (L. Munford), a "consciência III" (C. Reich), a "século casual" (M. Harrington), a "estado de entropia" (H. Henderson), a "sociedade narcisista" (Ch. Lasc), a "sociedade programada" (A. Touraine e Z. Hegedus), a "sociedade pós-civil" (K. Boulding). E temos ainda a "sociedade pós-capitalista" de R. Dahrendorf, a "sociedade do capitalismo maduro", de C. Offe, a "sociedade do capitalismo avançado" de K. Galbraith, a "sociedade ativa" de A. Etzioni, a "sociedade pós-materialista" de R. Inglehart, a "sociedade tectrônica" de Z. Brzezinski, a "terceira onda" de Toffler, a "sociedade de serviços" de J. Gershunny e W. R. Rosengren, a "era da descontinuidade" de Drucker. (De Masi, 2000, p.31)

O interesse de Domenico de Masi e dos pesquisadores que ele coordena no Instituto para o Estudo sobre o Desenvolvimento Econômico e o Progresso Técnico (Isvet) converge para as questões macroeconômicas, fundamentadas nas relações de trabalho e nas implicações que o desenvolvimento tecnológico podem trazer a essas relações. O próprio Jameson (in Kaplan, 1993, p.27) associa o pós-modernismo a alguns desses termos, como "modernização, sociedade pós-industrial ou de consumo, sociedade de mídia ou dos espetáculos", já que, em sua concepção, pós-modernismo é um conceito de época.

Falar em uma "sociedade de mídia ou espetáculos" torna oportuna uma referência a Walter Benjamin, que, a partir da análise de Karl Marx sobre os fundamentos do capitalismo, chegou a uma formulação de conceitos sobre o estágio ulterior desse capitalismo, conforme a visão marxista.[5] A teoria de Benjamin (1996, p.165), expressa no artigo *A obra de arte na era de sua reprodutibilidade técnica*, constitui um dos estudos fundamentais sobre "as mudanças ocorridas nas condições de produção" que "precisaram mais de meio século para refletir-se em todos os setores da cultura".

Essas mudanças, aludidas por Benjamin, decorrem justamente da tecnologia que possibilita a reprodução em massa da obra de arte, pelos meios mecânicos, industriais – litografia, imprensa, fotografia, cinema, disco e rádio –, tendo como consequência "a destruição da aura" ocasionada pela posse da reprodução, em vez da assimilação mediada da imagem original; em suma, a substituição do real pelo virtual. Longe de perder-se, a capacidade mimética humana transformou-se, concentrando-se na linguagem e na escrita, segundo a análise que Gagnebin (1997, p.98) faz de Benjamin.

Tal transformação se dá em razão desse novo conceito de "posse" da obra de arte e dos bens culturais, por parte de uma massa de fruidores-consumidores. Na modernidade, a arte "reificada" mantinha sua "aura" ao preço de um monopólio do produtor cultural, em que frequentemente assume "uma perspectiva altamente individualista, aristocrática, desdenhosa (particularmente da cultura popular)" (Harvey, 2000, p.31).

Essa "aura" já não tem a mesma importância na pós-modernidade. Anderson (1999, p.66) indica como características dessa nova "sociedade de consumo": a explosão da tecnologia, inclusive como forma de lucro; a nova política das multinacionais, buscando mão de obra mais barata no Terceiro Mundo; a especulação do mercado internacional de ações; a ascensão da mídia internacional. Tais ações, aplicadas à cultura como produto, operam sua transformação em "objeto" ou "artefato" reproduzível quase infinitamente, em escala

---

5 Cabe observar que há estudos que evidenciam que "a sociedade de massas não é típica de um regime capitalista" (Eco, 2000a, p.44), mas oriunda das transformações advindas do industrialismo em nível mundial, seja nos países capitalistas seja nos soviéticos (Toffler, 1999).

industrial, distanciando-a do caráter subjetivo de sua concepção "artística" original.

Emerge daí o "segundo lance" da teoria de Jameson. A noção de uma cultura como "segunda natureza", reificada,[6] portanto, impregnada no "tecido da vida no capitalismo avançado" (ibidem, p.67), é um conceito reelaborado por Jameson (1997, p.282) que vê os produtos "difusos no tempo e no espaço dos segmentos do *entertainment* (ou mesmo nos do noticiário), como parte do conteúdo, de tal forma que em alguns casos bem conhecidos ... às vezes não fica claro quando o segmento narrativo termina e começam os comerciais".

O crítico Neal Gabler observa como o espetáculo visual, sensorial, ganha preferência das plateias em relação a propostas mais cerebrais. A MTV seria, portanto, um indício da insuficiência da música como estímulo, dentro de uma "estética do entretenimento" (Gabler, 1999, p.24-5). A explosão sensória sobrepõe-se ao êxtase proporcionado por uma arte mais reflexiva:

> A etimologia de "entretenimento" é latina e com toda a certeza vem de *inter* (entre) e *tenere* (ter) ... Dizia-se que a arte fornecia o *ekstasis*, que em grego significa "deixar que saiamos de nós mesmos", presumivelmente para nos dar uma perspectiva. Mas ... o entretenimento em geral fornece justamente o oposto: *inter tenere*, puxando-nos para dentro de nós mesmos para nos negar a perspectiva. (Ibidem, p.25)

Num desenvolvimento extremo desse processo do "consumo de cultura", quando os "produtos assinados" vão às prateleiras (portanto, contrariando essencialmente a nova ordem, que visa indeterminar a origem da produção), Jameson (1997, p.319) infere a partir de ambas as premissas (os novos modos de produção e a instauração de

---

6 O termo "reificação" foi criado por Marx para, *grosso modo*, explicar o processo de valoração do serviço, convertido em moeda; Jameson (1997, p.318-9) o atualiza para o pós-modernismo, mostrando como os "traços de produção" são apagados para que o consumidor perca o referencial da origem do produto, deixando de identificar-se com qualquer parte do processo que gera esse produto.

uma cultura "coisificada"),[7] um estágio em que se manifesta um profundo sentimento de aversão à intelectualidade, e à linguagem especializada do artista que não desperta nenhuma "simpatia social" no consumidor, se este porventura se percebe aquém da proposta de um determinado artefato cultural.

A natureza, para Jameson, é superada a partir do momento em que as desigualdades do processo de modernização vão sendo corrigidas. Do contraste entre estruturas "feudais" e "tendências modernizantes", Jameson (p.312-3) consegue detectar um modernismo profundamente subjetivo e negativo (embora às vezes humorístico) na literatura, mencionando os casos de Kafka e Joyce, entre outros. Quanto mais afastados das antigas reminiscências do passado (artesanato, agricultura), mais estaremos imersos em uma sociedade em que o modernismo completou seu ciclo e a natureza será progressivamente esquecida e substituída pela cultura. Nossa própria natureza subjetiva é cada vez mais invadida pelos meios de persuasão da propaganda, o que Jameson chama de "a morte do sujeito". O desenvolvimento dessa técnica de substituição da oposição metafísica entre sujeito (artista) e objeto (arte) representa uma "crise do humanismo" (Vattimo, 1996, p.29).

Semelhança entre romantismo e modernismo

Vista dessa perspectiva, a tradicional conceituação de uma "ruptura" entre a arte romântica e a do século XX perde sua justificação, em termos ideológicos, para manifestar-se superficialmente, no tocante à forma.[8] Romantismo e modernismo são manifestações

---

7 A questão da midiatização eletrônica, especialmente na música e na comunicação, foi abordada sob vários ângulos distintos por Benjamin (1996), McLuhan (1972), Schafer (1997), Valente (1999) e Eco (2000a, b), além de ser tema recorrente em outros autores.

8 Cabe lembrar o distanciamento entre os discursos científico, estético, religioso e de senso comum provocado pela especialização do conhecimento no século XIX (Santos, 2000a).

estéticas que denotam o mesmo processo civilizatório e moderniza-dor. No entanto, o modernismo buscará atualizar-se como técnica, ou enfoque, trazendo o universo estético para mais próximo das realizações das ciências naturais, enquanto ainda conserva a noção do "gênio" criador como herança do romantismo. O modernismo irá ainda empreender um expurgo dos excessos sentimentalistas do romantismo, sem, no entanto, abrir mão da sensibilidade do autor em relação à sua autoexpressão.

Na música, em particular, ocorreu um distanciamento ainda mais acentuado no tocante ao espírito da época em outros campos, domi-nados pelo positivismo e realismo. A música configurou-se como o protótipo da arte romântica: atemporal e dissociada dos avanços da ciência e da literatura (Dahlhaus, 1989, p.5).

Assim sendo, houve um certo atraso cronológico na eclosão do modernismo musical. Paul Griffiths (1994, p.7), situando o início do modernismo musical com a criação de *Prélude à l'aprés-midi d'un faune*, de Debussy (composto entre 1892 e 1894), enfatiza que "no contexto das artes, a expressão *moderno* remete antes à estética e à técnica do que à cronologia", observando ainda a simultaneidade do *Prélude* de Debussy com obras típicas do romantismo, como a *Sinfonia novo mundo* de Dvorák e a *Sinfonia patética* de Tchaikovsky. O passo dado por Debussy despertou ondas subsequentes de renovação musical, iniciando o que se entende por modernismo em música.

Fazendo uma associação livre e direta entre as ondas modernistas de Jameson[9] e do modernismo musical, encontramos uma correlação apreciável: Debussy relaciona-se com o orgânico e o simbólico; Va-rèse foi um pioneiro em tecnologia musical; Schoenberg e Stravinsky desenvolveram antíteses que sintetizam a busca de soluções geniais para o problema da música na primeira metade do século XX; Boulez e sua geração viram o conceito de vanguarda musical radicalizar-se e ruir tardiamente.

---

9 Jameson (1997, p.309-10) classifica o modernismo estético em quatro ondas: 1. orgânica, simbolista; 2. tecnológica, futurista; 3. subjetiva, individualista, "genial"; 4. tardia.

Constata-se então, de uma ótica "pós-moderna", que há continuidade entre o subjetivismo romântico, idealista e hegeliano,[10] e a subjetividade artística do século XX. A narrativa subjacente às inovações formais – que tradicionalmente designamos em música como os estilos periodizantes do renascimento, barroco, classicismo e romantismo – é compreendida assim como uma manifestação temporal da modernidade.

A teoria pós-moderna: convergências

O "terceiro lance" *jamesoniano* está calcado na interdisciplinaridade, na confluência de várias teorias em uma única "teoria"[11] e é um aspecto característico da argumentação pós-moderna. A abordagem de Jameson constitui uma teoria pós-moderna na medida em que justapõe vários aspectos de campos separados do conhecimento, "uma majestosa expansão do pós-moderno por praticamente todo o espectro das artes e grande parte do discurso sobre elas" (Anderson, 1999, p.69).

A questão permite-nos remeter a alguns aspectos da abordagem metodológica das artes que têm sido propostos na pós-modernidade, entrando no campo de definição de uma ciência da cultura, já compreendida no tradicional ramo das ciências humanas (Santos, 2000a; Zamboni, 1998). Desenvolver amplamente esse assunto extrapolaria os limites deste trabalho, mas consideramos oportuno mostrar alguns enfoques atuais para a ciência crítica da estética, fundada na hermenêutica.

Bürger (1993, p.27) baseia sua proposição hermenêutica para uma "teoria da vanguarda" partindo da noção de que uma "ciência

---

10 Adotamos como base para essa afirmação a exposição que Habermas (2000, p.8) faz da teoria de Hegel, classificando-o como "o primeiro filósofo que desenvolveu um conceito claro de Modernidade".

11 Embora possa parecer, à primeira vista, contraditório, é preciso esclarecer que essa "única teoria" não é única no sentido totalitário, mas como convergência teórica; várias teorias "únicas" podem ser concebidas pós-modernamente, como fica implícito no subtítulo deste capítulo.

crítica distingue-se da ciência tradicional pelas implicações sociais refletidas no seu procedimento específico". Adotando dois conceitos desenvolvidos por Gadamer, *preconceito* e *aplicação*, Bürger constata que "todo cientista escolhe os seus temas e a sua posição perante os problemas". Essa contextualização da ciência na cultura, ou nas culturas, é fundamental para a efetiva noção de "despedida" da modernidade e ingresso na pós-modernidade. Boaventura Santos (2000a, p.11-2) afirma a impossibilidade de dissociar as partes do todo, por meio da integração da ciência a um "círculo hermenêutico".

Um aspecto interessante é a postura crítica contra o conservadorismo nas ciências. A noção da tradição como uma força catalisadora determinante, sustentada por Gadamer, é criticada por Habermas e Bürger. O excessivo respeito à tradição, ou a opção por uma "neutralidade" científica, converte-a num poder absoluto, mas, para Bürger, o cientista deve enredar-se "nas disputas sociais de seu tempo" e enfocar e considerar seu objeto de acordo com "a posição que adota no seio das forças históricas da época" (Santos, 2000b).

Uma forma diversa de encarar o mesmo problema, ou seja, romper com o "círculo vicioso do objeto-sujeito-objeto" (Santos, 2000a, p.16), é a proposta da investigação semiótica, em que "um sistema de signos não é apenas um sistema de significantes mas também um sistema de significados" (Eco, 2000a, p.366), implicando uma avaliação da mensagem não só a partir do emissor, mas do receptor. A ciência da comunicação é, portanto, uma proposta relevante para a tentativa de reaproximar campos considerados incompatíveis com a visão tradicional de ciência, como o senso comum, a estética e a religião.[12]

Estando assim fundamentada a convergência que entrevimos entre os aspectos estéticos, sociológicos, semiológicos e antropológicos atribuídos à cultura, vejamos alguns estudos mais específicos, ou "teorias" sobre música que partem dessa mesma concepção abrangente e – conforme procuramos demonstrar – "pós-moderna". Já se

---

12   Habermas (2000) observa como Hegel já deplorava esse distanciamento.

disse que: "Muito do Pós-Modernismo em verdade é Pré-Modernismo renascido" (Gardner, 1996, p.125). De fato, como se verá, algumas proposições remetem a períodos anteriores à modernidade, especialmente ao pensamento grego clássico. A teoria da música reafirma essa percepção. Lippman (1992, p.351-510) observa como o conceito de estética musical se expandiu para o que poderia se chamar de "filosofia da música", ou seja, uma reflexão além da esfera do simplesmente audível. Comentando as teorias do século XX voltadas a esse "diversificado mundo" da estética musical, Lippman classifica-as em quatro categorias:

1 Teorias do significado (hermenêutica, simbologia e semiótica).

2 Concepções da objetividade (em que se incluem desde as obras teóricas de Heinrich Schenker e Ferruccio Busoni às composições de Stravinsky e Stockhausen).

3 Fenomenologia da música (a partir da própria matriz da moderna fenomenologia: Husserl).

4 Sociologia da música (incluindo Max Weber, Adorno, Zofia Lissa e Lukács).

Depreende-se daí um novo papel para a estética musical, desobrigada, portanto, de apenas julgar ou avaliar o belo para converter-se em atividade paralela à criação. Durante o modernismo, essa concepção foi introduzida paulatinamente na música do século XX, retomando de certa forma o conceito de *mousiké* da Grécia clássica:

> Há que se considerar, entretanto, que algumas características desse conceito e dessa ambiência anteriores reaparecem – sob uma nova roupagem – na produção musical do século XX. Como exemplos, podemos citar a dupla articulação geral/particular, a polimorfia, a amplitude do que se considera "sonoro" e "musical" (em todas as suas dimensões e manifestações), a abordagem filosófica e cognitiva, a reincorporação das variadas atividades simultâneas, o uso de arcabouços teóricos não musicais como base para a construção da teoria musical e o resgate do som como *sentido*.
>
> ... Nessa perspectiva, pode-se dizer que a introdução paulatina destes elementos fez com que a música voltasse a ser compreendida (menos veladamente) como uma complexa rede de relações com características

bem diferentes: intrínsecas, internas, sociológicas, estéticas, psicológicas, antropológicas, pedagógicas, etc. (Tomás, 2002, p.112-3)

O pós-guerra surge como um marco inevitável do século XX. Fubini (1987, p.354) vê na vanguarda do pós-guerra um "operar filosófico por excelência", em que a obra de arte e a teoria andam juntas. Na música, essa reflexão tem como consequência a abertura para outras possibilidades "não artísticas" de "função sociolinguística, sociopsicológica, didática, educativa etc." (ibidem, p.373). Ou seja, a música transcende a função de objeto estético e se torna mais uma forma atuante na compreensão epistemológica da realidade.

Em torno dessas concepções abrangentes de música, pairam as grandes questões de caráter filosófico sobre o sentido e significado da cultura atualmente. Lyotard (1996, p.26-7), em reflexão sobre o caráter abrangente e totalitário da megalópole (uma metáfora para o mundo globalizado), com o qual traça uma analogia com a arte, dá a medida em que essa condição interfere com o que chama de "condição pós-moderna", em que, ao lado da definição de cultura, é necessário justapor a "cultura de massa":

> Se a *Urbs* se torna *Orbs* e se a periferia se torna toda a cidade, então a megalópole não tem fora. E, consequentemente, não tem dentro ... Os antigos "fora", províncias, África, Ásia, fazem parte dela, misturados aos indígenas ocidentais de diversas maneiras. Tudo é estrangeiro, e nada o é.
> Entre natureza e arte, cai a diferença: à falta de natureza, tudo é arte ou artifício ...

Podemos inferir que a introdução paulatina de todos os elementos que integram os conceitos de uma cultura e de uma música tão abrangentes, é também a manifestação da transição, sem um rito de passagem bem definido, para uma sociedade pós-moderna, em uma era pós-industrial (em que a máquina substitui o homem no trabalho manual) e informatizada (a informática contribuindo para a formação de uma incrível massa concentrada de informação), o que acaba por conduzir a um estágio em que o modernismo completou-se, trazendo consequências que não soube prever em seus primórdios, a mais notável sendo o estabelecimento de uma cultura de massas, cuja finalidade e destino ainda são imprevisíveis.

O conceito de uma teoria única no pós-modernismo é refutada por Warren Montag (in Kaplan, 1993, p.117-33), que demonstra sua descrença, ancorado pela convicção de que Lyotard, Baudrillard, Jameson, Eagleton, Habermas e Anderson uniram-se para "forçar o conhecimento e retornar ao domínio que lhe é considerado próprio pela ordem teórica estabelecida", ou seja, o materialismo histórico marxista.

Montag vê a síntese dos autores citados na asserção das seguintes premissas: 1. a transcendentalidade do marxismo, 2. a arte como representação e 3. o indivíduo (sujeito) como centro originário; as três concebidas como uma realidade passada e que deu lugar ao presente: 1. ausência de transcendentalidade, 2. indeterminação da arte e 3. morte do sujeito.

Fundamentando sua argumentação no questionamento "contra que teorias e posições filosóficas se colocam os enunciados sobre o Pós-modernismo, para ocuparem o lugar que ocupam?", Montag critica aquilo que vê como falta de rigor e ausência de demonstração, referindo-se a Lyotard, que "consegue escrever a metanarrativa do fim das metanarrativas na política, na arte, na crítica na filosofia e na ciência em meras oitenta páginas". Para Montag (in Kaplan, 1993, p.121-5), "Jameson abraça uma teoria da dominação sem resistência ou revolta, e uma teoria do desenvolvimento capitalista desprovida de desigualdade ou de contradições", sendo a cumplicidade entre a fundamentação teórica de Lyotard e Jameson compartilhada pela crença no marxismo como "uma metanarrativa, uma narrativa de todas as narrativas".

Essa ausência de conflito, na interpretação de Montag, torna o conceito de pós-modernismo paralisante. Sua crítica nos alerta para a inconsistência de uma proposição de realidade imutável, que se deduz a partir da noção de "fim" implícita no discurso apocalíptico. Embora ele pareça não considerar a oposição entre as ideologias modernista e pós-modernista, fornece-nos pistas para uma compreensão melhor dos exageros que os filósofos apocalípticos têm produzido em suas formulações teóricas, às vezes panfletárias, mas que sinalizam as contradições de nossa civilização quando se aborda o problema da cultura de massa (Eco, 2000a, p.30). A teoria pós-moderna é pouco sistemática de acordo com o método científico tradicional. Featherstone[13] "vê nessas teorias, no entanto, o mérito de apontarem para mudanças na ordem social, das quais é necessário dar-se conta" (Taschner, 1999, p.16). Essa atitude de Featherstone, de acordo com Taschner, é a "tentativa de se fazer um relato da Pós-Modernidade", tarefa cujo ponto de partida seria a percepção de que a Pós-Modernidade está "apontando para uma mudança na cultura contemporânea", as quais envolvem as mudanças no próprio campo artístico, no mercado e nos meios de produção e nos novos grupos de receptores. A mesma sensação temos em relação à teoria de Jameson (1997, p.25), a qual reconhecidamente admite que "Pós-Modernismo não é algo que se possa estabelecer de uma vez por todas e, então, usá-lo com a consciência tranquila". Acreditamos, com base nessa e em outras considerações feitas ao longo de seu livro, que o próprio Jameson aceitaria confortavelmente sua teoria como "um relato possível", em vez de uma "metanarrativa" totalitária, como supõe Montag.

O impacto da cultura do Terceiro Mundo

O "lance" seguinte, sobre a emergência cultural do Terceiro Mundo, em que Anderson (1999, p.75) afirma que "a expansão das fronteiras do capital inevitavelmente dilui os estoques da cultura herdada. O resultado é uma característica queda de 'nível' com o pós-moderno", requer algumas complementações, de caráter não etnocêntrico. Charles Seeger (1977, p.187) entreviu com perspicácia que a "queda de nível" ocorre em ambos os sentidos, seja do ponto de vista do colonizador seja do colonizado.

---

13 Mike Featherstone é autor de *Consumer culture and postmodernism*. London: Sage, 1991.

Assim, a atitude "populista" do pós-modernismo visa não apenas contemplar o "atraso" dos terceiro-mundistas, mas também a incompreensão dos colonizadores. Quanto ao "encerramento" da era das grandes obras-primas, achamos discutível a decretação de tais "valores estéticos", porque tal afirmação incorpora necessariamente a noção de uma massificação hegemônica, que encerra a subjetividade sob o jugo dos meios de comunicação de massa. Nesse ponto, Anderson dá a entender que a teoria de Jameson pressupõe uma total submissão do estético à ordem econômica, à "lógica do capital". Talvez os produtos de caráter "artístico" até se apresentem dessa maneira, notadamente em setores estrategicamente dependentes do capital, como o cinema, a ópera, o teatro, mas nem por isso os setores menos competitivos, como a composição de música erudita e a poesia, podem ser desconsiderados como *não existentes*. Em todo caso, Anderson (1999, p.76) procura acomodar o paradoxo de uma visão hegemônica do pós-modernismo com algum espaço para outras tendências:

> Enquanto no seu auge o Modernismo nunca passou de um enclave, assinala Jameson, o Pós-modernismo hoje é hegemônico. Isso não quer dizer que ele esgota o campo da produção cultural. Qualquer hegemonia, como assinala Raymond Williams, é um sistema "dominante" e não total, um sistema que virtualmente garante – devido a suas definições seletivas de realidade – a coexistência de formas residuais e "emergentes" que a ele resistem. O Pós-modernismo era um dominante desse tipo, nada mais. Mas isso já era vasto o bastante. Pois essa hegemonia não se tratava de um caso local. Pela primeira vez, tendia a ser global.

De outro modo, a aceitação de "grandes nomes" latino-americanos no seio do próprio modernismo, como Villa-Lobos, Jorge Luis Borges, García Márquez, Frida Kahlo, e mesmo o reconhecimento tardio a Machado de Assis, implicam que o Terceiro Mundo não é apenas um foco gravitacional, puxando para baixo o nível da cultura[14]

---

14 De modo análogo se pode argumentar que, também nos países de Primeiro Mundo, há manifestação de artefatos culturais de "baixo nível", no sentido

(uma leitura típica do modernismo). Concordamos, outrossim, com o fato de que "o desenvolvimento de formas culturais do Pós-modernismo pode ser considerado o primeiro estilo global especificamente norte-americano" (Jameson, 1997, p.24), mas queremos acreditar ser possível um pós-modernismo global não asfixiante, que ainda dê margem, mesmo pequena, para o indivíduo, ou para o "outro".[15]

Além do bem e do mal

O quinto e último "lance" de Jameson, descrito por Anderson, consiste na ausência, ou superação, da polarização moral sobre o pós-modernismo. O próprio Jameson (p.345) destaca a "diminuição do prestígio de Hegel e de Marx através do descrédito da contradição e da oposição dialética". Não caberia refutar o pós-modernismo com base numa moralização entre bem e mal, como o faz a crítica racionalista. Talvez essa seja a chave para uma "nova cultura", posto que, a partir de uma abstenção do juízo estético, se eliminarmos a refutação à teoria e o risco que implica uma tomada de posição, elimina-se a espinha dorsal do pensamento científico que norteou a modernidade. A própria ciência abriu caminho rumo a essa dissolução:

A incerteza tornou-se um critério essencial para a compreensão do mundo: sabemos que não podemos mais dizer "no instante X o elétron A se encontrará no ponto B", mas "no instante X haverá uma certa probabilidade de que o elétron A se encontre no ponto B". (Eco, 2000b, p.224)

---

atribuído por Anderson. Pode-se até mesmo abandonar as classificações hierárquicas e estabelecer um processo mútuo de identidade: Milan Kundera (2001, p.8), em seus diálogos com o colombiano García Márquez e o mexicano Carlos Fuentes, pode ver "uma ponte prateada, leve, trêmula, cintilante, erigida como um arco-íris arqueado no céu entre minha pequena Europa Central e a imensa América Latina".

15 Argumento refutado por Jameson (1997, p.16), que o considera como indicação da "impossibilidade de emergência de uma cultura nova", já que implicaria ressuscitar "velhos avatares" do modernismo e até do realismo.

Obviamente isso requer uma profunda releitura histórica da cultura, despojada dos elementos ideológicos que nortearam a razão moderna e, especialmente, a *modernista*; trata-se de aceitar, sem escândalo, o fato de que, "uma escola influente de críticos literários do *fin-de-siècle* julgou impossível, irrelevante e não democrático decidir se *Macbeth*, de Shakespeare, é melhor ou pior que *Batman*" (Hobsbawm, 1997, p.483).

Ao lado de uma relativização de conceitos, ocorre também a relativização dos contextos; a tecnologia, tornando acessível uma manifestação artística que só poderia ocorrer em uma atmosfera específica e especial, como a execução de uma sinfonia de Mahler, torna sua perspectiva mais chã àquele que a ouve em sua sala de visitas, como música de fundo, enquanto lê o jornal. A falta de contato desse ouvinte com a aura que impregnava a sala de concertos é análoga à *reificação*, que Marx empregou para definir uma filosofia da produção de bens industriais, tornada mera "exploração material", em que "o valor de uso de um bem representa não apenas a força de trabalho empregada no processo de produção e a habilidade aí utilizada, mas também o contexto de aplicação e as necessidades para cuja satisfação o bem pode servir" (Habermas, 2000, p.114-5).

A sociedade pós-industrial viu emergir, assim, um conceito de produção artística "pós-moderna", em que a significação do produto se estabelece não mais segundo a técnica necessária para sua realização (apesar de, por vezes, dar-se destaque ao uso de novas tecnologias), nem por inovações estéticas (embora haja margem para novos padrões de comportamento, ditados pela moda), mas principalmente por sua adaptabilidade às exigências objetivas (opostas, portanto, à subjetividade moderna) do mercado. Não há lugar nesse novo universo para julgamentos estéticos de ordem moral (ou seja, a determinação do que é "bom" ou "ruim", "melhor" ou "pior") ou avaliações estéticas apriorísticas. Júlio López (1988, p.142) comenta a esse respeito: "Se o *jazz* ... é a música clássica do século XX, não devemos nos escandalizar quando algum grupo do *pop* ... declara publicamente que 'fazer música para divertir-se pode ser uma decisão intelectual'".

Se a sociedade informatizada pós-moderna, no entanto, propõe uma espécie de retorno ao homem de formação enciclopédica da Antiguidade, pode-se supor que determinadas questões éticas e morais possam voltar à pauta de discussões. Esse possível devir histórico permite-nos refutar a ideia de um "fim da história" e mesmo supor que a superação da dialética "além do bem e do mal", proposta por Jameson (que aqui invoca a teoria de Nietzsche), ainda não seja um consenso, nem a última palavra, pois as ações residuais do modernismo ainda estão disseminadas na crítica e no historicismo. Mesmo assim, é louvável o esforço classificatório de Jameson, tomando como referência conceituações "pós-modernas" de Wolfe, Jencks, Lyotard, Tafuri, Kramer e Habermas, num arco que vai da aceitação do pós-modernismo à sua refutação; da negação do modernismo à sua continuidade.

Como bem observa Jameson (1997, p.87), "estamos de tal forma *dentro* da cultura do Pós-modernismo que é tão impossível um repúdio simplista quanto o é uma celebração igualmente simplista, complacente e corrupta". As desigualdades sociais e econômicas mais parecem confirmar a falência do modernismo iluminista do que indicar uma melhor distribuição dos recursos tecnológicos na periferia do Primeiro Mundo. Esse será um dos aspectos centrais da "teoria crítica pós-moderna" de Boaventura de Sousa Santos (2000b, p.29), que distingue o pós-modernismo entre o "reconfortante" e o de "oposição", mediante a constatação de que dada "a complexidade de nossa posição transicional, que pode resumir-se assim: enfrentamos problemas modernos para os quais não há soluções modernas". Na visão "reconfortante",

> o fato de não haver soluções modernas é indicativo de que provavelmente não há problemas modernos, como também não houve antes dele promessas da Modernidade. Há pois que aceitar e celebrar o que existe. Segundo outra posição, que designo por Pós-modernidade inquietante ou de oposição, a disjunção entre a Modernidade dos problemas e a Pós-modernidade das possíveis soluções deve ser assumida plenamente e deve ser transformada num ponto de partida para enfrentar os desafios da construção de uma teoria crítica pós-moderna.

Como se vê, Santos recoloca em debate a questão das diferenciações locais do pós-modernismo desconsideradas por Jameson, pois, longe de uma pós-modernidade hegemônica, ainda deparamos, sobretudo no Terceiro Mundo, com sociedades pré-modernas e em fase de modernização, simultâneas à discussão da pós-modernidade.[16]

A problemática pós-moderna parte, portanto, do esgotamento do cânone modernista/moderno e da discussão em torno do estabelecimento de um novo cânone, o que se dá nas esferas da ciência, que busca um novo modelo referencial após as revelações dos universos quântico e genético; da economia e política, cujo direcionamento, tendendo ao liberalismo e à democracia capitalista, ainda enfrenta os desafios de compreensão da ordem moral e ética; e na arte, cujo referencial evidencia as formas de dominação social e cultural da modernidade europeia, um legado humanístico que não pode ser negado nem abandonado, mas que, em contato com as novas formas decorrentes da indústria do entretenimento, questiona se sua *raison d'etré* ainda deve voltar-se para as grandes e perenes obras, que ultrapassam a mera funcionalidade sensorial e que podem até incomodar, ou para o imediatismo do mercado, buscando dialogar num nível mais próximo ao do cidadão/consumidor.

O alcance das questões econômicas, políticas e científicas certamente extrapola os limites deste trabalho, cujo enfoque é direcionado, dentre as artes, à música, e, dentre as músicas, à música erudita do Brasil. Se, como disse Jameson, o pós-modernismo é hegemônico, no tocante à arte essa hegemonia deverá compreender uma distinção ainda dialética entre a agressão e o afago, entre a arte de motivação "vanguardística", ou desinteressada, e a "comercial" ("com respeito

---

16 Alvin Toffler (1999, p.27-8) evoca a imagem de "três ondas" de desenvolvimento econômico e tecnológico, observando que "muitos países ... estão sentindo o impacto simultâneo de duas, até mesmo três ondas de mudança, completamente diferentes, todas se movendo a razões diferentes de velocidade e com diferentes graus de força".

a fins", como diz Habermas); talvez essa distinção esteja mais atenuada pela relativização dos conceitos de "bem" e "mal", pela progressiva queda das barreiras nacionais ou por outras manifestações entrevistas por Anderson nos "cinco lances" de Jameson, mas, embora hoje se aceite que mesmo a mais comercial das manifestações artísticas[17] possa ser transformada em "texto",[18] tanto quanto um "clássico" moderno, pode-se propor uma distinção a partir da *direção* proposta pelo código dessa manifestação: aquele que parte do nível imanente da obra, e que, ao atingir o fruidor, propõe ou sugere imediatamente a possibilidade da leitura de suas múltiplas camadas; e aquele cuja leitura ocorre mediante uma reflexão mais posterior, em que se tem de superar o impacto sensorial imediato/imediatista do código para que a "textualidade" possa daí emergir.

Essa abordagem se assemelha em muitos aspectos à teoria da "ação comunicativa" de Habermas (2000, p.110), segundo a qual se estabelece uma "relação interna entre práxis e racionalidade". Operando num campo especulativo essencialmente *filosófico*, Habermas constrói um interessante apanhado sobre os rumos do pensamento entre a modernidade e a pós-modernidade.

---

17 Pode-se entender como "mais comercial", em relação a uma manifestação artística, o seu apelo mercadológico no nível imanente e superficial, no que antecede à "textualização", ou seja, à análise dessa manifestação. Uma canção popular de massa, por exemplo, quando especialmente formatada para ser divulgada maciçamente nos meios de comunicação, geralmente procurando incorporar ou propor novas expressões verbais (gírias) ou gestuais (coreografias) em seu código, seria uma dessas manifestações típicas, segundo nossa compreensão.

18 O "texto" para Jameson seria uma forma de reler os clássicos modernos, retirando deles a aura de poder que lhes era conferida pelo cânone modernista. Segundo Jameson (1997, p.307), alguns autores, como Thomas Mann e T. S. Eliot, dificilmente poderiam ser relidos dessa forma, enquanto outros, como Gertrude Stein e Marcel Duchamp, seriam "precursores da textualidade", já que "sempre tiveram uma certa dificuldade de enquadrar-se, no cânone modernista". O texto, nesse sentido, busca um afastamento do conteúdo imanente da obra, para ver aquilo que a cerca. Outras concepções históricas anteriores de "textualidade" são as de Benjamin (Benjamin, 1996, e Gagnebin, 1997), Derrida (1999) e Harvey (2000, p.53).

O modelo filosófico de Habermas e a teoria crítica pós-moderna de Boaventura Santos

Filósofo formado na tradição da teoria crítica da Escola de Frankfurt – cujos fundadores foram Horkheimer, Adorno e Marcuse – Jürgen Habermas, pertencente à segunda geração dessa linhagem filosófica, volta-se à crítica sistemática de seus predecessores, em seus escritos a partir da década de 1980. Embora se possa inferir daí um afastamento de Habermas em relação à geração que o antecedeu, há elementos de continuidade com a tradição frankfurtiana, como observa Joel Anderson (2001, p.10):

> O enfoque de Habermas para alcançar o entendimento mútuo e para os processos de aprendizado progressivo está bem dentro da tradição da Escola de Frankfurt de explicar as transformações sociais por uma perspectiva crítica e normativa. Mas, em contraste com o interesse da primeira geração pelas estruturas de consciência e as crises de acumulação capitalista, Habermas se concentra nas características universais e gerais da ação comunicativa, afirmando que estas fornecem uma base mais defensável para a crítica social. De fato, foi em parte o interesse de Habermas pela universalidade e a unidade da razão que levou os pós-modernistas a buscar, não nele, mas em Adorno, Benjamin e outros membros da primeira geração, aliados para o desenvolvimento de suas análises críticas.[19]

Embora visto por Jameson (1997, p.83-6) como o mais "anti--pós-moderno" dos críticos, no *Discurso filosófico da modernidade* Habermas (2000) traça um quadro da superação do modelo canônico modernista, configurado em Hegel, centrado no poder esclarecedor da Razão, até o advento da teoria de Nietzsche, que supera a razão por

---

19 Observe-se que Anderson parece referir-se aos "pós-modernistas" de discurso apocalíptico, como Baudrillard e Lyotard, parecendo lhes atribuir certa unicidade na teoria pós-moderna, sem considerar que a normatização de Habermas, voltada para um novo uso da razão, é de certa forma um posicionamento crítico ante a pós-modernidade.

intermédio do Mito e da destruição da moral. Nesse quadro, as figuras de Adorno e Horkheimer, notadamente no ensaio *Dialética do esclarecimento*, são consideradas como retardadoras do ponto de inflexão à pós-modernidade, proposto pela crítica radical da razão feita por Nietzsche.[20]

O outro modelo importante para a "despedida da Modernidade" empreendida por Habermas (2000, p.142) é a hermenêutica de Heidegger, que retoma a metafísica a partir de uma perspectiva menos "estética" e mais "filosófica" que Nietzsche: "Heidegger encontra-se ante a tarefa de colocar a filosofia no lugar que, em Nietzsche, era reservado à arte (como reação ao niilismo) ... Quer descrever a ascensão e superação do niilismo como começo e fim da metafísica".

A superação do cânone racional modernista, esculpido, segundo Habermas, pelas teorias isoladas da razão (Hegel) e da práxis (Marx), dá-se por meio de um novo paradigma aglutinador de ambas as vertentes, que ele propõe como "teoria da ação comunicativa", que regeneraria a investigação filosófica mediante a superação de três déficits entrevistos na teoria crítica dos *frankfurtianos* tradicionais: 1. déficit da razão; 2. déficit da verdade e 3. déficit da democracia (Freitag, 1986, p.108-12). Assim, para Habermas, o pensamento "pós-moderno" sobrevém à superação do modelo crítico de Horkheimer e Adorno, empreendida por Foucault, Derrida, Heidegger e Bataille.

Constatando, além disso, que "o que está esgotado é o paradigma da filosofia da consciência", Habermas (2000, p.415) elabora sua teoria da ação comunicativa, em que "o ego encontra-se em uma relação interpessoal que lhe permite, da perspectiva do álter, referir-se

---

20 "gostaria de deter-me em uma via de pensamento que, desde o ponto que chegamos, pode ser considerada retardadora: trata-se da ambígua tentativa de Horkheimer e Adorno de uma dialética do esclarecimento que pode satisfazer a crítica da razão de Nietzsche" (Habermas, 2000, p.151). Como se pode inferir desse trecho citado, Habermas demonstra considerar Horkheimer e Adorno "retardadores" e não "precursores da tendência pós-moderna", como sugere Bárbara Freitag (1986, p.107).

a si mesmo como participante de uma interação", o que abre perspectivas para uma "reconstrução reconstituinte do saber".

O que antes competia à filosofia transcendental, a saber, a análise intuitiva da consciência de si, adapta-se agora ao círculo das ciências reconstrutivas, que, desde a perspectiva dos participantes de discursos e interações, procuram tornar explícito o saber pré-teórico de regras e sujeitos que falam, agem e conhecem competentemente, recorrendo a uma análise das manifestações bem-sucedidas ou distorcidas.

Constatamos assim que Habermas está além de uma mera "afirmação do valor supremo do moderno, e do repúdio da teoria e da prática do pós-modernismo", conforme interpretou Jameson (1997, p.83). O projeto *habermasiano* vai realmente além não no sentido de oferecer uma teoria algo estática, ou momentânea, da condição pós--moderna (o que Jameson realiza, na verdade, centrando sua análise na própria perenidade "tardia" do capitalismo), mas na proposição de um novo uso da razão que a livre da "linha de combate sem saída entre Hegel e Nietzsche" (Habermas, 2000, p.432).

A referida possibilidade de escapatória da razão moderna, feita por Habermas, já fora sondada anteriormente por Walter Benjamin. Seu ponto de fuga é o estudo da linguagem como meio ("mídia") e como superação de um logocentrismo fundamentado na relação sujeito--objeto, vista do ponto de vista hierárquico do sujeito, mais precisamente do "vencedor".[21] Para Benjamin (1996, p.112), "a linguagem seria a mais alta aplicação da faculdade mimética", convertendo-se ela própria no meio de negociação entre as pessoas e as coisas.

Além da ação comunicativa de Habermas, outro modelo que enfatiza um novo uso da razão é a "teoria crítica pós-moderna" de

---

21 Benjamin (1996, p.225) formula assim a historiografia baseada na ótica do "vencedor": "os que num momento dado dominam são os herdeiros de todos os que venceram antes. A empatia com o vencedor beneficia sempre, portanto, esses dominadores ... Os despojos são carregados no cortejo, como de praxe. Esses despojos são os que chamamos bens culturais ... Nunca houve um monumento da cultura que não fosse também um monumento da barbárie".

Boaventura de Sousa Santos, o qual distingue dois tipos de conheci-mento, os quais podem nos guiar para uma melhor compreensão da passagem do moderno ao pós-moderno:

> No projeto de modernidade podemos distinguir duas formas de conhecimento: o conhecimento-regulação, cujo ponto de ignorância se designa por caos e cujo ponto de saber se designa por ordem, e o conhecimento-emancipação, cujo ponto de ignorância se designa por colonialismo e cujo ponto de saber se designa por solidariedade. (Santos, 2000b, p.29)

Sensível às questões do imperialismo do "estilo internacional", Santos realça que "o colonialismo é a concepção do outro como objeto e consequentemente o não reconhecimento do outro como sujeito". Buscando alternativas para a formulação de seu modelo teórico, Santos faz três implicações:

1 Transição do monoculturalismo para o multiculturalismo. Buscando resgatar o "silêncio" dos povos ou grupos sociais que foram colonizados, mediante a consciência de que "sob a capa dos valores universais autorizados pela razão foi de fato imposta a razão de uma 'raça', de um sexo e de uma classe social".

2 Transição "da peritagem heroica ao conhecimento edificante". Santos observa como a aplicação da ciência pouco tem de científica, pela sua pouca capacidade de prever as consequências de sua ação. Propõe uma nova distinção entre *objetividade* e *neutralidade*, pelo uso de uma *objetividade forte*, em que o controle dos impulsos ideológicos se alia à utilização de um método eficaz.

3 Alterar o estatuto da dicotomia "espera/esperança". A socieda-de convive com alto índice de imprevisibilidade dos riscos e aprendeu a conviver com uma "espera sem esperança". Santos (2000b, p.36) propõe "através da teoria da tradução, inteligibilidades e cumplici-dades recíprocas entre diferentes alternativas e diferentes locais ... a nova face do cosmopolitismo".

Isso nos abre espaço para comentar a controversa afirmação americanocêntrica de Jameson sobre o pós-modernismo como um "estilo global americano".

Um estilo global americano?

> não existe nenhum "capitalismo tardio em geral", mas apenas esta ou aquela forma nacional específica, e, inevitavelmente, os leitores de fora dos Estados Unidos vão deplorar o "americanocentrismo" de minha exposição. Este é justificável apenas na medida em que o curto "século americano" (1945-1973) foi a estufa, ou campo de cultivo forçado, do novo sistema, e, ao mesmo tempo, o desenvolvimento de formas culturais do Pós-modernismo pode ser considerado o primeiro estilo global especificamente norte--americano. (Jameson, 1997, p.24)

Essa advertência contém elementos importantes que comportam uma discussão mais aprofundada. A primeira delas, a respeito da especificidade de formas nacionais, será mais adequadamente tratada no capítulo específico sobre a MEB no pós-modernismo; aqui, gostaríamos de abordar a questão do americanocentrismo, posto que Jameson o eleva à categoria de "estilo", e ainda por cima "global".

Observe-se que, no sentido aqui empregado, o "estilo global americano" de que nos fala Jameson indica uma clara oposição a um "estilo global europeu", de maneira simétrica à dualidade entrevista entre "modernismo" e "pós-modernismo". A nitidez entre o estilo americano e o europeu, no entanto, requer uma maior amplitude de referências, que remontam à transição do poder econômico e militar europeu, sobretudo da Inglaterra, desde a Independência Americana até a Segunda Guerra Mundial, quando esse poderio foi assumido pelos americanos.

Há quem questione a validade da expressão "século americano", em relação ao curto e específico período de tempo (1945-1973) designado por Jameson. Darnton (1999),[22] por exemplo, considera que o apogeu dos Estados Unidos findou em 1800 e que o poder

---

22   Robert Darnton é historiador e professor da Universidade de Princeton (EUA).

norte-americano é subjugado pelo capital multinacional e por um sentimento generalizado de antiamericanismo.

Esse argumento de Darnton estabelece uma distinção entre a hegemonia econômica norte-americana e o período em que os Estados Unidos viram florescer a cultura do Iluminismo, invejada e elogiada pelos europeus,[23] conforme ilustra em outros pontos desse artigo. Mas é inegável que os Estados Unidos souberam imprimir um novo estatuto à dominação mundial, exercendo um poder *soft* como meio mais eficaz de estabelecer seus domínios, reservando o *hard power* (poder militar e econômico) para situações mais extremas (Nye, 2000).

Podemos ver, a partir daí, a vigência de um imperialismo em "novo estilo", em que, como bem observou Jameson, os Estados Unidos foram a "estufa" que deu dimensão a uma nova etapa de relações políticas, humanas, culturais e econômicas, talvez a síntese que se pretende fazer sob a denominação "pós-modernismo", ou outra qualquer. Entretanto, não se pode aceitar a tese do *soft power* proposta por Nye sem levar em consideração as constantes intervenções norte-americanas visando manter o equilíbrio político da Guerra Fria. Tais ações afetaram profundamente o Brasil; um documento oficial norte-americano relata um encontro entre Robert Kennedy e João Goulart ocorrido em 1962, antecipando "temas e dilemas, econômicos e políticos, que precipitariam o golpe de 1964" (Aith, 2001). O objetivo de Kennedy era sondar o posicionamento ideológico de Jango, de quem se receava uma aproximação com a União Soviética. Segundo Aith (2001), "houve alguns momentos de irritação mútua, provocados por pressões de Bob [Kennedy] para que Jango demitisse comunistas no governo".[24]

---

23 "De Tocqueville examinou as diferenças entre a França, por um lado, e a Inglaterra e América do Norte, por outro, chegando à conclusão de estar testemunhando um fenômeno sem precedente: a emergência de um novo e 'moderno' mundo, composto de democracia e individualismo" (McFarlaine, 1989, p.180).

24 As consequências do desacerto entre Bob Kennedy e Jango não poderiam ser mais *hard*; Bóris Fausto, comentando esse documento na *Folha de S. Paulo* (2001), diz

As evidências colhidas a partir de dados da "indústria cultural" revelam que, se Jameson (1997) está correto quanto às "formas nacionais específicas", Darnton não está totalmente equivocado, já que a disputa pelos mercados é considerada uma verdadeira guerra, que não garante uma hegemonia tão indiscutível dos Estados Unidos quanto faz supor Nye (2000).[25] As críticas feitas às "formas culturais do Pós-modernismo" têm sua base na premissa de que tais formas surgiram nos Estados Unidos, cuja falta de tradição e pragmatismo é tida muitas vezes como sinal de uma categoria intelectual inferior (Gabler, 1999, p.19). Com efeito, se os europeus louvavam "o pragmatismo, a diligência e o brio democrático" dos americanos, Gabler conta que "pelos padrões europeus a imensa maioria não tinha lá grande cultura". As consequências desses novos hábitos vão ter maiores implicações, uma verdadeira revolução cultural em que mudaram não apenas os gostos, mas também, e principalmente, os responsáveis pela formação do gosto. A cultura aristocrática sucumbiu à lógica do desenvolvimento cultural e econômico americano. Mais adiante, ao investigar as causas do surgimento dessa nova cultura especificamente nos Estados Unidos, Gabler (1999, p.29) aponta para os fatores que a reprimiram na Europa, como a religião – sob os rigores da doutrina calvinista – e o controle aristocrático herdado da aristocracia pela burguesia, obstáculos incapazes de impedir "por muito tempo a difusão da cultura popular na América".

Embora Max Weber já antevisse o desenvolvimento do capitalismo associado à ética protestante,[26] "os Estados Unidos foram fundados sem religião oficial e por isso não tiveram o credo religioso como um obstáculo para o exercício da cidadania" (Da Matta, 2000, p.19). Os próprios pregadores das igrejas norte-americanas apre-

---

que, "visto com o olhar de hoje, o encontro de Jango e Kennedy parece simbolizar, melancolicamente, uma oportunidade que se perdeu".

25 Ver a matéria de Simonetti et al. (2000), demonstrando como os Estados Unidos estão em desvantagem em vários setores da indústria cultural.

26 No ensaio *A ética protestante e o espírito do capitalismo*, de 1904.

sentavam – na década de 1830, segundo relatos – pendores teatrais que eram apreciados e valorizados pelos fiéis, embora consistissem em práticas pouco ortodoxas em comparação com o protestantismo europeu (Gabler, 1999, p.31-2).

O desenvolvimento de uma consciência democrática nos Estados Unidos minou o poder de decisão das elites, causando fascínio em Tocqueville.

Gabler opõe essa consciência democrática americana à Europa, onde, apesar da Revolução Francesa, "não havia tradição de democracia, o cidadão comum aceitava a ordem social e seu lugar nela", e as agitações sociais partiam "o mais das vezes da classe média, e não da classe operária – era o caso de um grupo em ascensão exigindo reconhecimento". O caso americano denota assim uma "deliberada e consciente ... hostilidade cultural" dos democratas em relação aos aristocratas, promovida por meio de uma literatura que, embora tosca, revela um alto índice de alfabetização da população (ibidem, p.32-5).

O próprio Tocqueville, no entanto, "dedicou seus trabalhos a uma intensa preocupação com a possibilidade da democracia transformar--se em seu próprio algoz" (Magalhães, 2000, p.142); a democracia convertida em pensamento único torna-se uma "tirania da maioria", oprimindo as "minorias étnicas e raciais". A democracia americana, com o esmorecimento do socialismo, tornou-se o "único tipo de regime político capaz de conduzir o indivíduo a seu pleno desenvolvimento", um modelo a ser adotado, e temido, "uma ideologia que esmaga as minorias em nível nacional e internacional" (ibidem, p.143).

Paralelamente a isso, a Europa testemunhava o fim de um período de avanços, a *belle époque*, em que a deflagração da Primeira Guerra Mundial abalou o equilíbrio e a segurança de "uma ciência definitiva, estruturada firmemente nas leis inabaláveis do universo" (Kujawski, 1988, p.14), restando assim o ingênuo inconformismo de "velhos europeus", ante a posição subalterna da Europa no mapa político que sucedeu à Segunda Guerra Mundial (ibidem, p.91).

A proposição de Jameson denota, portanto, a vigência da força globalizadora de um estilo "internacional", mas cuja concepção transgride uma lógica multicultural que se pretenda pós-moderna.

A constituição do atual predomínio norte-americano, como vimos, é estabelecida por meio de vínculos não impositivos que passam a incluir novos sotaques ou "mídias linguísticas", num crescente diálogo que parte dos "despojos culturais", aos quais se referia Benjamin (1996), mas, espera-se, chegue à pauta das negociações econômicas.[27]

O *International Style* contra o "novo expressionismo"

A influência americana nos países menos industrializados (cuja modernização ainda não se completara) apresentou resultados cujas consequências – frutos das políticas de "boa vizinhança" – "estão relacionadas à própria ideia de civilização" (Subirats, 1991, p.15). O processo civilizatório, modernizador, implica o desgaste das "identidades regionais ou nacionais", em troca de uma "nova identidade homogênea, de signos universalistas ou cosmopolitas" mediadas pelo "princípio racionalizador da nova tecnologia, e suas legitimações éticas ou estéticas". No plano artístico, para Subirats, a função desempenhada pelo processo imperialista estava destinada a ser empobrecedora, por não respeitar uma autonomia das tradições nacionais e étnicas. Por isso, associava-se ideologicamente o "progressismo"

à ideia de um mundo de abundância e à capacidade criativa do homem americano ... Essa dimensão do americanismo enaltece o homem energético e livre, capaz de transformar o mundo natural ... O mesmo se pode dizer da música. Luís da Câmara Cascudo acertou quando identificou nas síncopas das canções de George Gershwin o ritmo incessante das

---

27 As discussões em torno de processos globalizantes como a Associação de Livre Comércio das Américas (Alca) evidenciaram o caráter não muito *soft* do poder americano. Santos (2001), ao comentar o Fórum de Porto Alegre, manifesto contra os países ricos reunidos à mesma época (início de 2001) em Davos, fala de uma globalização em que "além da globalização neoliberal do capitalismo que só aceita as regras que ele próprio impõe, há uma globalização alternativa, a globalização de um desenvolvimento democraticamente sustentável, das solidariedades e cidadanias ...".

máquinas de produção em série da Ford ou outra grande *corporation* americana. (Tota, 2000, p.20)

Podemos, assim, inverter a perspectiva dessa "narrativa", pelo ponto de vista "pós-moderno", em uma dialética negada pelo "estilo hegemônico" de Jameson. Eduardo Subirats (1991, p.5) sugere que o *International Style* seria uma proposição inócua que, reproduzindo o discurso dominador das vanguardas ultrapassadas, quer negar o potencial de inovação estilística de movimentos da América Latina e do expressionismo e dadaísmo europeus, cujo "sentido crítico e inovador é o que se trata hoje de resgatar".

O "expressionismo" de Subirats refere-se a uma "realidade contraditória e tensa" que absorve todas as tendências do mundo moderno: "o pensamento utópico de Rühle ou Bloch, a arquitetura de Gaudí, Niemeyer ou Barragán, a pintura de Beckmann ou Matisse, e escultura de Giacometti, romances como *Alexanderplatz*, mas também como *Macunaíma*" (ibidem, p.66).

Uma possível interpretação das consequências de um "estilo global" decorre dos "efeitos empobrecedores da vida e de sua experiência subjetiva que resultam de sua racionalização tecnológica nos países industrializados". Dessa dicotomia entre o mundo industrializado, moderno e as sociedades pré-modernas ou em vias de modernização, vemos surgir um "maneirismo pós-moderno" que "encerra assim um momento profundamente decadente, junto a um virtuosismo militar, econômico e político que o respaldam" (p. 101).

Boaventura Santos (2000b, p.36-7) vê essa proposição internacionalista como derivada do fato de "a versão dominante do pós-moderno ser o pós-moderno celebratório". Santos propõe um pós-modernismo "de oposição", questionando a "intrigante convergência entre o discurso de modernistas irredutíveis e o discurso de pós-modernistas hiperdesconstruídos".[28]

---

28   A crítica de Boaventura Santos (2000b, p.37) é dirigida especialmente a Terry Eagleton, a quem atribui uma "crítica tão superficial quanto descabelada do pós-moderno".

Longe de querer esgotar ou definir os termos vencedores deste debate, que ora deixamos em aberto, cabe reconhecer, no entanto, no campo da música erudita, a influência que a música norte-americana – especificamente a chamada Escola de New York capitaneada por John Cage[29] – exerceu sobre os músicos europeus após a Segunda Guerra Mundial. Ao menos na composição musical, fica evidente como o paradigma da tradição, defendido por Schoenberg e Adorno, centrado na razão europeia, foi abalado pelas ondas nacionalistas do fim do século XIX e relativizado perante as operações de acaso *cageanas*, pela teoria do caos, pela música de massa e outros processos desestabilizadores da lógica estabelecida pelas vanguardas históricas.

Cage é o profeta da desorganização musical [*sic*], o sumo-sacerdote do acaso: a desagregação das estruturas tradicionais, que a nova música serial procura com uma decisão quase científica, encontra em Cage um eversor desprovido de qualquer inibição. (Eco, 2000b, p.211-2)

A vanguarda musical europeia das décadas de 1950 e 1960, representada por Boulez e Stockhausen, viu-se afetada pela música norte-americana não na proposta de um *international style*, global e hegemônico, mas no uso diferente da razão, aberta para a possibilidade do absurdo, da multiculturalidade, da tradução da linguagem do outro.[30] No limiar dos anos 1960, a música passa a representar um nexo forte com uma "Pós-modernidade de oposição", conforme as teorias da ação comunicativa de Habermas e a teoria crítica pós-moderna de Boaventura Santos nos parecem propor.

---

29 A "Escola de New York" era integrada também por Morton Feldman, Earle Brown, Christian Wolff e David Tudor (Duckworth, 1999, p.15-6).

30 Essa poderia ser uma interpretação do impacto provocado por Cage ao apresentar suas obras na Europa. No entanto, retrospectivamente, constata-se que seu uso "sistemático" do acaso, como em *Music of Changes* (1951), é tão moderno e "racional" quanto o serialismo integral dos europeus.

Cultura: representações mediatizadas e a morte da arte

A sociedade industrializada, ao transformar as expressões artísticas tradicionais em produto, mediatizado pela tecnologia e pela apropriação do cultural de acordo com a lógica do capital (Jameson, 1997), abalou algumas noções que fundamentavam a modernidade antes de 1890, especialmente o caráter original e único que se atribuiu ao artista romântico. O modernismo assim pode ser entendido como um processo de atualização da arte perante os avanços da indústria e das ciências naturais (Dahlhaus, 1989).

As tecnologias surgidas no final do século XIX proporcionaram meios mais eficazes de reduzir o tempo consumido pela produção de uma imagem (fotografia) e facilitaram o acesso à reprodução de uma obra musical pelo gramofone. O principal afetado com essas possibilidades será o artista, cujo domínio de técnicas artesanais que o diferenciavam ao ponto de, ao atingir determinado grau de excelência reconhecida por especialistas e conhecedores, ser considerado "genial".

Com o advento da reprodutibilidade técnica da arte, não apenas as obras do passado perdem a sua aura, o halo que as circunda e as isola do resto da existência, isolando, com elas, também a esfera estética da experiência, mas nascem formas de arte em que a reprodutibilidade é constitutiva, como o cinema e a fotografia ... Essas artes se resolvem no uso técnico de máquinas e, portanto, liquidam qualquer discurso sobre o gênio. (Vattimo, 1996, p.44)

No entanto, a própria noção de cultura, de uma tradição, ou até mesmo a linguagem (Williams, 1992, p.182) também podem ser considerados modos de reprodução. É isso o que julgam os especialistas e conhecedores ao estabelecerem que determinado artista é ou não "genial". Como afirmou Benjamin (1996, p.166): "a obra de arte sempre foi reprodutível".

Se a cultura é então matéria reprodutível, onde está a especificidade da cultura de massa? Williams (1992) formulou uma teoria a partir das "assimetrias" entre as primitivas categorias de classes "dominantes" e "dominadas", que ele classifica em três formas:

1 Luta pela liberdade de expressão, contra uma censura que visa excluir certos "efeitos" indesejáveis da mensagem cultural veiculada.

2 A disputa entre instituições (Estado, Igreja, tradição) e mercado.

3 Resgate da cultura oral, pela tecnologia, já que a invenção da imprensa tornou "a distribuição técnica muito mais fácil, mas em condições de distribuição social relativamente inalterada".

Decorre daí que a mediação entre o produtor cultural e seu público é feita em última instância pelo mercado, cujas tecnologias estarão relacionadas à dominação cultural, especialmente econômica, dos que detêm a posse desses meios técnicos de reprodução e distribuição. A especificidade da cultura de massa, conforme já explicara Benjamin (1996, p.88), está, portanto, não em que a cultura de massa deixe de representar significativamente (ou o faça de maneira mais "superficial") os símbolos humanos inscritos na cultura, mas na *ausência das mediações* que havia entre a criação da obra e sua gradual e lenta recepção, substituída agora pela velocidade dos meios de reprodução tecnológica que são oferecidos abertamente à recepção das massas, conhecidos como *mídias* (Jameson, 1997, p.91).

Dessa maneira, justifica-se uma proposição feita por este trabalho, com relação ao *impasse* vivenciado pela música erudita, um dos setores mais afetados pelo que se convencionou chamar, desde Hegel, de a "morte da arte". Considerada de assimilação mais difícil, dirigida principalmente a um público adulto (não adolescente) e, consequentemente, com baixo apelo de vendas.

Vattimo (1996, p.40) compreende a "morte da arte" como a "realização pervertida do espírito absoluto hegeliano", ou seja, como consequência inevitável da modernidade, fruto da mecanização, da morte do sujeito, "dos limites da metafísica realizada". A música, com sua linguagem naturalmente abstrata, refratária à maioria das representações, embora aberta a muitas, das mais simplistas às mais complexas, enfrenta dificuldades de absorção desde seu repertório tradicional, como observa Adorno (1974, p.18):

Na verdade, uma audição adequada das mesmas obras de Beethoven, cujos temas vai assobiando o homem que viaja no metrô, exige um esforço ainda maior do que a da música mais avançada: exige despojá-las do verniz de uma falsa interpretação e da fórmula reacionária criada com o tempo.

Essa dificuldade se manifesta sobretudo na já citada ausência de uma teorização "pós-moderna" com maior profundidade nesse campo. Bürger (1993, p.37) observa como Adorno já enfrentara o problema decorrente da impossibilidade de determinar com precisão a função social da obra de arte em relação aos efeitos provocados por ela na sociedade. Mais que apontar o dado sensível do problema, a crítica precisa adotar outra atitude ao compreender os elementos em jogo no pós-modernismo.

Mais obscura se torna a função da arte (talvez até mesmo "morta") com o final do ciclo das vanguardas artísticas históricas, outrora elemento de autocrítica da sociedade burguesa. As "neovanguardas" enfrentam o estranhamento de não ter mais uma ordem burguesa instituída com a qual romper (ibidem, p.67). Ao lado desse "fracasso" da vanguarda, incapaz de integrar-se funcionalmente – como "vanguarda" – à sociedade contemporânea,[31] estão questões mercadológicas impostas pela lógica neoliberal do "capitalismo tardio":

> a obra se tornou mercadoria, produzida para ser vendida com lucro, os cálculos internos de qualquer tipo de produção de mercado levam diretamente a novas formas de controle cultural e especialmente de seleção cultural. Tornamo-nos tão habituados às relações de mercado que pode parecer simplesmente banal observar que tipos de obras que dão prejuízo serão, na produção de mercado, reduzidos ou não terão continuidade, enquanto tipos que dão lucro se expandirão. (Williams, 1992, p.103)

---

31   "Quando um artista dos dias de hoje envia uma chaminé de fogão a uma exposição, já não está ao seu alcance a intensidade do protesto que os *ready mades* de Duchamp exerceram. Pelo contrário: enquanto que o *Urinoir* de Duchamp pretendia fazer ir pelos ares a instituição arte ... o artista que encontra a chaminé de fogão aspira a que sua 'obra' tenha acesso aos museus" (Bürger, 1993, p.67).

Essa ameaça paira sob o estatuto social de todas as atividades musicais que são classificadas como "eruditas", até mesmo o *jazz* sofre com a perda de espaço mercadológico. Orquestras, teatros e companhias de ópera e dança, escolas de música e músicos independentes sofrem com reduções de orçamento estatal, perda de patrocinadores privados e outros males. Que dizer então do campo mais restrito ainda para a música composta atualmente? A teoria crítica de Adorno (1974, p.107) enfoca exatamente esse ponto, o impasse da música contemporânea, pelo ponto de vista da incompreensão, dos choques entre técnica e sociedade, que: "Dão um sentido ao mundo sem sentido. E a nova música se sacrifica a tudo isto. A nova música tomou sobre si todas as trevas e as culpas do mundo ... É verdadeiramente uma mensagem encerrada em uma garrafa".

Adorno, um dos críticos "sombrios" da sociedade burguesa (Habermas, 2000), entoa, de certa forma, o canto de despedida da razão moderna ordenadora, que associa ignorância ao caos (Santos, 2000b). Sua interpretação da cultura de massa não poderia ser mais negativa e coerente com sua crença no *Esclarecimento*:

> A indústria cultural é a integração deliberada, a partir do alto, de seus consumidores. Ela força a união dos domínios, separados há milênios, da arte superior e da arte inferior [*sic*]. Com prejuízo para ambos ...
>
> O termo *mass media*, que se introduziu para designar a indústria cultural, desvia, desde logo, a ênfase para aquilo que é inofensivo. Não se trata nem das massas em primeiro lugar, nem das técnicas de comunicação como tais, mas do espírito que lhes é insuflado, a saber, a voz de seu senhor. (Adorno, 1994, p.92-3)

A massa, portanto, não aprecia (consome) a música erudita e, especialmente, a música nova, porque é, segundo Adorno, "ignorante" de seus processos, de sua tradição e de suas proposições. Esse conhecimento seria sufocado, impossibilitado pela imersão na cultura de massa. Em sua defesa da cultura de massa, Umberto Eco (2000a, p.35) rebate esse "apocalipse": "Assim ocorre, em geral, com os *mass media*: alguns os julgam cotejando-lhes o mecanismo e os efeitos com um modelo de homem renascentista, que evidentemente ... não existe mais".

Há aí uma certa dose de incongruência entre as possibilidades disponíveis a uma sociedade informatizada, com acesso em tempo real a inúmeros bancos de dados, e a visão típica de uma massa mal--informada ou pouco interessada na acumulação de conhecimentos não direcionados para um fim específico. Não serão os fatores que disponibilizam produtos culturais regidos por interesses perfeitamente identificáveis com antigas estruturas de dominação? No entanto, esses novos sistemas geram novas complexidades nas relações de trabalho, sociedade e produção cultural que não podem ser reduzidas ao binômio dominante/dominado (Williams, 1992, p.230).

Decorrente do processo de mediatização globalizada da arte, o estético passa a invadir o inconsciente, a obliterar e suplantar a metafísica do sujeito. Assim como a tecnologia apenas acelerou o processo de reprodução que sempre existiu, a cultura de massa transformou o elemento estético, que outrora era mediatizado por todo um processo de educação e aquisição de uma cultura idealizada (acessível a poucos), a um nível imediato e cotidiano de apreensão de uma cultura globalizada (acessível a muitos):

> Identificar a esfera da mídia com o estético pode, por certo, levantar semelhante identificação, se se levar em conta que, além de e mais profundamente distribuir informação, a mídia produz consenso, instauração e intensificação de uma linguagem comum no social. (Vattimo, 1996, p.44)

Não cabe, pois, estabelecer juízos de valor hierarquizantes em termos de cultura "alta" e "baixa", tampouco lamentar uma suposta "queda de nível" da arte; se a música que vai à mídia talvez não seja a mais avançada, é preciso reconhecer que a importância cultural dada à música atual não se guia mais pelos conceitos de "avanço" e "retrocesso". No entanto, é visível a tendência neoliberal de privilegiar uma "lógica de mercado" em função do entretenimento, pode-se até dizer, entorpecimento, das massas, o que é um modo de subjugar o cultural ao econômico.

Tal abandono de uma razão humanista por vezes tem sido confundido com a noção de pós-modernidade, o que, a nosso ver, é uma forma perniciosa de tratar esse assunto. A despedida da razão iluminista implica direcionar a razão para outros desafios, entre os quais a conciliação das várias manifestações culturais nos parece a mais sensata, tendo como parâmetro a órbita proposta por Merleau-Ponty (1996, p.533): "A contingência ontológica, a do próprio mundo, sendo radical, é ao contrário aquilo que funda de uma vez por todas nossa ideia da verdade. O mundo é o real do qual o necessário e o possível são províncias".

Desse equilíbrio entre ciência e senso comum, entre tradição e modernidade é que parece emergir uma conceituação mais cabível para o que seja chamado de "pós-modernidade". Levar a música para dentro desse conceito tampouco nos parece uma questão redutora de estilos ou características técnicas passíveis de serem comentadas em um punhado de tópicos.

2
A DECADÊNCIA DO MODERNISMO MUSICAL: PARADIGMAS, VANGUARDA E EXPERIMENTALISMO

No capítulo anterior, falamos sobre o conceito histórico-social de pós-modernismo, um conceito demasiado abrangente e polêmico que nos obrigou a mencionar vários pontos de vista. Antes de avaliar o processo que levou a música do modernismo ao pós-modernismo, vamos resumir alguns aspectos importantes:

1 Habermas e Boaventura Santos defendem a superação do uso da razão moderna iluminista, centrada no indivíduo, por um novo uso da razão, voltada para a ação comunicativa e solidária.

2 As tentativas de compreender a pós-modernidade como uma forma avançada de modernismo deram lugar a uma crescente desconfiança em relação ao "progresso" efetivo da expressão artística, ou seja, as vanguardas foram perdendo sua força, praticamente encerrando seu ciclo.

3 Vattimo dá ênfase ao rompimento com a busca e valoração sistemática do novo, o que Lyotard e Baudrillard interpretam como o fim de qualquer possibilidade de retorno à razão.

4 Jameson e Perry Anderson apontam para as mudanças sofridas pelo advento dos meios de produção e reprodução tecnológicos atuando sobre a consciência não mais de um indivíduo, mas de uma

massa indistinta, em uma nova lógica de produção sob a ótica do "capitalismo tardio". Assim, Jameson (1997, p.72-9) dá ao pós--modernismo uma dimensão "histórica e não meramente estilística", em que a cultura desempenha o papel de "mapeamento cognitivo" da realidade.

5 Um fator importante nas representações artísticas é a reelaboração da nacionalidade dentro de um código multicultural, por parte principalmente dos países do Terceiro Mundo, ao passo que os países desenvolvidos tentam estabelecer um diálogo em bases menos desiguais. Esse tema foi enfocado por Jameson e Anderson de uma perspectiva em que esse processo implica uma "queda de nível" da arte, enquanto Eduardo Subirats e Boaventura Santos veem a multiculturalidade de uma perspectiva que tende a transferir o caráter igualitário da cultura para o campo da economia.

6 O pós-modernismo marca também o fim das chamadas "metanarrativas", ou seja, teorias que explicam a sociedade de modo abrangente. O exemplo mais citado de metanarrativa desacreditada é o marxismo, e autores como Jameson e Anderson, de orientação marxista, buscam meios de adaptar esses princípios à nova condição social, enquanto Baudrillard e Lyotard não veem mais alternativa para o predomínio da sociedade de massa sob o capital. Para Habermas, a crítica ao pensamento totalizante está caracterizada pela primeira vez em Nietzsche, visto assim como um iniciador do pensamento pós-moderno.

7 O pós-modernismo seria, *grosso modo*, uma ruptura com o paradigma modernista, centrado sobre a evolução, o progresso e a hegemonia cultural europeia. Todavia, a cultura norte-americana, que iniciou esse desafio à Europa, tende a impor um pós-modernismo "americano", que vem sendo refutado pelos teóricos europeus e de outros lugares do mundo.

Podemos inferir desse resumo a impossibilidade de encontrar uma fórmula reducionista de estilo musical para o pós-modernismo. Classificá-lo dessa forma seria não reconhecer as forças conflitantes que compõem a pós-modernidade, as quais não irão se resumir a uma listagem de "técnicas composicionais pós-modernas" ou a uma lista de "compositores pós-modernos". O pós-modernismo abre, isso sim, a possibilidade de convivência entre estilos considerados excludentes entre si e a desconsideração de uma postura hierárquica entre estilos. É frequente o uso da expressão "ecletismo" para designar essa postura.[1] Tal atitude se volta não só para a música contemporânea, como também para a crítica à música do passado; a arte se torna um texto que pode ser reescrito ou reinterpretado.

Por sua vez, o pós-modernismo se apoia ora na negação ora na superação do modernismo, o que significa uma ruptura com os cânones estéticos estabelecidos até a Segunda Guerra Mundial. Nesse período, cujo princípio os historiadores da música geralmente demarcam em torno de 1890, iniciou-se o ciclo da vanguarda musical do modernismo, seguindo com a tradição "moderna" – no sentido hegeliano – de atingir novos patamares e adotar novos valores.

A ruptura inicial e mais evidente foi com os elementos mais superficiais do romantismo musical, suas idiossincrasias literárias, seus excessos orquestrais e a tentativa de representação dos sentimentos humanos por meio de narrativas sonoras e poemas sinfônicos. Instaurava-se assim uma certa dose de objetividade às pretensões das novas obras musicais, sem falar da busca de novos sistemas de organização sonora que pudessem substituir a tonalidade, considerada ultrapassada. Esse processo seguiu até que uma vertiginosa sucessão de "revoluções" levou a um impasse análogo ao pós-modernismo no plano mais geral de toda a cultura.

Em que pese a busca de maior objetividade pelos compositores da primeira metade do século XX, é notável o envolvimento de muitos deles com questões políticas e sociais que foram debatidas nesse período, notadamente a polarização ideológica entre direita e esquerda. Em vários momentos, diretrizes partidárias influenciaram

---

1 *Circuit* (1990), Tacuchian (1992), Gubernikoff (1994), Ramaut-Chevassus (1998) e Buckinx (1998) falam abertamente em "ecletismo" em seus estudos sobre pós-modernismo e música.

enormemente a orientação estética da composição musical. Muitas vezes, os movimentos modernizadores estavam ligados a correntes ideológicas envolvidas em disputas históricas pelo poder político e econômico, como no caso do modernismo brasileiro.

Por ora, vamos tratar do aspecto mais "objetivo" da transformação dos paradigmas da composição musical nesse início de século. O modernismo musical empreendeu constante busca de inovações técnicas, como o serialismo integral e sua potencialização por meio dos recursos eletrônicos. Mas sua consequência mais notável será o desinteresse por parte do público, de boa parcela da classe intelectual e até mesmo de muitos músicos.

O mercado voltou-se principalmente para o consumo de música tradicional, privilegiando o repertório dos séculos XVIII e XIX (Bach, Vivaldi, Mozart, Beethoven, Verdi, Chopin etc.) não só na programação de orquestras, mas também na venda de discos e na difusão pelo rádio. Isso sem falar que o *jazz* e a música popular urbana em geral passaram a representar a maior parcela do referencial sonoro da população mundial, constituindo uma indústria de entretenimento sem precedentes.

O pouco interesse despertado pela música contemporânea – restrita a festivais especializados e gravações de pouco apelo comercial – fez que por vezes fosse atribuída uma "culpa" às inovações técnicas, aos novos paradigmas compartilhados pelos compositores e iniciados, mas inacessíveis ao grande público.

Mas que são esses novos *paradigmas* musicais? Um termo emprestado das ciências naturais requer alguma explicação antes de ser usado levianamente. Por isso, iremos traçar uma analogia entre o conceito de paradigma – tal como o define Kuhn (1997) – e a consolidação dos paradigmas musicais da modernidade. A partir daí, ficará mais clara a argumentação quanto à ruptura com paradigmas adotados pela comunidade musical, principalmente pela vanguarda do modernismo e pelas vanguardas tardias, as quais chegaram a um impasse bastante semelhante ao da estética pós-moderna expressa na arquitetura, na literatura e nas artes visuais contemporâneas.

Dos paradigmas à crise dos paradigmas em música

O uso do conceito de "paradigma" requer uma investigação em seu *habitat*, a metodologia das ciências naturais e sociais, para uma definição posterior da "crise dos paradigmas" relacionada à música. Assim como Kuhn (1997), antes de estabelecer as bases do processo de "revolução" no conhecimento científico, sentiu necessidade dessa definição, iremos fazer o mesmo para melhor entendermos o problema da "crise" do pós-modernismo musical, com base na relativização de vários conceitos-chave na estética e ideologia modernista. Trata-se, pois, de observar quais foram os "paradigmas compartilhados" por músicos e teóricos da música que fizeram emergir a noção de *modernidade* em música, para depois esclarecer a transição para a *pós-modernidade*. Donde se conclui que o pós-modernismo estabelece um novo conceito de *ciência*:

> A época em que vivemos deve ser considerada uma época de transição entre o paradigma da ciência moderna e um novo paradigma, de cuja emergência se vão acumulando os sinais, e a que, à falta de melhor designação, chamo ciência Pós-Moderna. (Santos, 2000a, p.11)

Para Kuhn (1997, p.30), a definição de "paradigma" é caracterizada por dois fatores:

1 Realizações (empreendidas por pesquisadores isolados ou em conjunto) "sem precedentes para atrair um grupo duradouro de partidários, afastando-os de outras formas de atividade científica dissimilares".

2 Tais realizações eram "suficientemente abertas para deixar toda espécie de problemas para serem resolvidos pelo grupo redefinido de praticantes da ciência".

Ora, essa proposição é facilmente reconhecível na formação de paradigmas de "lei, teoria, aplicação e instrumentação" (ibidem) no campo da música. O paradigma musical moderno estabeleceu-se por volta do século XVIII, por meio da elaboração ou descoberta dos princípios da física acústica empreendidos por Sauveur,[2] os quais demonstraram cabalmente que o modelo pitagórico estava superado.[3]

Na época em que escrevera seu *Traité de l'harmonie réduit à ses principles naturels* (1722), Rameau ainda não travara contato com as teorias de Sauveur; no entanto, a partir delas escreveu *Nouveau systéme de musique theorique* (1726), em que tratou de ajustar suas intuições a respeito de uma teoria dos sons harmônicos de modo a dar ao *sistema tonal* o *status* de reprodução fiel das leis da natureza.[4]

Ao mesmo tempo que se propunha o sistema tonal, outra formulação necessária para seu funcionamento ideal foi a adoção de um sistema de *afinação temperada*, em que todos os intervalos dentro de uma oitava passaram a ser divididos igualmente em doze semitons.[5] Coincidentemente, o primeiro volume de *Das Wohltemperierte Klavier*, de J. S. Bach, obra seminal para o estabelecimento da afinação temperada, data também de 1722 como o tratado de Rameau.

Ambos os paradigmas, o sistema tonal e a afinação temperada, adaptam-se plenamente às exigências de Kuhn (vistas anteriormente) para serem aceitos como tais; eles sepultaram o sistema *modal* precedente, a ponto de chamar-se de música *antiga* a música anterior

---

2   Joseph Sauveur (1653-1716) foi um matemático e físico francês a quem se atribui o desenvolvimento da teoria dos sons harmônicos, "embora outros cientistas tenham chegado à mesma conclusão independentemente e por volta da mesma época" (Damschroder & Williams, 1990, p.297). Sauveur publicou *Traité de la théorie de la musique* (1697), além de *Système général des intervalles des sons, et son application à tous les systèmes es à tous les instrumens de musique* (1701).

3   Atribui-se a Pitágoras ou à sua escola, o paradigma anterior, baseado nas subdivisões aritméticas de uma corda. Para maiores detalhes a respeito da transição do paradigma entre Pitágoras e Sauveur, ver Palisca (1961) e Weber (1995).

4   Para um estudo dos vários tratados harmônicos de Rameau e sua evolução, ver Ferris (1959).

5   Embora vários autores tenham proposto sistemas temperados no século XVII, atribui-se a Andreas Werckmeister (1645-1706) a "paternidade" do sistema. Seu livro *Musicalische temperatur* (escrito entre 1686-1687) não advogava uma "igualdade de todos os semitons, mas prescrevia meios por onde os defeitos inevitáveis dos sistemas não temperados ... são distribuídos entre diferentes intervalos de modo que todas as tonalidades sejam toleráveis" (Damschroder & Williams, po. cit., p.380-5).

a Bach, embora o processo de assimilação e de adoção internacional dessas inovações tenha se estendido até o século XIX (Helmholtz, 1954). Também se mostraram abertos o suficiente para que o "grupo redefinido de praticantes da ciência" – no nosso caso, os compositores – se debruçasse sobre os problemas inerentes a esse sistema. Inicialmente, buscaram-se soluções compartilhadas que resolvessem o problema da *forma*, para trabalhar com o conteúdo diatônico das escalas maior e menor: desenvolveu-se a técnica da modulação harmônica até o ponto em que, da fração diatônica de sete sons, chegou-se a compor livremente com os doze sons cromáticos.

A variabilidade no trato com o sistema tonal abre também espaço a mais uma categoria, de acordo com problemática suscitada por Nattiez: sua *aceitabilidade* como meio de expressão ou linguagem – é possível "testar a validade do modelo gramatical de competência tonal"? Para isso, faz-se necessário verificar a afinidade, ou analogia, entre o sistema tonal e o linguístico:

> A codificação do "sistema" assimilada pelos compositores não é uma codificação gramatical absoluta, mas uma codificação *normativa*, que corresponde a um consenso de músicos num dado momento da evolução musical. É por isso que os tratados de harmonia estão para a música como as gramáticas tradicionais para a linguagem. (Nattiez et al., s. d., p.37)

O uso consensual da tonalidade gerou códigos, regras composicionais e, ao redor do século XIX, teorias sobre a natureza da criação musical que chegaram mesmo ao ponto de desconsiderar aspectos práticos da composição; o estudo da fuga, por exemplo, o gênero de composição instrumental mais importante do início do século XVIII, era feito independentemente dos modelos reais de Bach e Handel. Além das teorias de teor eminentemente técnico, as teorias do significado procuraram associar os sentimentos e as paixões humanas aos ritmos e às tonalidades musicais.

Grosso modo, essa é uma maneira de resumir o que aconteceu entre Bach e Wagner, a partir de uma história dos sistemas organizadores de alturas. De acordo com Kuhn (1997, p.301), o estabelecimento de um paradigma e o comprometimento e consenso em torno dele são os "pré-requisitos para a ciência normal, isto é, para a gênese e a continuação de uma tradição de pesquisa determinada", portanto, análogo ao comportamento da comunidade musical (compositores, intérpretes e público) que estabeleceu um grau semelhante de compromisso e consenso em torno das tonalidades maior e menor e do sistema de afinação temperada.

Embora essa "narrativa" pareça suficientemente bem urdida para caracterizar um processo de estabelecimento de paradigmas musicais de acordo com uma lógica de desdobramentos quase científica (na verdade, muitos livros de história da música adotaram esse ponto de vista, a partir de uma "história da tonalidade"), o interesse sistemático dos pesquisadores da chamada "música antiga" revelou que a modernidade musical se manifestara anteriormente ao tratado de Rameau, sob outros aspectos além dos sistemas ordenadores de alturas, como a tonalidade e o temperamento igual.

No final do século XIX, surgiram movimentos desagregadores do consenso em torno do sistema tonal. Escolas nacionalistas, influências da cultura oriental, pesquisas com escalas "artificiais" etc. A *performance* histórica, desenvolvida a partir dos anos 1950 (Kerman, 1987, p.255-306), trouxe à luz um repertório desconhecido que colocou em xeque a supremacia da tonalidade como elemento essencial da música, o que de certa forma aproximou os músicos de vanguarda desse movimento de "restauração".[6] O resgate de instrumentos de época também proporcionou uma relativização do sistema temperado que afetou compositores contemporâneos.

Essa proximidade entre música antiga e vanguarda pode assim ser percebida como uma reação à hegemonia do paradigma da tonalidade; todavia, os laços entre ambos podem ser vistos sob outros aspectos:

> No período do pós-guerra, a execução de música antiga, tal como a de música de vanguarda, foi uma atitude vital e inovadora. Em compa-

---

6 Webern, por exemplo, fez seu doutorado sobre o compositor renascentista Heinrich Isaac, já em 1906 (Neighbour et al., 1990, p.103).

ração, a situação da música "tradicional" está relativamente estagnada ... Esse foi outro resultado lamentável mas nada surpreendente do impasse causado pelo modernismo. (Kerman, 1987, p.258)

Embora o movimento de música antiga implicasse a questão da "autenticidade" da interpretação, dando margem a controvérsias entre os adeptos da *boa* interpretação (ou seja, da música bem executada, com os meios disponíveis) e os da *má* interpretação (algo que foi usado como desculpa por alguns intérpretes em busca da autenticidade), o fato mais notável foi a ampliação do repertório musical disponível (ibidem, p.273).

Monteverdi desempenhou um papel importante no estabelecimento de um novo estilo musical para o século XVII, que levava em conta não apenas a organização dos modos, mas também a textura (com a adoção da homofonia), subvencionando a linha melódica ao conteúdo expressivo do texto. A célebre controvérsia entre Monteverdi e Artusi[7] foi o marco dessa ruptura, forte o suficiente para atrair a simpatia da vanguarda musical do século XX, denominada às vezes "a revolução mais radical da história da música ocidental" (Harnoncourt, 1993, p.27).

A ideia de relativizar a importância da organização tonal como o critério fundamental da linguagem musical foi um passo decisivo para a consolidação de outras propostas. No final do século XIX, Debussy já mostrara o quão arbitrárias eram as convenções harmônicas acadêmicas (Griffiths, 1994), sem, contudo, propor nenhuma sistematização que pudesse constituir uma escola; tal pretensão foi assumida por Schoenberg e seus discípulos Berg e Webern, que se esforçaram para mostrar que sua teoria dodecafônica não era um massacre iconoclasta, mas uma possibilidade lógica de dar continuidade à "evolução" do sistema tonal.

---

7 Giovanni Maria Artusi foi um teórico que defendia as ideias sobre modos e textura do principal teórico musical do século XVI, Zarlino. Ver a respeito da controvérsia entre Monteverdi e Artusi o artigo de Palisca (in Arnold & Fortune, 1972, p.133-66).

A adesão ao antigo sistema era, no entanto, forte demais para criar um consenso em torno da comunidade de compositores da chamada "música nova", como os dodecafonistas chamavam seu estilo/sistema em 1920; críticos, intérpretes e público majoritariamente deram preferência à linguagem neoclássica, quando não à pura manutenção melômana de um repertório padronizado de obras barrocas, clássicas e românticas, ou seja, dentro do paradigma fundamentado desde o século XVII; mesmo os compositores mais velhos tinham dificuldade em assimilar as novas técnicas.[8]

Nisso, aliás, reside uma peculiaridade da música em relação à ciência: a separação da música nova da esfera pública foi devidamente preenchida pela noção da música de entretenimento, desde as formas mais elaboradas de *jazz* até o gênero mais simples da canção *pop*, e essas formas alternativas à *ratio* musical passaram a ser normalmente aceitas por intelectuais de outras áreas. Além disso, o neoclassicismo atingiria no final dos anos 1940 o *status* de "música oficial" do realismo socialista, o que afetou a produção de muitos compositores de esquerda. Com isso, reforçaram-se as tendências consideradas reacionárias que negavam legitimidade e coerência à vanguarda musical, interessada na renovação dos paradigmas.

Assim, a formulação da teoria dodecafônica de Schoenberg, longe de estabelecer consenso quanto à continuidade da tradição tonal, foi contraposta a outras soluções restauradoras da antiga ordem que se opuseram claramente a suas ideias. Fubini (1987, p.321) comenta que:

Hindemith, que no âmbito do panorama musical do século XX representa a ala conservadora, expressou a mais dura e irrevogável con-

---

8 Schoenberg (1984, p.42) conta como foi a reação de Mahler ao mostrar-lhe a partitura de seu *Primeiro quarteto de cordas*, por volta de 1905; Mahler teria dito: "Eu já regi as mais difíceis partituras de Wagner; já escrevi minha própria música complicada em partituras de trinta ou mais partes; mas eis aqui uma partitura de não mais do que quatro partes e sou incapaz de lê-las".

denação ao dodecafonismo, declarando ilegítima sua linguagem porque não corresponde à "natural" organização dos sons.[9]

Havia ainda os que, sendo capazes de absorver a proposta de Schoenberg, empreenderam uma ruptura ainda mais radical com o paradigma fundamentado sobre a evolução da tonalidade. Cage, nos anos 1950, foi um dos principais responsáveis por uma transformação dos valores musicais. Veja-se, por exemplo, o diálogo entre ele e Daniel Charles (Cage, 1995, p.35):

John Cage: Quando eu estudava com Schoenberg, fui inicialmente tomado pela ideia que ele tinha a respeito da estrutura musical. Em sua visão, a tonalidade representava os meios de se chegar à estrutura. E essa estrutura era a divisão da obra em partes. Quando se utiliza a tonalidade, a estrutura depende da cadência porque somente a cadência possibilita a definição das partes de uma obra musical.

Daniel Charles: Você ainda conserva essa concepção de estrutura?

JC: Não, naturalmente. Eu a aceitei no início, mas apenas porque eu não estava mais estruturando de acordo com a tonalidade, mas de acordo com o tempo.

DC: Por quê?

JC: Porque eu queria incluir todo o universo dos ruídos em uma obra musical.

DC: Então você rejeitou o sistema tonal desde o início?

JC: Sim, pois ruídos não têm nada a ver com cadências.

Como se vê, a ruptura cagiana foi realmente mais radical, sob o ponto de vista de adoção de novos materiais, no caso a expansão do conceito de som musical, que os serialistas pós-webernianos,[10] que

---

9 Tal crítica, publicada por Hindemith em *Unterweitsung in tonsatz* (1937), parece ser uma das fontes em que Camargo Guarnieri se inspirou para atacar o dodecafonismo no Brasil, em 1950. A escola de Hindemith e outros compositores, como o italiano Casella, representou um movimento de reação ao dodecafonismo, uma característica de boa parte dos compositores neoclássicos.

10 Boulez e Stockhausen, nos anos 1950, procuraram levar o serialismo de Webern às últimas consequências, numa técnica conhecida como *serialismo integral* que durante anos foi a principal tendência dos cursos e festivais de Darmstadt.

sustentavam a continuidade de uma tradição fundada sobre a coerência tonal.

O somatório de todos esses elementos denota a crise do paradigma moderno, não mais unificado em torno da tonalidade (ou sua continuidade lógica, como propunha a Segunda Escola de Viena) ou de padrões internacionalmente aceitos de forma, textura e expressividade. O papel da teoria musical tradicional no início do século XX assemelhava-se ao "empreendimento cumulativo" da "ciência normal" do qual nos fala Kuhn (1997, p.77-8):

> A ciência normal não se propõe descobrir novidades no terreno dos fatos ou da teoria; quando é bem-sucedida, não as encontra. Entretanto, fenômenos novos e insuspeitados são periodicamente descobertos pela pesquisa científica; cientistas têm constantemente inventado teorias radicalmente novas.

O fluxo antagônico de proposições conservadoras ou reformistas levou o modernismo, por volta dos anos 1950, ao impasse de definições tão excludentes e de músicas tão diversas que daí parece ter surgido a necessidade de buscar um novo paradigma, principalmente considerando as relações existentes entre música e sociedade. Embora no plano filosófico a pós-modernidade se estabeleça com Nietzsche (Habermas, 2000), somente após a capitulação das vanguardas artísticas é que se criam as condições para a superação e despedida da modernidade, ao menos na música.

O termo "vanguarda" será utilizado como referência a pelo menos três épocas distintas: a. a vanguarda histórica, situada por volta de 1870; b. a vanguarda do modernismo, em torno de 1910; c. a vanguarda tardia, do pós-guerra até 1970. Nyman (1999) estabelece uma importante distinção entre os compositores do pós-guerra: *vanguarda*, aplicado para designar o grupo de Darmstadt, e *experimentalismo*, para classificar a corrente nova-iorquina. O neoclassicismo seria o movimento de reação à vanguarda.[11]

---

11 Essa dualidade no campo da música de caráter inovador também está presente na escolha do método composicional: como observa Vera Terra (2000), há duas

Com finalidade de situar cronologicamente o leitor entre as idas e vindas a que o discurso nos obrigou, segue o Esquema 1, que ilustra algumas das principais tendências musicais do modernismo até 1950:

Modernismo

	Debussy	Neoclassicismo		
Escola de Viena		Stravinsky	Hindemith	1890 · 1910
Schoenberg			Casella	1920
Berg	Varèse	Bartók		1930
Webern	Eisler	Villa-Lobos	Prokofiev / Copland	
Messiaen	**New York**			1940
		1948: relatório Jdanov		1950
Serialismo Integral	Cage		Guerra Fria	
Boulez	Feldman			
Stockhausen	Brow			
Xenakis	Tudor			
Nono				
Berio				

Esquema 1 – Quadro sinóptico do modernismo até 1950.

Observe-se nesse esquema a posição algo independente de compositores que não se filiaram a movimentos nem constituíram "escola", como Debussy, Stravinsky, Varèse, Bartók, Villa-Lobos e Messiaen, não obstante sua profunda influência nos debates e técnicas composicionais em exploração, não apenas naquela época, mas em estudos ainda hoje. Não por acaso, esses compositores são – com exceção talvez de Messiaen – menos sistemáticos ao analisar ou expor procedimentos composicionais, comparados aos da coluna à esquerda.

Notem-se as profundas divergências ideológicas entre os compositores classificados como neoclássicos, significando que uma técnica a partir de material musical semelhante pode servir a várias orientações políticas e nacionais. O destaque dado ao par Prokofiev e

---

tendências da "estética da indeterminação", representadas pelo *acaso* de Boulez e pela *indeterminação* de Cage.

Copland, enfatiza a oposição entre os EUA e a então URSS. No plano musical, entretanto, a oposição entre compatriotas como Cage e Copland ou Stravinsky e Prokofiev é equivalente ou até maior. Eisler foi figura fiel ao Partido Comunista, e sua influência se fez presente até na esquerda brasileira como Santoro e Guerra-Peixe.

Concepções do modernismo musical: ascensão e queda das vanguardas

Uma analogia com Jameson: quatro ondas de modernismo

No primeiro capítulo (p.17 ss.), comentamos rapidamente a respeito de uma classificação estética do modernismo feita por Jameson (1997, p.309-10), que vê o surgimento e expansão do modernismo em quatro momentos progressivos, ou "ondas": 1. orgânica ou simbolista, 2. tecnológica ou futurista, 3. subjetiva, individualista ou "genial" e 4. tardia.

De modo análogo à teoria sociológica de Alvin Toffler em *A terceira onda*,[12] cada "onda" representa para o modernismo um passo adiante, aprimorando pouco a pouco a capacidade de abstração objetiva da obra de arte em relação ao modelo metafísico, idealizado pelo romantismo.

Havíamos feito no primeiro capítulo uma rápida e livre associação dos quatro momentos progressivos do modernismo indicados por Jameson com a obra musical de Debussy, Varèse, Stravinsky e Boulez, vistos como quatro momentos distintos do modernismo musical. Passaremos então a justificar essa analogia.

A "primeira onda" do modernismo é situada por Jameson "no final do século XIX", caracterizada por "formas orgânicas ... cujo

---

12 Em que a "primeira onda" representa a sociedade rural, modo de produção dominante até o século XVIII; a "segunda onda" é a sociedade industrial, surgida no século XIX; e a "terceira onda" seria a sociedade cibernética do pós-guerra (Toffler, 1999).

ápice é o *symbolisme*". Dahlhaus (1989, p.17-8) igualmente vê uma "cesura que pode ser traçada ao redor de 1890", embora de uma perspectiva mais germânica, preferindo ver seus compatriotas Richard Strauss e Gustav Mahler como "porta-vozes" do modernismo musical. A hipótese proposta por Jameson nos parece mais coerente, ou seja, ver a corrente francesa do simbolismo, tendo Baudelaire à frente, como a representação mais fiel de uma estética "moderna". Talvez seja mais acertado compreender o modernismo alemão como uma reação aos franceses, bem como a compreensível necessidade de manter sua hegemonia, necessidade expressa claramente pelo próprio Schoenberg.

Assim, o ponto de partida para a modernidade musical parece mais plausível quando relacionado à obra de Claude Debussy. Paul Griffiths (1994, p.7-12) chega a apontar a criação de *Prélude à l'après--midi d'un faune* (composto entre 1892 e 1894) como "um ponto de partida preciso" para a música moderna. Segundo Griffiths, Debussy promoveu a libertação das convenções harmônicas tonais, expandiu a forma, inovou na rítmica e no colorido orquestral.

Para essa "primeira onda de modernização", a música iniciara o rompimento com o paradigma tonal, passando a valorizar e dar autonomia à dissonância e à ambiguidade formal, rítmica e tímbrica. Uma das características marcantes da poética das vanguardas artísticas do início do século XX é seu discurso e atuação em função da legitimação do novo, ou seja, cada nova obra deveria representar uma nova conquista técnica em relação à anterior.

O próximo passo, ou "onda", de acordo com essa ótica moderna, seria a aceitação do ruído, a nova tônica de uma sociedade urbana e *futurista*. O poeta Russolo (in Menezes, 1996, p.52), um dos fundadores do movimento futurista italiano, falava nos seguintes termos em carta a seu colega, o compositor Balila Pratella: "É preciso que se rompa com este círculo restrito de sons puros e que se conquiste a variedade infinita dos "sons-ruídos".

No caso de Russolo, a busca do novo se dava no elemento constituinte da existência sonora, ou seja, por meio de novos timbres capazes de representar o ambiente sonoro onde as máquinas estavam cada vez mais presentes. O poeta Fernando Pessoa (1986, p.306), na *persona* de seu heterônimo Álvaro de Campos, também celebrava esse *ruidismo* em 1914:

Ode Triunfal

Ó rodas, ó engrenagens, r-r-r-r-r-r eterno!/ Forte espasmo retido dos maquinismos em fúria!/ Em fúria fora e dentro de mim, por todos os meus nervos dissecados fora, por todas as papilas fora de tudo com que eu sinto!/ Tenho os lábios secos, ó grandes ruídos modernos, de vos ouvir demasiadamente de perto,/ E arde-me a cabeça de vos querer cantar com um excesso/ De expressão de todas as minhas sensações,/ Com um excesso contemporâneo de vós, ó máquinas!

Essa valorização do ruído era vista como uma superação do conceito tradicional dos sons chamados "poéticos" e "musicais", como expressão do progresso e da fé num futuro melhor, mediatizado pela máquina.

Nosso século é marcado, desde os primeiros anos, pela invasão do barulho: a máquina a vapor, locomotiva, serra elétrica, caldeira, automóvel, britadeira, motocicleta, bate-estacas, avião a jato... Fato inédito, jamais presenciado, o funcionamento da máquina não atendeu apenas à indústria crescente nos grandes centros urbanos. Recebida com entusiasmo por um considerável número de intelectuais, a máquina trazia embutida a ilusão de domínio humano sobre a natureza, resquício de um pensamento positivista, aliado a uma euforia face aos avanços técnico-científicos de então. (Valente, 1999, p.29)

Edgar Varèse materializou as tentativas dos futuristas em poucas, "mas decisivas", obras (Barraud, 1997, p.114-5), sendo considerado a expressão musical mais bem-sucedida da "segunda onda modernista". O futurismo italiano não foi compreendido como um movimento musical capaz de operar maiores consequências – Stravinsky (Stravinsky & Craft, 1984, p.76) referiu-se aos futuristas como "um enxame de simpáticas e barulhentas lambretas-Vespas" em vez dos "aviões que pretendiam ser". Assim, Varèse foi um dos primeiros a preconizar a máquina como meio de novas realizações sonoras, embora limitado pelos recursos tecnológicos à sua disposição, que o levaram a vários exercícios de futurologia, antevendo em seus escritos equipamentos que pudessem realizar seus projetos. A próxima "onda" modernista diz respeito a uma sublimação da tecnologia, a serviço de um criador privilegiado, portador de uma linguagem revolucionária. A valoração do novo como forma de estar junto da corrente da invenção, da expansão da mente e da percepção humanas é verificável em muitos outros discursos de compositores e teóricos modernistas/modernos da "terceira onda modernista", como Stravinsky, Schoenberg e Webern.

O conceito de "coerência musical", conforme a proposição de Webern (1984), além de estabelecer uma legitimação histórica para o dodecafonismo, mantém-se como um objetivo composicional num plano transcendental. A música de Stockhausen, por exemplo, sustenta essa mesma "verdade", atribuída à necessidade de coerência em obras como *Mantra* ou no ciclo operístico *Licht – Die sieben tage der woche* [*Luz – Os sete dias da semana*], em que aplicou a técnica de "composição multiforme" (Bandur, 1999, p.158).

Segundo Bandur, Stockhausen adota a coerência como objetivo composicional central pelo "uso de terminologia extraída das ciências naturais", como a "matemática [sic], física e química" e também da biologia; algumas de suas formulações teóricas sobre música baseiam-se em enunciados dos cientistas Watson e Crick sobre a estrutura do DNA e a ontogênese dos organismos vivos, pesquisa iniciada em 1953. No entanto, a "coerência" de uma obra musical se alicerça em muitos aspectos estruturais cuja percepção é por vezes impossível. A "objetividade" de uma série dodecafônica, por exemplo, ocorre num plano de organização subjetiva do compositor e decorre de uma postura absolutamente individual em relação ao material musical e ao método composicional.

Tal concepção irá desencadear uma censura ao neoclassicismo, visto à época como o oposto do "moderno" e negação da trajetória evolutiva do conhecimento musical, provocando cisões entre os compositores da música nova; essa repulsa ao passado fez que Schoenberg se afastasse de Stravinsky por volta de 1925, quando este consolidava sua escrita neoclássica iniciada com *Pulcinella* cinco anos antes (Stravinsky & Craft, 1984, p.54-5).

A Segunda Guerra Mundial impôs uma interrupção a esse ambiente de pesquisas e discussão, revelando também os horrores perpetrados pelo nazismo. Por isso, talvez, Jameson chame a "quarta onda" do modernismo de "tardia", já que a retomada das pesquisas, do ponto em que a guerra iniciou, implicava uma revisão cuidadosa de certos conceitos e um posicionamento político ante a nova divisão das forças mundiais entre os polos capitalista e socialista.

A apologia da novidade continuou presente na geração posterior a Olivier Messiaen, composta por músicos comprometidos com uma poética da originalidade incompatível com qualquer "retrocesso". Tal impulso levou a uma busca sistemática de ordenação dos sons e ruídos musicais, o serialismo integral, cujas premissas estavam assentadas nessa associação entre "liberdade" (do artista) e "novidade" (da linguagem). A "nova poética" entrevista por Boulez (1995, p.244) aponta para uma teoria totalitária e excludente, mediante uma noção de liberdade bastante peculiar, chegando a considerar "inútil" simplesmente "todo compositor que se situa fora das pesquisas seriais".[13]

Curiosamente, Boulez visava atacar justamente o "pai" do dodecafonismo, Schoenberg, considerado "morto" e preso a um "romantismo-classicismo" deformado. O artista, para ser livre, tem de estar contraditoriamente preso à corrente da renovação. Sua liberdade não comporta o olhar para o passado, a repetição, o antigo. As vanguardas tardias atacavam as "hesitações" da geração anterior, que ficara a meio caminho da "revolução total".[14]

---

13 O compositor José Evangelista considera essa opinião de Boulez, expressa em artigo semelhante um "gesto estalinista, típico do dogmatismo que dominava a esquerda" (in *Circuit*, 1990, p.16).

14 Nattiez e Evangelista (*Circuit*, 1990, p.16-8) veem um alinhamento da atitude estética dos modernistas com a política de esquerda, que por sua vez se subdividiu entre a vanguarda e o conservadorismo do Realismo Socialista. Para Nattiez, a vanguarda representou "uma comunhão de atitude, uma confiança na instauração de uma nova ordem no campo estético e político".

Está aí, portanto, justificada a analogia que fizemos entre o modernismo musical e a classificação geral do modernismo feita por Jameson. O compositor holandês Boudewijn Buckinx (1998, p.52-3) faz um resumo das revoluções desencadeadas desde o romantismo:

> A originalidade era a contribuição do indivíduo e a isto se resignou a sociedade burguesa e principalmente o mercado burguês. Paganini ficou rico porque era capaz do que ninguém mais era. Era obrigatório ouvi-lo. Wagner sublimou este princípio econômico ... No expressionismo chegou-se mesmo à renúncia dos padrões de expectativa do ouvinte ...
>
> Logo após, com a dodecafonia, achou-se que todo mundo deveria construir o seu "próprio" sistema de tons, tudo assim muito rápido, e em 1954 ... foi quando as pessoas acharam que todo mundo deveria fabricar seu próprio material ... Cada obra deveria dar um passo adiante. Assim se era sempre original, mesmo em relação a si próprio. Ao final cada obra tornou-se um conceito próprio. Chamou-se a isto de "música".

Como se vê, um dos aspectos mais criticados do pós-modernismo, ao qual se atribui a pecha de um "modismo", na verdade tem de ser revisto como uma característica forte do *modernismo*, este sim, o apogeu das modas:

> Modernidade e moda não têm um vínculo apenas terminológico e nominal: modernidade também é – e é em primeiro lugar – a época em que a maior circulação de mercadorias ... e das ideias, e a maior mobilidade social ... focalizam o valor do novo, predispõem as condições para a identificação do valor ... com a novidade. (Vattimo, 1996, p.97)

O modismo e a novidade empregados como eixo normativo de uma condição existencial e criativa irão por certo afetar a concepção de futuro, seja por sua constante antecipação, seja pela ansiedade de sua consumação. Desse modo, estar à frente, na "vanguarda", torna-se para o modernismo uma necessidade de convivência, ainda não totalmente possível no plano material nas primeiras décadas do século XX, com as promessas e expectativas geradas pela modernização. À arte caberia a representação desse futuro tão auspicioso.

Essa postura crítica e "antipassadista" das vanguardas europeias do pós-guerra tinha também, além da proposição meramente estética e especulativa, uma conotação de crítica social, ou de autocrítica. O modelo estético das vanguardas tardias era calcado:

1 na novidade dos signos e em sua constante renovação;

2 na negação da retomada do passado, opondo-se à moderação conservadora;

3 na crítica sistemática da sociedade burguesa; tal conjunto de regulações conduziu a um processo em que ocorreu o desmoronamento dos canais de comunicação entre compositores e receptores (intérpretes e público).[15]

A crítica à vanguarda: o audível e o inaudível

A vanguarda musical sempre foi denominada e se autodenominou "música nova"; além da vanguarda do início do século XX, outras ondas de renovação receberam identificação semelhante no passado. Dahlhaus (1990) comenta a aparição de rótulos como *Ars Nova* (ao redor de 1380), a coleção de motetos *Musica nova* (1559) de Adrian Willaert e a *seconda pratica* de Monteverdi (1600) em termos de uma avaliação de sua significância, comparada a outros momentos de ruptura na história da música. A abordagem incisiva do musicólogo alemão nos dá algumas referências preciosas sobre o conceito de "novidade", em música:

> Novidade é exclusivamente atribuída para os inícios de um extenso período de evolução (um período de evolução abrange um ou dois séculos) e não estágios intermediários ou finais ... Mas seria equivocado e insustentável estabelecer que o ponto de novidade perceptível, o número de características expressivas inusuais ... é um tipo de regra mais importante num primeiro estágio do que num estágio intermediário ou final. (Dahlhaus, 1990, p.3-4)

---

15 Adorno (1974, p.38) compara as soluções composicionais de vanguarda a um quebra-cabeça, e assim "o compositor é a única pessoa que está em condições de decifrá-los e compreender sua própria música".

A ressalva de Dahlhaus (1990, p.4) denota um aspecto qualitativo da "novidade", pois "progresso, se pudermos descrevê-lo como tal, consiste em redução"; assim, considerando uma mudança estilística como a que substituiu a polifonia pela monodia (como exemplo Dahlhaus cita a *Nuove musiche* de Caccini, de 1601): "o novo estilo, para o qual se dirige o conceito de Música Nova, é medido não pelo que ele é, mas pelo que ele torna possível. Sua aparente pobreza é, como se viu, uma promessa de futuro saudável".

Outra observação perspicaz de Dahlhaus diz respeito à utilização do termo "novo" aplicado a todo um extenso período de tempo, em vez de referir-se a um "momento irrepetível". Tal distinção ocorre porque fica implícita a continuidade e superposição do estilo antigo com o novo. Daí, Dahlhaus irá concluir que a real oposição a um novo estilo musical não é propriamente a música que se pretende "antiga", mas sim o moderadamente novo. É a essa moderação que se opõe o interesse histórico, que "atenta para o que é perpetuamente novo na história, tornando-se veículo do progresso; e então surge o conceito paradoxal de uma tradição revolucionária que vai de Beethoven a Schoenberg via Berlioz, Liszt e Wagner" (ibidem, p.6).

O conceito de novidade também pode ser visto como sinônimo de informação, conceito oposto ao de redundância, ambos frequentes no estudo dos meios de comunicação e propaganda. Informação e redundância são vistos como elementos a serem pesados e ponderados na transmissão e recepção de qualquer mensagem, conforme estudos realizados por Abraham Moles (Eco, 2000b, p.127-8).

Comentando aspecto semelhante da mesma teoria de Moles, Augusto de Campos (1993, p.180-1) observa:

> É, pois, o conjunto de conhecimentos *a priori* que determina, em grande parte, a previsibilidade global da mensagem. Assim, a mensagem transmite uma informação que é função inversa dos conhecimentos que o ouvinte possui sobre ela ... Nenhuma mensagem pode, portanto, transmitir uma "informação máxima", ou seja, possuir uma originalidade perfeita ..., a mensagem estética deve possuir sempre uma certa "redundância" (o inverso da "informação") que a torne acessível ao ouvinte.

Assim, uma das razões que se podem apresentar como justificativa para o distanciamento entre música de vanguarda e público seria a alta taxa de informação e imprevisibilidade de sua sintaxe musical, acima dos padrões conhecidos pelo "ouvinte médio", que, por sua vez, reage preferindo música mais conservadora, do ponto de vista da técnica musical. Certos compositores, como Milton Babbitt (apud Kerman, 1987, p.135), chegaram a declarar-se despreocupados com esse fato, preferindo concentrar-se unicamente no desenvolvimento dessa mesma sintaxe:

> Em vez de lamentarem o óbvio e irreparável rompimento entre a música de vanguarda e o público, os compositores, como os matemáticos, deveriam voltar as costas ao público e exigir seu lugar legítimo na academia. Caso contrário, "a música deixará de evoluir e neste importante sentido, deixará de viver".

A questão do declínio da música de vanguarda foi extensivamente desenvolvida por Adorno em relação a uma teoria crítica que enfatizava os aspectos negativos desse processo, irreversível em razão da consolidação da cultura de massa. Em um ensaio de 1968 ("Por que é difícil a nova música", Adorno, 1994), ele entrevê na incompreensibilidade da música nova alguns fatores como:

1 A alienação e o distanciamento não só em relação à música nova, mas à música em geral, especialmente desde Wagner. Considerando que a ideia de uma música "entendida por todos" surgiu com o capitalismo ("não teve vigência durante o feudalismo"), como um "ideal democrático" que tendeu a se desgastar após *Tristão*. A partir disso, Adorno propõe que se façam estudos sobre a recepção musical.

2 A associação, por ele, da tonalidade ao "espírito objetivo da época", uma norma de linguagem, ou sua associação à linguagem, não mais tolerada pela música nova.

3 O caráter de mercadoria sobrepondo-se à linguagem da música deteriora sua ideologia.

4 A expansão da "música ligeira" (especialmente o *jazz*) e os meios de comunicação cada vez mais receptivos a um repertório

padronizado de músicas clássicas, induzindo a uma atitude anti--intelectual contra o que "ainda não traz as impressões digitais da comunicação universal; esse ódio seria a manifestação de uma "síndrome sociopsicológica da personalidade autoritária", em que "tudo deve ser tornado igual".

5 A inadequação do ouvinte, para quem a música já está "além" de sua compreensão, dada "a diminuição da capacidade de concentração".

6 O reconhecimento por parte de Adorno da falta de perspectivas de sua teoria crítica, conduzindo a uma situação sem saída para o uso da razão e do entendimento convencionais.

Por isso é que todos os eventos destinados a aumentar o entendimento, inclusive minhas próprias palavras, têm algo de inadequado, como se a gente agisse contra a sua própria intenção, como se, através da explicação, se quebrassem as suas presas, que lhe são essenciais [à música]. (Adorno, 1994, p.161)

A descrença no futuro, anunciada por Adorno, denota o fim da utopia revolucionária, abrindo as portas para uma visão "apocalíptica" da pós-modernidade, compartilhada por alguns teóricos como o filósofo Jean Baudrillard (1994, p.50-1), para quem a humanidade vive um irreversível processo "implosivo".

Essa visão desesperada do presente, ausente de futuro, está também no discurso dos compositores de vanguarda que, na década de 1970, viram ser implodidas as fundamentações de suas convicções. Milton Babbitt (in Duckworth, 1999, p.86-7), que renunciara estabelecer qualquer comunicação com o público médio, manifesta sua perplexidade diante da falta de interesse dos intelectuais pela música nova:

... onde estão as pessoas educadas em outras áreas? Confronto meus caros colegas em Princeton com o fato de que eles jamais vão aos concertos. Não estou falando sobre minha música agora, mas a respeito de uma maravilhosa execução da *Serenade* de Schoenberg, por exemplo. A melhor execução que já ouvi. Havia cinquenta pessoas na plateia, ninguém fora do departamento de música, até onde pude ver. E eles dirão, "Oh, veja, nós não aproveitamos nada nisso" ... Bem, acontece que a maioria deles, quando vai a um concerto, vai a eventos sociais e informais ... Certamente eles estão ocupados com seus próprios trabalhos, nós também. E se eles estão ocupados, isso não justifica. Eles vão a outros lugares. Eles veem filmes. A maioria deles pode sair muito mais do que nós porque eles terminam seus trabalhos profissionais durante o dia, suas noites são livres. Nós finalizamos nosso trabalho à noite. Nosso próprio trabalho não é um trabalho profissional, em muitos aspectos.

As palavras de Babbitt denotam o desamparo de quem parece sentir-se subitamente superado não por uma técnica "superior" e "mais moderna", mas por algo que "não está à sua altura" e contempla "o sinal de uma queda irrecuperável, ante a qual todo homem de cultura (último supérstite da pré-história, destinado a extinguir-se) pode dar apenas um testemunho extremo, em termos de Apocalipse" (Eco, 2000a, p.8). Há também a implicação de que mesmo "as pessoas educadas" buscam agora o entretenimento, a fruição distraída e não "um organismo estético a ser penetrado em profundidade, mediante uma atenção exclusiva e fiel" (ibidem, p.41). Daí vem a sensação de que o pós-modernismo rebaixou o nível da criação artística por meio de uma simplificação (talvez populista) dos códigos de comunicação. Isso explica por que muitos artistas não gostam do termo (ou da conotação dada a ele) e o rejeitam.

Outro ponto de vista interessante é o de Nicolas Ruwet (1972, p.23), que trata de estabelecer, segundo o modelo da linguística, um processo de desconstrução em que aponta determinadas "contradições da linguagem serial", como o descompasso entre projeto e audição:

Esta música, demasiado complexa em princípio, segundo o projeto do compositor, manifesta-se simplista à audição.

É falso nesse momento fazer exceção a certas obras, tais como *Le marteau sans maître*, de Boulez, os *Zeitmasse* e os *Gruppen* de Stockhausen.

De certo modo, em princípio, esta música se nos apresenta como sendo muito complexa: ela é difícil de executar, ela se anuncia por títulos severos (*Polyphonies, Structures, Contrepoints*) que fazem presumir uma elaboração impetuosa. Os autores se pretendem seguidores de uma tradição de complexidade e rigor ... de complexidade, devoção a esquemas complicados, aos longos trabalhos preparatórios à execução da obra.

Fundamentando-se na teoria linguística de Troubetzkoï, Ruwet estabelece uma relação entre língua e palavra, em que cumpre à primeira o papel de sistema, de estabelecimento de sentido e também de "um sistema de sistemas". Analogamente, a linguagem musical estabelece sua própria rede de sistemas, e é aí que Ruwet (1972, p.30) vê a "generalização do princípio serial sobre diferentes componentes (ritmos, intensidades, modos de ataque, timbres)" estabelecidos de acordo com um paralelismo "primitivo", já que "normalmente, em um sistema musical, como num sistema linguístico ou em um sistema de parentesco, as diferenças entre os sistemas se dão em relações muito mais complexas de implicação mútua, de complementaridade, de compensação etc.".

Assim, para Ruwet, o princípio serial generalizado constitui uma unidimensionalidade das possibilidades comunicativas, num discurso falsamente complexo cuja articulação se dá reduzindo a percepção significativa. No exemplo a seguir, Ruwet (p.38) observa:

Figura 1 – Trecho de *Klavierstück II*, de Stockhausen (extraído de Ruwet, 1972, p.38).

O ouvinte percebe: a) a oposição de nuanças entre, de um lado fá♯, sol, *forte* e o resto *pianíssimo*; b) o fato que o sol agudo, *forte*, dura mais tempo que o resto.

Em troca: a) duvido que, mesmo que esta oposição seja realizável pelo instrumentista, a oposição de nuanças ré *b pianíssimo, si* e *fá piano* seja por si significativa; b) certas diferenças de duração serão não pertinentes (como entre fá ♯ e ré ♭).

Veem-se aí as contradições entre os diferentes sistemas: as oposições de intensidade não coincidem com as oposições de duração, e isso torna, portanto, mais difícil – nesse caso em si – a percepção do conjunto como um todo diferenciado.

Finalmente esse bloco sonoro manifesta-se como sendo ele próprio uma variante facultativa de qualquer escolha demasiado indiferente, que poderia ser escrita de outro modo.

A coerência do princípio serial, portanto, comporta inúmeras incoerências na composição do sentido, segundo a análise de Ruwet. Talvez dessa constatação tenha surgido e vingado a noção de "obra aberta" no final da década de 1950, à qual aderiram o próprio Stockhausen, bem como Boulez, Xenakis e demais expoentes em torno de Darmstadt (inclusive os brasileiros do *Grupo Música Viva*, liderados pelo alemão H. J. Koellreuter).

Deve-se, todavia, ressaltar que tais discrepâncias entre a escrita musical e a audição não ocorrem somente na música serial, como também não implica necessariamente desprezo pelas propriedades da comunicação. Charles Rosen (2000, p.27) indica vários exemplos na literatura musical pianística (o mesmo meio em que Stockhausen é criticado por Ruwet), de Bach a Schumann, em que o som escrito é complementado pela imaginação, ou mesmo impossível de ser realizado.

De um certo modo, essa audição do inaudível é uma parcela de um fenômeno mais geral da escuta do piano: ignoramos a diminuição do som, a menos que ela seja explorada pelo compositor. O som decresce imediatamente após o impacto do martelo na corda, alcança um *platô* mais baixo de sonoridade e, então, começa uma segunda e mais lenta diminuição. Portanto, não é possível qualquer *legato* verdadeiro, mas esse não é um fato marcante para a música do século XVIII ou XIX: a execução de uma melodia ao piano aspira à condição de um perfeito *legato* vocal, e quando esse ideal é alcançado de perto, pelo instrumentista, o público o aceita como realidade.

Além de essa forma consentida da percepção coletiva superar a limitação do meio sonoro[16] (o piano, nesse caso), há casos da literatura tradicional em que o som escrito não é sequer percebido, como no ricercar a seis vozes da *Oferenda musical* de Johann Sebastian Bach:

> A música inaudível possui, no entanto, uma forma mais radical: ou seja, o conceito musical irrealizável enquanto sonoridade, mesmo que pela imaginação. Carl Philipp Emanuel Bach havia salientado que nem tudo, em música, podia ser ouvido (essa ideia é provavelmente muito mais antiga), e da obra de seu pai, podemos apresentar um exemplo de algo absolutamente inaudível ... o ricercar a seis vozes da *Oferenda Musical*.
>
> ... apesar de ter sido impresso e publicado sob a forma de uma grade geral, o ricercar a seis vozes é uma obra para teclado. A bonita mudança de voz para voz é perceptível, portanto, somente através da visão, e não é nem mesmo potencialmente audível na performance: só existe na mente do intérprete. (Rosen, 2000, p.29)

Mais adiante, Rosen (2000, p.34-5) mostra um caso curioso, na *Humoresk* de Schumann, em que, dos três pentagramas escritos,

> o do meio, o que contém a melodia, não é para ser tocado. Note-se que a melodia, mais do que não ser tocada, não pode sequer ser imaginada com um timbre específico: nada nos diz que ela deva ser escutada vocal ou instrumentalmente ... essa linha intermédia está assinalada *innere Stimme*, e é tanto interior, quanto intrínseca, um duplo sentido calculado pelo compositor ... Ela tem o seu ser em nossa mente e sua existência apenas enquanto eco.

---

16 Os primeiros fonógrafos e gramofones, ou mesmo os toca-discos estéreo *hi-fi*, embora soando como reprodutores rudimentares de som para os ouvidos atuais, eram considerados instrumentos de alta fidelidade na época em que foram lançados como novidade no mercado (Valente, 1999; Iazzetta, 1997, p.32).

Posição semelhante é sustentada também por Jean-Jacques Nattiez (1987, p.196), que, a partir de sua terminologia exposta em sua "teoria da tripartição semiológica",[17] constata que:

> Mesmo a estratégia poiética que integre mais explicitamente as estratégias estésicas possíveis não pode prever absolutamente como reagirá o ouvinte. O compositor propõe, o ouvinte dispõe, pois a poiética não tem vocação para a comunicação.

Assim, podemos compreender que o fato de a escrita serial conter aspectos inaudíveis não é relevante sob o ponto de vista da percepção – a própria música tonal contém elementos igualmente "inaudíveis" –, mas abre um interessante jogo de possibilidades dialéticas entre o real e o imaginário. A presença dessa contradição, mais que um calcanhar de aquiles do serialismo integral, representa o triunfo da indeterminação sobre a vontade de poder pleno da razão e merece ser saudada como um achado.

Por vezes, vê-se a expressão "mal-estar no pós-modernismo" como uma referência ao mal-estar freudiano (ver Kaplan, 1993; Bauman, 1998). As atitudes apocalípticas refletem essa sensação, provocada pela superposição entre o moderno e o pós-moderno, correntes (ou "ondas", na visão de Toffler) que se entrechocam, uma tentando conservar e a outra violar os códigos vigentes. Toffler (1999, p.59), referindo-se às questões administrativas da nova economia, expõe o seguinte:

> Cada civilização tem um código oculto – uma série de regras ou princípios que permeiam todas as suas atividades como um desenho repetido.
>
> Muito do furioso conflito nas nossas escolas, negócios e governos, na realidade, centraliza-se atualmente nesta meia dúzia de princípios,

---

17 A Teoria da Tripartição Semiológica de Jean-Jacques Nattiez está exposta e desenvolvida pelo próprio autor em Nattiez (1990a, b) e divide a percepção do fenômeno musical em três níveis: poiético, estésico e neutro. Neste trabalho, iremos abordá-la em maior profundidade no Capítulo 3, item "Música como sistema cultural e significado".

quando a gente da Segunda Onda, instintivamente, os aplica e defende e a gente da Terceira Onda os desafia e ataca.

Entre os princípios classificados por Toffler (1999, p.59-72), como "códigos" da Segunda Onda,[18] estão: padronização, especialização, sincronização, concentração, maximização e centralização. De uma perspectiva administrativa, para ele, tais códigos passaram a ser rompidos, ameaçando a integridade do antigo sistema. O mesmo se dá com o universo musical de Babbitt, em que a perplexidade diante do desinteresse do "público educado" para com a "grande arte" remete a uma daquelas categorias-fetiche feitas por Eco (2000a, p.16-9), em que o "apocalíptico" lamenta o comportamento "massificado" dos colegas que "vão a eventos sociais e informais", "veem filmes" e "têm as noites livres", em vez de aproveitar esse "tempo livre" para assistir à "maravilhosa execução da *Serenade* de Schoenberg" (Duckworth, 1999).

A vanguarda musical, entrincheirada nos departamentos de música das grandes universidades europeias e americanas, expondo suas teorias organicistas em periódicos, como *Perspectives of New Music*, *Journal of music theory* ou *Die Reihe* [*A Série*], sofreu um duro golpe com a morte, em 1971, de Stravinsky (que nos anos 1950 passou a praticar um serialismo muito peculiar): "Ficou claro que não havia um sucessor digno de crédito. Algo morrera no centro da ideologia do organicismo" (Kerman, 1987, p.139).[19]

Ao mesmo tempo, a influência de John Cage crescia. Kerman (1987, p.138) atribui isso ao

---

18 De acordo com a teoria de Toffler, a "Segunda Onda" corresponde ao que entendemos por modernidade, a era industrial. A "Terceira Onda" corresponderia, *grosso modo*, ao que chamamos de pós-modernidade.

19 É importante observar que, embora Stravinsky não tenha propriamente constituído uma escola, tampouco um sistema de composição, motivou várias gerações interessadas em contrapor-se à escola serial de Darmstadt, gerando uma série de estudos analíticos sobre sua obra. O próprio serialismo praticado por Stravinsky desde 1952 constituiu-se numa tendência mais moderada, aceita pelos mais conservadores, sobretudo nos Estados Unidos onde o russo se radicou.

fato de Cage ter projetado, em *Silence* e em outras peças, pensamentos sobre música – chame-se a isso "teoria" ou não – de um modo efetivo, repetido para uma vasta audiência, e de esse pensamento ter-se refletido de forma excessivamente triunfante em sua música.

Stravinsky manifestou-se ironicamente contra a chamada, segundo ele, "conspiração do silêncio" deflagrada por Cage:

> Porque os anos 1960 são a Era do Aleatório. E alguns dos brinquedos que ficam sob essa designação possibilitam que partes selecionadas ou mesmo toda uma obra não seja executada – um avanço comercial, já que o empresário pode cobrar por cada *performance* como se fosse uma estreia mundial. Além disso, nesses dias do faça-você-mesmo, cada vez menos compositores realmente se importam em escrever para o intérprete, ou para a questão da composição, o que pode ser o que Walter Lippman chama de "domínio da inatividade". E agora que a saborosa peça silenciosa do Sr. Cage, *4'33''*, tornou-se seu mais popular *opus*, o exemplo será indubitavelmente seguido por mais e mais peças silenciosas por outros compositores que, em rápida escala, produzirão seus silêncios em combinações cada vez mais promissoras e variadas. Eu mesmo mal posso esperar para ouvir as silenciosas *Fluctuations* do professor Thorkell Sigurdjörnsson, e os não escritos *Happenings* orquestrais do Sr. Ligeti, sem falar das inaudíveis *Evaporations* e imaginárias *Oblongs* do Señor Kagel. Espero, sobretudo, que se tornem obras da extensão do *Nibelungen*. Logo, entretanto, estaremos atolados no academicismo do silêncio, com concertos completamente silenciosos e festivais ISCM inteiramente silenciosos também. "Que triste", eu digo, "triste". (Stravinsky et al., 1982, p.30-1)

John Cage e a poética da experimentação

> Caos e sistema são a mesma coisa, tanto na
> sociedade quanto na filosofia.
>
> *(Adorno, 1974)*

Fredric Jameson (1997, p.27) situa o início da era pós-moderna no surto de crescimento do pós-guerra nos Estados Unidos, no fim da década de 1940 e início nos anos cinquenta, ou, na França, na fundação da V República, em 1958. Os anos sessenta são, sob muitos aspectos, o período transicional fundamental, um período em que a nova ordem internacional (o neocolonialismo, a Revolução Verde, a computação eletrônica e a informática) foi, ao mesmo tempo, instalada e assolada ou abalada por suas próprias contradições internas e pela resistência externa.

Joseph Kerman (1987, p.23-6) aponta à mesma época uma "diáspora europeia" em direção aos Estados Unidos, provocada pelo avanço de Hitler e o notável "desenvolvimento da erudição musical do pós-guerra" na musicologia anglo-americana. As condições para o rompimento com a tradição modernista europeia, portanto, só puderam germinar num centro musical distante da Europa.[20]

Com efeito, manifestaram-se novas tendências no território específico da música com a entrada em cena do *enfant terrible* John Cage (1912-1992).[21] Sua atividade como compositor pode ser dividida em dois períodos distintos, marcadamente antes e depois de 1950. Em seu primeiro período, Cage escreveu – sob influência de Schoenberg, de quem fora aluno – obras de acordo com os princípios modernistas, anotadas de maneira precisa (suas *Sonatas e interlúdios* para piano preparado) e com princípios organizadores envolvendo dados matemáticos, como a utilização da raiz quadrada na *Segunda construção* (1940) e na *Terceira construção* (1941), ambas para grupo de percussão.

---

20 Vale lembrar a anedota relatada por Cage: "certa vez em Amsterdã, um músico holandês me disse: 'Deve ser muito difícil para vocês compor música nas Américas, tão afastadas dos centros de tradição'. E eu tive de responder: 'Deve ser muito difícil para vocês compor na Europa, tão próximos dos centros da tradição'" (Griffiths, 1994, p.120).

21 Embora se deva mencionar que a influência de Cage transcendeu a música, estendendo-se a outras áreas, "abordar a importância de Cage a partir do conceito isolado de 'Compositor' é deixar de ver a impressionante amplitude de suas visões e seu impacto no mundo cultural" (Rich, 1995, p.141).

Após 1950, o compositor norte-americano passou a desenvolver novos conceitos na criação musical.[22] Charles Hamm (1997) aponta três fontes de inspiração para Cage: o conceito de sincronicidade de Carl Jung, a filosofia e estética de Ananda Coomaraswamy[23] e o uso do *I Ching*.[24] A partir daí, teriam surgido as ideias para a composição do *Concerto for Piano Prepared and Orchestra*, *Music of Changes* e *Imaginary Landscape n.4*, todas de 1951 (ibidem). O ponto culminante deu-se com a criação de *4'33"* (1952), cujo impacto foi descrito nesses termos por Robert Ashley[25] em 1961:

> A influência de Cage sobre a música contemporânea, sobre "músicos", é tal que toda a metáfora da música poderia mudar até o ponto em que – o tempo se destacando como uma definição de música – o resultado final seria uma música que não envolve nada além da presença de pessoas ... Isso me parece a mais radical definição de música que eu poderia imaginar de alguém que define "música" sem referir-se a som. (in Nyman, 1999, p.11)

Eis a reprodução traduzida da partitura de *4'33"*:[26]

---

22 Cabe lembrar também que nessa época Cage lecionou em Black Mountain College, instituição onde muito se debateu a estética do modernismo, cujo diretor era Charles Olson (Anderson, 1999, p.12-25).

23 Ananda Kentish Coomaraswamy (1877-1947) foi pesquisadora da filosofia e estética hindu, e, segundo David Patterson, especialista em Cage, seu livro *The transformation of nature in art* (Cambridge, MA, 1934) teve grande influência sobre o compositor. Cage, em meados dos anos 1940, leu seus escritos e frequentou suas palestras, chegando a ter aulas particulares durante seis meses com Gita Sarabhai, aluna de Coomaraswamy (Duckworth, 1999, p.4).

24 Não se pode deixar de mencionar também a influência do *zen-budismo*, que Cage estudou nos anos 1940 com Daisetz T. Suzuki na Universidade de Columbia (Duckworth, 1999, p.4).

25 Robert Ashley é compositor norte-americano nascido em Ann Arbor, Michigan, em 1930.

26 Partitura traduzida a partir de Nyman (1999, p.3).

I

TACET

II

TACET

III

TACET

Nota: o título desta obra é a duração total, em minutos e segundos, de sua execução. Em Woodstock, N. Y., em *29* de agosto de 1952, o título era *4'33"* e as três partes tinham *33"*, *2'40"* e *1'20"*. Ela foi executada por David Tudor, pianista, que indicou o início das partes fechando, e os finais abrindo, a tampa do piano. Todavia, a obra pode ser executada por qualquer instrumentista ou combinação de instrumentistas, e durar qualquer extensão de tempo.

PARA IRWIN KREMEN

Cage é o compositor que melhor representa o que se convencionou chamar de "transição da vanguarda para a experimentação". A distinção entre a música de vanguarda e a música experimental é o eixo central que Nyman (1999) estabelece para distinguir a música de "compositores como Boulez, Kagel, Xenakis, Birtwistle, Berio, Stockhausen, Bussotti, a qual é concebida e executada dentro da bem-trilhada e santificada senda da tradição pós-renascentista". Nyman, portanto, associa a vanguarda ao modernismo e ambos à modernidade.

As diferenças entre as músicas experimental e de vanguarda dependem, segundo Nyman, "de considerações puramente musicais", embora ele admita ser "tolice analisar e separar o som das considerações éticas, filosóficas, conceituais e estéticas em que a música está inscrita". Nyman aponta as seguintes características para a música experimental:

Composição	Execução	Escuta
Notação	Tarefas	Foco
Processos: 1 operações de acaso 2 das pessoas – o ritmo próprio de cada executante, no caso 3 contextuais 4 repetitivos 5 eletrônicos	Dificuldades imprevistas na execução	Música e vida
Excepcionalidade do momento	O elemento jogo	
Identidade	Regras e sua interpretação subjetiva	
Tempo	O instrumento como configuração total – Nyman (1999, p.20) cita os usos alternativos do piano, além de tocá-lo no sentido tradicional: abrir e fechar a tampa, pintá-lo, atirar objetos nele, quebrá-lo etc.	
	Música como silêncio, ações, observações e sons	
	Quem são os executantes?	

Esquema 2 – Quadro sinóptico das características da música experimental, elaborado de acordo com Nyman (1999).

O tópico "notação" é um aspecto pelo qual se podem fazer algumas considerações importantes sobre a poética experimental. Como salienta Zampronha (2000), a notação musical é vista tradicionalmente como a utilização de signos gráficos *estáveis, reversíveis* e *previsíveis*, estabelecendo, portanto, uma relação de neutralidade com a matéria sonora, convertendo-se em seu estereótipo; só pode ser superada mediante a eliminação "da própria ideia de obra no sentido tradicional" (ibidem, p.125). O rompimento com o conceito segundo o qual a notação *é* a obra implica um novo paradigma que passa a ser a "representação" da obra.

A colocação do compositor frente ao ato de compor, o conceito de obra, de comunicação e de signo modificam-se. Essas transformações ainda não concluíram seu ciclo, se é que deve haver um ciclo a ser concluído. Estamos em pleno devir e, se não podemos dar conta de todas essas transformações, podemos pelo menos saborear as possibilidades que elas oferecem. (Zampronha, 2000, p.126)

Em vez de fazer uma análise minuciosa de todos os pontos indicados por Nyman (1999) (ele próprio os apresenta de uma forma satisfatória), iremos destacar o terceiro aspecto da música experimental: a escuta. Cage e os compositores experimentais rompem "com o padrão emissor/portador/receptor da estrutura de informação das outras formas de música ocidental". Certas tarefas atribuídas aos intérpretes não são explicadas aos ouvintes, pois abandona-se também o intuito de *comunicação*; do ouvinte cobra--se, portanto, uma participação a partir do fato de que a música não é feita "para" ele.

Assim, se o ouvinte não tem nada feito *para* ele, uma vez que o compositor não arranjou as coisas de modo a serem feitas *para* ele, a responsabilidade sobre *como* ele ouve ou vê é fundamentada no funcionamento de sua própria percepção. (Nyman, 1999, p.25)

A "dificuldade" da escuta *cagiana* não é a mesma dos compositores modernistas (ou de vanguarda), como Boulez e Xenakis. Não se trata de "ouvir estruturas" intrincadas, composições com motivos, timbres, texturas, frequências e linguagens, expostos logicamente. Conforme observa Nyman (p.23), "para Cage, a música experimental, no mínimo, tem menos a ver com *comunicação* do que qualquer outra música"; a proposta de Cage *não é* fazer música a partir do compositor, passando por um intermediário, o intérprete, e chegando a um terceiro, o ouvinte. Todos participam da criação, pois Cage rejeita a ideia de "fazer música para ser ouvida", mas sim vivenciada.

Essa diferença de posicionamento entre vanguarda e experimentalismo é bem ilustrada por Nyman (p.24) ao comentar a crítica de

Henry Cowell à estreia de *Imaginary Landscape n.4*, para doze rádios e 24 executantes, em 1951:

> [a obra] foi executada tão tarde da noite que poucas das frequências especificadas estavam ainda transmitindo, de modo que, para o veterano compositor Henry Cowell, "os 'instrumentos' não foram capazes de captar programas diversificados o suficiente para apresentar um resultado suficientemente interessante". Mas Cowell não foi capaz de ajustar seus ouvidos (e sua mente) para a atualidade da nova música, a qual não é uma *música de resultados*. Nem é a necessidade de ser "interessante" uma preocupação para os compositores experimentais como o é para os da vanguarda (grifo nosso).

Destacamos a expressão "música de resultados", pois, sintomaticamente, já se definiu a própria política neoliberal como "política de resultados". Se a música de Cage não se preocupa com os resultados de sua *performance*, definitivamente ela não é o paradigma, mas a antítese de sua época e da época que a sucederá. Nesse aspecto, sua concepção pouco tem a ver com as características mais "populistas" geralmente atribuídas ao pós-modernismo.[27]

Essa orientação tomada por Cage, em direção ao indeterminado, parte de suas investigações iniciais como compositor, em que "o silêncio mostra-se vinculado à noção de estrutura" (Terra, 2000, p.69). Dando continuidade à prospecção da matéria musical empreendida pelos modernos, "com o objetivo de ampliar o *material* da música, de modo a abranger os sons e os ruídos",[28] Cage passou a explorar o

---

27 Cage declarou: "acho que sou realmente elitista. Sempre fui. Não estudei música com qualquer um; estudei com Schoenberg. Não estudei Zen com qualquer um; estudei com Suzuki. Fui, sempre que pude, direto ao presidente da companhia" (Duckworth, 1999, p.21). Esse mesmo aspecto é levantado *en passant* na discussão sobre música pós-moderna no primeiro número da revista *Circuit* (1990, p.12), em que o mediador Colette Mersy ressalta que "o primeiro compositor pós-moderno", Cage, contradiz o discurso pós-modernista de buscar o público, algo que não ocorre com sua música (no sentido de Phillip Glass, por exemplo).

28 Embora Vera Terra (2000, p.69) estabeleça, mediante essa ação, um vínculo entre Cage e Satie, pode-se ver também o vínculo de Cage com Varèse e Russolo, de acordo com as declarações mencionadas no tópico anterior.

silêncio como uma nova unidade estrutural, por intermédio de uma concepção do ritmo como elemento de *duração*.

Ao contrapor suas relações rítmicas com base em números ao dodecafonismo, Cage observou a ausência do zero como um dos elementos ordenadores desse sistema. Posteriormente, o contato de Cage com o *I Ching* o levou a estabelecer que: "A noção de mutação, sobre a qual se baseia o *I Ching*, deriva de uma atitude diante do mundo que enfatiza os processos em lugar dos conteúdos da experiência" (ibidem, p.75).

Das especulações musicais a partir do *I Ching*, somadas ao estudo da filosofia *Zen*, as obras compostas por Cage foram progressivamente "conferindo ao tempo um caráter estático" (p.84), tornando-se livres, portanto, da noção de estrutura.

> Assim, na poética cageana, o silêncio não significa a ausência de som, mas os sons do ambiente: os ruídos ... Considerados deste ângulo, os ruídos não são o oposto do som, mas a matéria de que se constitui o silêncio. O caráter cambiante destes sons ambientes propicia uma experiência do tempo. Desse modo, o silêncio, na poética de Cage, torna-se o próprio manifestar do tempo. E, como, nesta poética, o tempo se identifica com o silêncio, isto é, com os sons do ambiente, o tempo não deve ser apreendido como uma estrutura abstrata, mas ser experimentado como o fluir permanente que caracteriza a vida. (p.98)

Vê-se, portanto, que o pensamento musical de Cage contempla os aspectos inovadores da criação a partir de novos signos até chegar ao "antissigno", ou seja, o signo obtido a partir da ausência de mediação (como é o caso de *4'33"*). Também se observa em sua poética uma negação da "representação", o desmantelamento do conceito de "obra" que passa a ser basicamente a percepção da passagem do tempo, um conceito metafísico e relativo à meditação do indivíduo e à ritualização, quando a "realização" da obra se dá em caráter público. Essa negação da relação sujeito-objeto da arte tradicional retoma a questão da "morte da arte" anunciada por Hegel; toca sobretudo no caráter alternativo à razão ocidental fundamentada no sujeito criativo, o portador da mensagem, e prenuncia a pós-modernidade musical.

O neoclassicismo de Stravinsky: antecipação do passado ou preservação do futuro?

Faz-se necessário um tópico sobre o neoclassicismo por algumas razões bastante simples, a maioria delas derivada das críticas ao pós-modernismo. A principal linha de raciocínio adotada pelos críticos do pós-modernismo é a que toma o *ecletismo* por base de uma definição da música "pós-moderna", ou seja, a utilização (colagem) de técnicas e linguagens musicais fora de seu contexto original. Como essa é uma característica facilmente associável ao neoclassicismo de Stravinsky e também a Mahler, Debussy, Ives e mesmo compositores pré-modernistas, chega-se à conclusão de que o ecletismo alardeado como um dos principais elementos do "estilo" pós-moderno nada mais é que um recurso bastante utilizado em toda a história da música.

Friedemann Sallis (2000, p.80), em uma análise que visa combater a ideia "falaciosa" de "pós-modernismo" na obra tardia de Luigi Nono, destaca que "a justaposição de estilos musicais descontextualizados" não seria uma característica pós-moderna, já que "a técnica de montagem constitui um dos úteis privilégios dos artistas ocidentais inovadores, e a tentativa de redirecionar essa técnica para uma definição da arte Pós-Moderna demonstra claramente a vacuidade do prefixo".

De fato, podemos concordar que a mistura de estilos não é privilégio do pós-moderno, e que tampouco basta para caracterizar a música contemporânea. Mas é inegável que, depois de Cage, praticamente todos os limites que o modernismo buscava romper pelo estilo individual foram alcançados. Como diz Jameson (1997, p.43) "a crescente inviabilidade de um estilo pessoal engendra a prática quase universal em nossos dias do que pode ser chamado de pastiche".

A utilização do termo "pastiche" dificilmente se pode adequar a qualquer obra de Bach, Mozart ou mesmo Mahler; Jameson observa que nesses autores os materiais não ortodoxos presentes na feitura das obras eram apenas "citados", enquanto no pós-modernismo passam a ser "incorporados à sua [da obra] própria substância". Geralmente acusa-se Stravinsky de ter concebido um "simples pastiche do século XVIII" (Bosseur, 1997, p.1016) com *Pulcinella*, uma "autenticidade usurpada" (Adorno, 1974, p.154) que muitos de seus contemporâneos interpretaram como regressão.

No pós-modernismo, o pastiche não assume a condição de um elemento definidor de estilo, mas possivelmente uma condição inescapável para qualquer compositor. O infantilismo esquizo-frênico que Adorno (1974) diagnosticara em Stravinsky adquire no pós-modernismo, de acordo com Jameson (1997, p.56), uma escritura "generalizada como um estilo cultural, deixa de ter uma relação necessária com o conteúdo mórbido que associamos a termos como esquizofrenia e se torna disponível para intensidades mais alegres ...".

Uma das dificuldades de se apresentar uma teoria musical pós--moderna é o caráter assemântico da música, sua abertura para múltiplas significações e representações de significados. Hanslick (1992, p.155) já afirmava em 1854 que "cada um pode avaliar e designar o efeito de uma peça musical segundo sua individualidade, mas o conteúdo dela nada mais é do que as formas sonoras ouvidas". Assim, segundo a visão *hanslickiana*, pode-se associar qualquer interpretação plausível a qualquer estilo musical, mas objetivamente só se pode fazê-lo mediante a investigação imanente, isto é, derivada da estrutura da obra.

Hanslick fazia assim a análise do fenômeno musical convergir para o paradigma das ciências naturais, segundo uma visão objetiva, positivista. A esse paradigma, direcionado para questões estéticas, se convencionou chamar de "modernismo". Dahlhaus (1989, p.17-8) observa que a "cesura" entre romantismo e modernismo "pode ser delineada por volta de 1890, o início da era do 'modernismo' é marcado no terreno político pelo 'novo imperialismo' do final do século XIX, e história intelectual e cultural pela 'reavaliação cultural' da virada do século".

O mesmo Dahlhaus (1989, p.17) ressalva que "o relacionamento entre mudanças musicais e eventos políticos e sociais e correntes é ambivalente". Procurando uma associação imediata entre o campo musical e a teoria pós-moderna de extração social e política, Sallis (2000, p.80) classifica as teorias modernas e pós-modernas de "problemáticas", e "superficiais", já que

> As ambições ditas modernistas, onipresentes no começo do século, de criar sistemas teóricos universais, descritos principalmente como totalizantes, até mesmo totalitários, foram motivadas pela fragmentação da cultura e da sociedade que os autores pós-modernos incensam hoje.

A expressão utilizada por Sallis, "sistema totalizante", é de uso frequente na epistemologia científica, cujo sentido está ligado ao paradigma moderno da ciência,[29] notavelmente distanciado de outras formas de conhecimento (Santos, 2000a, p.12). A "fragmentação da cultura e da sociedade", nas diversas correntes pós-modernas, assume diversas interpretações, mas, a nosso ver, o dado mais importante do pós-modernismo a esse respeito é tentar direcionar essas formas fragmentárias e dissociadas de conhecimento para um diálogo holístico e interdisciplinar, e não simplesmente "incensar" essa fragmentação de forma celebratória. Trata-se da concepção de uma nova maneira de encarar e compreender o conhecimento, e não decretar sua morte.

Assim, o pensamento modernista em música, inaugurado por Debussy (Griffiths, 1994), buscava alguma aproximação com outras expressões estéticas, como a literatura e a pintura simbolista e realista. A maneira livre de Debussy utilizar as combinações harmônicas oriundas do sistema tonal abriu caminho para outras

---

29   Kuhn (1997, p.125) define uma revolução científica como um episódio no qual "um paradigma mais antigo é total ou parcialmente substituído por um novo, incompatível com o anterior". Falar, portanto, num paradigma estético é uma forma algo incongruente de tentar atribuir a uma corrente hegemônica de pensamento um absolutismo só encontrado em sociedades fascistas ou fundamentalistas.

especulações, como a superposição de tonalidades (politonalidade ou polimodalidade), uso de escalas alteradas em "modos de transposição limitados" (tons inteiros, octatônica), atonalismo, dodecafonismo e serialismo.

À época em que surgiram essas "técnicas", sua representação estética denotava a intenção de rompimento e superação do "passado" tonal, mediante o uso de novas formas de organizar o material sonoro. Posteriormente, essa organização avançou sobre outros parâmetros musicais, culminando com o serialismo integral e o uso de ruídos, esboçado pelos futuristas e realizado pela música concreta e eletrônica.

Em uma avaliação de caráter estético – possível, apesar de Hanslick – conta mais a "representação" que se faz da técnica do que a técnica em si. O que é interessante para a delimitação da modernidade musical é seu gesto em direção ao *novo*. Esse é o sentido de "moderno" que se pode aplicar à música.

O neoclassicismo, a tendência "restauradora" (no dizer de Adorno) da música do século XX, representava, no contexto das primeiras décadas do século, uma revisão algo irônica, distanciada e nova de uma expressão antirromântica. Pode-se entender o neoclassicismo como uma "nova" forma de ver a música barroca e clássica. O próprio tempo se encarregou de demonstrar que Schoenberg e Stravinsky não eram polos opostos, se não manifestações superficiais distintas da modernidade musical.[30] É importante também destacar que o neoclassicismo apresenta certas implicações fascistas[31] em sua origem que, certamente, não podem ser atribuídas a muitos compositores,

---

30 Tal noção de similaridade entre Schoenberg e Stravinsky deve ser vista unicamente como uma forma simplificada da questão, adequada à proposta deste trabalho, mas que está bem desenvolvida no ensaio de Adorno (1974, p.62).

31 As implicações fascistas do movimento neoclássico, liderado por Alfredo Casella nos anos 1920, são analisadas por Alan Lessem (1982, p.528), que comenta a postura antigermânica por parte de franceses e italianos na formulação do neoclassicismo: "Alfredo Casella, um dos principais arquitetos do neoclassicismo, pedia a 'liquidação do *intermezzo* atonal' e pela liberação da dominação alemã e retorno à música instrumental italiana do início do século XVIII".

como Stravinsky e Schoenberg, ambos retrospectivamente considerados neoclássicos. A pós-modernidade seria a descontinuidade desse movimento em direção ao novo. A representação dada à música não busca a renovação do código, mas a discussão, a "textualidade" de signos que ocasionalmente podem dialogar por meio de procedimentos composicionais descontextualizados.

A própria análise que Sallis faz da obra tardia de Luigi Nono[32] evidencia a ausência de "novas" técnicas, e a rediscussão de princípios organizacionais que remetem a Verdi (uso da escala enigmática) e Bartók (uso das proporções áureas), em que o enfoque não é mais o "novo", contraposto à burguesia romântica remanescente do século XIX, mas o comentário intertextual característico da pós-modernidade. Escapa-lhe também a óbvia preocupação de Nono em realizar uma metáfora a partir de sua interpretação e reflexão "subjetivas" da frase *"caminantes no hay caminos hay que caminar"* representada talvez pelos longos silêncios que separam os esparsos aglomerados sonoros dos sete grupos instrumentais de *No hay caminos, hay que caminar...Andrej Tarkovskij*.

Se há, como quer Sallis, um "paradoxo pós-moderno", ele consiste, isso sim, na "superação" ou "despedida" do moderno. O último recurso da modernidade foi o golpe de misericórdia desferido contra si mesma. Nesse sentido, *4'33"* de John Cage é a melhor ilustração desse ponto de inflexão da pós-modernidade: o silêncio foi a última barreira a ser superada pelo modernismo e, ao mesmo tempo, sua negação.

---

32 Sallis (2000) enfoca principalmente o conjunto de quatro obras de Nono inspiradas pela frase *"caminantes no hay caminos hay que caminar"*, que o compositor viu inscrita num monastério em Toledo durante uma visita à Espanha em 1985. As obras são: 1. *Caminantes ... Ayacucho*, para contralto, flauta-baixo, órgão, coro e orquestra (1987); 2. *No hay caminos, hay que caminar ... Andrej Tarkovskij*, para sete grupos de instrumentos (1987); 3. *La lontananza nostalgica utopica futura, Madrigale a piú caminantes con Gidon Kremer*, para violino e oito fitas magnéticas (1988); e 4. *"Hay que caminar" sognando*, para dois violinos (1989).

A antipatia de Sallis para com o prefixo "pós" e suas implicações equivocadas ao tentar estabelecer a própria ausência de estilo como um "estilo" impedem-no de aceitar outra dimensão para o conceito de "pós-modernismo" como uma condição intelectual, em que qualquer menção a um estilo pressupõe a própria consciência de sua superação, de sua falta de atualidade e crença na eficácia de seu poder transformador.

Caberia, no entanto, uma questão interessante: seria também o neoclassicismo de Stravinsky uma forma precursora da pós-modernidade musical no seio do alto modernismo? É para o passado ou ao futuro que a música do mestre russo está a nos remeter? De qualquer forma, classificá-lo simplesmente como "pós-moderno" nos parece algo difícil de precisar, principalmente por sua adesão tardia ao serialismo, após a morte de Schoenberg.

Em 1952, após completar *The Rake's Progress*, Stravinsky embarcou em uma memorável viagem de descoberta composicional. Suas últimas obras diferem das primeiras de modo profundo e marcante. Durante as duas décadas finais de sua vida, cada grande obra era quase escandalosamente nova, apontando para princípios de formação estrutural originais e sempre mutantes.

O padrão de inovação é notável, persistente e sem precedentes. Não posso pensar em outro grande compositor em idade avançada e no auge do reconhecimento e sucesso que tenha alterado tão profundamente sua abordagem composicional, ou cujas últimas obras sejam tão diferentes das primeiras. (Straus, 1999, p.231)

A avaliação de Straus sobre a fase serial de Stravinsky nos dá a impressão de um comovente e belo canto do cisne do pensamento musical modernista, forte o suficiente para manter-se vivo mesmo hoje, em correntes progressistas do pós-modernismo. Por isso, seu neoclassicismo merece ser reavaliado sob outras premissas:

Ao ironizar Stravinsky por vestir "uma peruca semelhante à de Papa Bach", Schoenberg deixou de perceber que o neoclassicismo de Stravinsky tem pouca semelhança com o proposto por compositores como Casella ou Milhaud. Pois, enquanto as contrapartes latinas de Stravinsky clamam pela restauração de suas tradições culturais, o nômade compositor russo teve de testemunhar seu próprio ser desvanecer, sem jamais retornar. Na verdade, muito do que Stravinsky disse ... parece indicá-lo como líder da cruzada neoclássica ... No entanto, é errôneo atribuir a Stravinsky os mesmos procedimentos do tradicionalismo reacionário ou nostálgico que houve em outros neoclássicos. Ele pode parecer assumir a causa de um *revival* cultural, mas o mais significante é, sem dúvida, a determinação de que sua condição de observador externo da herança musical europeia sirva a um propósito criativo. (Lessem, 1982, p.532)

O neoclassicismo de Stravinsky é permeado tanto pelo espírito iluminista do alto modernismo quanto pela antecipação aglutinadora do pós-modernismo. Assim sendo, podemos considerá-lo, junto com Cage, um dos precursores dessa problemática.

As similitudes entre as fases russa e neoclássica de Stravinsky, pela ótica da análise estrutural

A obra de Igor Stravinsky (1882-1971) desafia os teóricos não apenas no tocante a sua classificação estética, como também na avaliação e estudo da(s) técnica(s) empregada(s) pelo compositor. Van der Toorn (1977a, p.105) refere-se a essa dificuldade ao concentrar sua análise em cerca de vinte e cinco das "mais significativas" composições de Stravinsky, do ponto de vista dos sistemas de estruturação das alturas:

> além da compreensão filosófica ou psicológica a qual nos referimos, as tentativas existentes de restringir em termos semitécnicos têm obtido os resultados mais desanimadores, um diálogo tão enganoso, tão cheio de contradição a ponto de aturdir, amedrontar e até mesmo ofender os leitores mais conscienciosos. Podemos mencionar a confusão geral que permeia o livro de Paul Collaer[33] como exemplar a esse respeito ... A

---

33 Van der Toorn refere-se a *A history of modern music* (1961), de Collaer. Copland (1968) também fala em "politonalidade" associada à música de Stravinsky.

música de Stravinsky, a todo momento, é vista como representação e abrangência de toda técnica concebível.

Assim, Van der Toorn (1977a, p.105) deduz de uma análise imanente que as representações estilísticas mais usuais da obra de Stravinsky, dividindo sua produção em três fases – "russa", "neoclássica" e "serial" (notoriamente nas duas primeiras) – produziram algumas distorções de ordem analítica, principalmente com o emprego de termos como "politonalidade", "bitonalidade" e outras referências comuns a sistemas organizacionais de alturas.

os termos descritivos e noções explicativas associados com essa literatura podem agora parecer sintomas de confusão em vez de entendimento ou chegada a alguma conclusão: "pantonalidade" e "pandiatonismo" surgem, na presença de "diatonismo" meramente para sugerir a ausência de relações funcionais tonais; e "poli" ou "bitonalidade" – horrores da imaginação musical – têm sido amplamente (felizmente) desprezados como demasiado fantásticos (irreais) ou demasiado ilógicos para merecer consideração séria.[34]

Essa multiplicidade de avaliações analíticas prova-se equivocada, de acordo com o trabalho de Van der Toorn, fundamentado na teoria "octatônica" feita por Arthur Berger;[35] ao menos no plano imanente, a música de Stravinsky demonstra insuspeita coesão de materiais "diatônicos" e "octatônicos" em blocos independentes ou justapostos tanto em sua fase "russa" como em sua fase "neoclássica" (Van der Toorn, 1977b).

---

34 Pierre Boulez (1995, p.132), em sua análise de *Le sacre du printemps*, também condena a noção de politonalidade: "a politonalidade está situada atualmente no museu dos acessórios inúteis, das máscaras confusas. Felizmente, *Le sacre* está livre desses absurdos".

35 Cf. Berger, A. Problems of pitch organization in Stravinsky. *Perspectives of New Music*, v.2, n.1, p.11-42, s. d. A referência bibliográfica é do próprio Van der Toorn.

Os pontos de vista de Boulez, Adorno
e do próprio Stravinsky

Estabelecer valores definitivos ao período neoclássico de Stravinsky não atende à complexidade de seu caso. "Procurar fazer um julgamento da obra de Stravinsky é tentativa desconcertante e vã", dizia Boulez (1995, p.75). Os juízos sobre o compositor russo tendem a mudar conforme a perspectiva adotada; para Boulez (ibidem, p.134), no auge de suas pesquisas sobre o serialismo integral, a mudança de rumo tomada por Stravinsky, após *Les noces* (1917), é manifestação de "uma esclerose em todos os campos; o harmônico e o melódico, pelos quais se chega a um academismo falsificado" (Boulez, 1995, p.134). Já a produção anterior do russo, especialmente *Le sacre du printemps* (1913), é vista por Boulez (p.234) como uma

> das poucas obras no curso da história musical que se podem gabar de tal privilégio: não ter, depois de quarenta anos, seu potencial de inovação exaurido. Digamos que nela essa novidade encontra-se num plano único, o plano do ritmo; mas mesmo com essa restrição, isso representa uma soma de invenção e uma qualidade no descobrimento bastante invejáveis.

Assim, a avaliação de Boulez é a de que, enquanto o Stravinsky da fase "russa" possuía inegável capacidade de invenção, o da fase "neoclássica" revela que as inovações rítmicas das primeiras grandes obras simplesmente ocultavam "lacunas de escrita de todo tipo, tanto no campo da linguagem como no desenvolvimento" e que o reencontro com uma "hierarquia já provada, colorida de ecletismo", teria sido a solução possível, embora equivocada.

Contraposta a essa avaliação de Boulez, amparada pela análise dos aspectos estruturais, a crítica de Adorno adota outro campo de considerações, abordando principalmente a questão estética. Adorno (1974, p.112) vê em Stravinsky um "contato direto com a matéria-prima da música", em que há "indiscutível ... afinidade com a fenomenologia filosófica que nasce precisamente nesse momento". Todavia, essa equiparação fenomenológica feita por Adorno (ibidem, p.157) o leva a concluir (curiosamente, de modo semelhante ao de Van der Toorn) que:

A acusação de que Stravinsky converteu-se ... de revolucionário em reacionário, não é válida. Todos os elementos de composição da fase neoclássica não somente estão contidos implicitamente na fase anterior, mas determinam, tanto aqui como em qualquer outra parte, toda a feitura.

Para Adorno (1974, p.112), a questão crucial sobre Stravinsky estava na "rebelião da cultura contra sua própria natureza de cultura", já que "Stravinsky empreendeu esta rebelião não somente no jogo familiarmente estético com a selvageria,[36] mas também suspendendo asperamente o que se chamava cultura em música, isto é, a obra de arte humanamente eloquente".

O atavismo inicial de Stravinsky, associado com sua apropriação de temas musicais do folclore russo em *Le Sacre*,[37] foi compreendido por Adorno (p.121) como um empobrecimento do ato de compor, a ruína da técnica (embora em outro ponto refira-se à "acuidade artística" e à "refinada maestria" do compositor russo), um tipo de modernismo inaceitável: "Stravinsky é um moderno pelo que já não se pode tolerar; é propriamente um moderno na aversão contra toda a sintaxe da música".

Assim, pelo que se pode depreender da visão *adorniana*, esse intolerável modernismo irracionalista de Stravinsky traz em si conexões com um certo espírito que podemos chamar "além do moderno" ou "pós-moderno", visto da perspectiva de sua teoria crítica.[38] No entanto, de acordo com Boulez, trata-se de um modernismo que sucumbiu ao peso de suas próprias inovações.

---

36 O uso do termo "selvageria" não poderia ser mais sintomático do eurocentrismo de Adorno; o "selvagem" Stravinsky fala a língua musical "inculta" do folclore russo, em vez de seguir a tradição cromática, como Schoenberg o fez.

37 Uma possível forma de citação, como comenta Buckinx (1998, p.50-1).

38 Cabe ressaltar que essa é uma conclusão que fazemos retrospectivamente, e não estão presentes de maneira textual em Adorno.

Adorno (1974, p.62), a certa altura, admite, no entanto, outro aspecto de sua oposição dialética entre Schoenberg e Stravinsky, a partir da constatação de que a própria radicalidade da obra musical a priva de significado:

> A opinião corrente considera Schoenberg e Stravinsky como dois extremos opostos. Mas na realidade as máscaras de Stravinsky e as construções de Schoenberg apresentam certa semelhança. Pode-se imaginar assim, e muito facilmente, que um dia os acordes tonais habilmente montados de Stravinsky, por um lado, e por outro a sucessão dos sons seriais, cujos elos de ligação quase se cortam por imposição do sistema, não pareçam tão diferentes como hoje se crê.

O próprio Stravinsky reconhece essa perspectiva interessante, de ver sua trajetória e a de Schoenberg como uma espécie de balanço do período entre as duas guerras mundiais:[39]

> Toda época é uma unidade histórica. Pode, naturalmente não parecer senão isto ou aquilo a cada facção contemporânea, mas a semelhança é gradual, e com o tempo, isto ou aquilo passarão a ser a mesma coisa. Por exemplo, o "neoclássico" agora começa a ser aplicado a todos os compositores de entre as duas guerras ... A música de Schoenberg, de Berg e de Webern nos anos vinte era considerada extremamente iconoclasta na época, mas agora eles aparecem como compositores que usaram a forma musical tal como eu fiz, "historicamente". Minha utilização dela, entretanto, foi aberta, enquanto a deles, disfarçada ... Nós todos exploramos e descobrimos música nova nos anos vinte, naturalmente, mas a ligamos à nossa própria tradição que estávamos diligentemente ultrapassando na década anterior. (Stravinsky & Craft, 1984, p.104)

Como se vê, o modernismo "canônico" da "terceira onda modernista" não foi tão radicalmente "moderno" quanto a geração de Boulez e Stockhausen, talvez pela eclosão da guerra, que naturalmente colocou de lado certas posturas mais radicais sobre a arte, ou pelo

---

39 Stravinsky fez essa declaração em 1959, enquanto as críticas de Boulez e Adorno datam respectivamente de 1951 e 1958.

estranhamento com a velocidade imprimida pelo ultramodernismo dos anos 1950:

> A situação clássica, em que os críticos conservadores e acadêmicos caçoavam das inovações dos compositores, não existe mais. Agora os compositores mal podem se pôr em dia com as demandas de alguns críticos para "fazer coisa nova". Acontece que as novidades, algumas vezes, não conseguem interessar a ninguém senão da primeira vez. (Ibidem, p.92)

Desse modo, o neoclassicismo, tendo nascido no seio do modernismo, irá se revelar uma porta de entrada para a música da pós--modernidade, por intermédio de várias mudanças de representação e juízo sobre as obras musicais. Tais mudanças operaram por um ponto de vista técnico, submetido a um jogo de interpretações estéticas. Suas características mais notáveis sob esse aspecto são o *ecletismo*, via *estilização* das linguagens musicais, e seu *deslocamento histórico*.

No caso particular de Stravinsky, o ecletismo se manifesta a partir da visão do conjunto de suas obras (suas três "fases"), enquanto individualmente, no plano de cada obra, trata-se da dualidade entre seu estilo pessoal (notadamente no manejo do pentatonismo, do octatonismo e posteriormente do serialismo) e do estilo "de época" abordado. Há uma intencionalidade tipicamente moderna nessa especulação "historicista"; há a expansão dos limites da linguagem para além do limite da contemporaneidade. No entanto, para Stravinsky – e isso caracteriza sutilmente sua "modernidade" – há *apenas a obra*, e dela nada de muito significativo se pode falar (e se isso é feito hoje, é apenas de modo retroativo): "a música em si não significa nada" (Stravinsky & Craft, 1984, p.91).

O ecletismo musical na pós-modernidade guarda semelhanças com o ecletismo neoclássico *stravinskiano*, acrescido de uma consolidada desesperança em qualquer forma de restauração do que outrora se chamou "arte"; essa mudança de paradigma Stravinsky chegou a presenciar em seus últimos dias, mas não poderia compreendê-la, senão como a negação de muitas de suas mais profundas convicções.

O próprio Schoenberg também é testemunho dessa transformação do papel do músico na sociedade:

> Como se sabe, o jovem Schoenberg viu-se obrigado a ganhar a vida instrumentando operetas. Valeria a pena buscar essas partituras esquecidas, não só porque é lícito supor que o jovem não tenha conseguido anular-se totalmente nelas como compositor, mas sobretudo porque essas partituras, como se pode presumir, já atestam essa tendência oposta que se apresenta cada vez mais nitidamente nas obras secundárias do período mais maduro, ou seja, na plenitude do domínio sobre o material. (Adorno, 1974, p.98)

O impulso neoclássico, que contaminou também os compositores dodecafonistas vienenses, pode ser visto ainda como a resistência contra o domínio do material, por meio de um conceito fetichista da série de doze sons.

> Com uma fé singularmente infantil na natureza atribui-se ao material o poder de dar por si mesmo o sentido musical ... A lei individual da série adquire um caráter fetichista no momento em que o compositor imagina que esta tem um sentido por si mesma. (Ibidem, p.91)

Por esse prisma, pode-se ver como o modernismo musical apresentou notavelmente antes da literatura ou da arquitetura (ou, na pior das hipóteses, à mesma época) os elementos que desencadearam a crise, reconhecida após a Segunda Guerra Mundial.

> O processo de desestabilização do material permitia reunir com intermitência as duas exigências. Também a tonalidade entra na construção tonal e para Schoenberg, em sua última fase, não tem nenhuma importância compor com um material antes que outro. Aquele, para quem o procedimento de trabalho significa tudo e a matéria nada, pode servir-se também do que já passou e que portanto está aberto à consciência acorrentada dos consumidores. (p.99)

O neoclassicismo foi, portanto, o pressentimento e uma forma (talvez inconsciente) de que se esgotariam as possibilidades de prosseguir o "tradicional" impulso da renovação modernista sem que isso conduzisse a um impasse existencial para a linguagem musical, o que a supervalorização do sistema serial do modernismo tardio levou efetivamente a cabo.

Na década de 1950, as visões entrecruzadas de Adorno – que ainda sustenta a razão moderna (associada com o pensamento musical dodecafônico) como um "dique contra a selvageria", de Boulez – um jovem compositor que àquela altura ainda vislumbrava a "morte" do passado, sepultando o neoclassicismo dos desbravadores Stravinsky e Schoenberg – e do próprio Stravinsky, que adotou o serialismo em suas últimas obras, podem, associadas com a mentalidade *Zen* de John Cage (vista anteriormente), nos dar um panorama da discussão musical no momento que essa reflexão a conduziria à pós-modernidade. A vanguarda foi desestabilizada pelas crises políticas estabelecidas em torno da Guerra Fria e no novo inconsciente coletivo das massas, capitalistas ou socialistas. O impasse da vanguarda musical surgiu diante da necessidade de sua legitimação social (o ano de 1968 parece ter sido particularmente o limiar em que essas tensões explodiram) em que seus pressupostos foram associados tanto com a revolução social quanto com a ordem burguesa que se pretendia superar. Nattiez, num simpósio que discutia justamente a pós-modernidade musical, afirma a esse respeito:

> Acredito que não é ruim, para bem compreender a atitude dos modernos, estabelecer uma ligação com sua atitude no que diz respeito à política. A aposta estética no futuro, da parte dos modernos, era totalmente compatível com a atitude marxista. A finalidade de uma ação de caráter político era instaurar um estado novo melhor de sociedade, na ruptura com a ordem burguesa ou o antigo capitalismo. Insisto nisso porque de modo algum é uma coincidência, a meu ver, que Boulez era membro do Partido Comunista, que Berio é ainda hoje muito próximo à esquerda italiana, e que Xenakis foi da resistência antifascista. (*Circuit*, 1990, p.16)

A condição pós-moderna estabeleceu novos modelos representacionais que afetaram tanto as ideologias políticas de esquerda e direita como a noção dada às posturas estéticas de vanguarda e neoclássica do entreguerras. Felizmente, as mudanças de opinião e retratações no tocante à arte não são problemáticas como alterações na postura política ou filosófica dos indivíduos. O fato de que não se possa apontar com segurança as manifestações pós-modernas na música pode ser indício de que sua função social talvez tenha chegado a um ponto em que ela não mais pode fazer esse tipo de representação, pois nega-se à música essa capacidade de transcendência.

3
A PÓS-MODERNIDADE MUSICAL: DA PALAVRA AO SOM

Estabelecemos no capítulo anterior algumas definições importantes a respeito do modernismo musical:

1 O rompimento do modernismo com a tradição musical do romantismo foi menos radical do que parecia. Se alguns paradigmas foram alterados, como a validade do sistema tonal, preservou-se ainda a aura do "gênio" romântico da figura do compositor.

2 A polarização entre Schoenberg e Stravinsky nos anos 1920 foi sendo revista com o passar das décadas até que ambos foram considerados "neoclássicos". No pós-guerra, Boulez irá criticar o apego de Schoenberg às formas clássicas e louvar as inovações rítmicas de Stravinsky. Webern é elevado à condição de paradigma da música nova.

3 As guinadas estilísticas de Stravinsky afetaram os teóricos, críticos, compositores e intérpretes de tendência neoclássica, especialmente após a adoção do serialismo pelo compositor russo em 1952. A técnica serial passou a ser aceita, praticada e mais bem compreendida por uma comunidade musical mais ampla.[1]

---

1 Aaron Copland (1968) admite essa mudança de posição em relação ao serialismo, a partir da influência de Stravinsky. Essa influência pode ter se estendido até compositores como Camargo Guarnieri e Francisco Mignone, se considerarmos suas obras dos anos 1960.

4 É possível observar na música de Stravinsky e de John Cage questões relacionadas ao modernismo ao lado de aspectos evidentes de sua superação. São compositores que antecipam os problemas musicais pós-modernos.

5 Uma parcela significativa da classe intelectual passa a preferir a música popular, especialmente o *jazz*, à música erudita contemporânea.

6 A vanguarda musical foi classificada de maneira confusa pelas correntes ideológicas e políticas. O dodecafonismo foi condenado tanto pela extrema direita nazista e fascista como pelo stalinismo soviético, sendo considerado tanto uma técnica repressora e burguesa quanto uma possibilidade de libertação revolucionária.

Uma vez tendo vasculhado, no Capítulo 2, as forças que interagiram até a década de 1950 para a cristalização de uma consciência musical "pós-moderna", chega o momento de acompanhar a discussão em torno desse conceito. Que vem a ser afinal a música pós--moderna, ou melhor, a música no pós-modernismo? Pode-se falar a esse respeito utilizando conceituações técnicas, estéticas ou ambas? Ou deve-se abandonar esse enfoque em prol de uma sociologia da música que dê conta da nova função social (ou ausência de função, conforme Adorno) desempenhada pela Música Nova a partir daí?

Uma análise da literatura existente a respeito da música na pós--modernidade nos leva a estabelecer algumas categorias distintas com que determinados autores enfrentaram o problema:

1 Avaliações do pós-modernismo por uma perspectiva hermenêutica ou epistemológica.

2 Enfoques que consideram o pós-modernismo como um novo estilo musical, atualização ou superação do modernismo.

3 Autores que, embora não utilizem a expressão "pós-modernismo", deixam-na implícita, estabelecendo uma nítida "ruptura" na música ocidental por volta de 1950.

4 Avaliações que explícita ou subliminarmente rejeitam a noção de pós-modernidade, preferindo adotar outros referenciais.

5 Estudos teóricos aplicados à própria teoria composicional ou analítica que renovam a teoria da música por meio de referências a outros campos do conhecimento.

Pela "lógica do capitalismo tardio", como propõe Jameson (1997), é inegável que a música erudita seja considerada uma manifestação cultural secundária em termos sociais, já que é consumida por um número menor de pessoas em uma sociedade em que se valoriza a opinião média. Ainda menor é o contingente dos que conhecem a música contemporânea. Por que então escolher justamente uma atividade socialmente secundária ao abordar a pós-modernidade? Em que medida os elementos que caracterizam uma expressão cultural da média da população podem ser avaliados em uma atividade proporcionalmente minoritária? Dahlhaus (1990, p.12) observa que:

> o conceito de influência histórica, o qual está inextricavelmente atado com o conceito de novo, parece, no entanto, mais uma categoria de política do que de história da arte. Um evento político que não leva a nada é de nenhuma importância afinal; na verdade, chamá-lo de evento político já seria um exagero. Uma obra de arte, todavia, permanece como tal mesmo se não tiver nenhuma influência histórica.

O próprio declínio da influência histórica da música contemporânea ao longo do século XX nos parece uma metáfora forte para a compreensão estética da pós-modernidade. A transição do romantismo ao modernismo significou ir de uma condição transcendente e metafísica, em que a música era considerada fundamental para a formação moral e espiritual de uma pessoa educada, para uma condição quase inócua em termos de reconhecimento e prestígio social. Apreciada como atividade prazerosa, voltada ao lazer e entretenimento, exige-se da música a capacidade de ser rapidamente *reconhecida* como elemento unificador da catarse coletiva.

A especulação criativa e individualizada da composição contemporânea não se enquadra nessa expectativa. O mercado, atuando como termômetro da sociedade, desconsidera a produção musical contemporânea, o que proporciona a essa atividade um descomprometimento com a indústria cultural que, em tese, lhe permite ser uma forma mais contundente de expressão crítica e epistemológica. É claro que não se pode ingenuamente desconsiderar a existência de um mercado paralelo que irá condicionar os subsídios, os contratos de gravação, as premiações em concursos, as participações em festivais e outras atividades que sustentam a produção contemporânea.

Colocado dessa forma, o problema da música pós-moderna seguramente está além das questões técnicas, embora a estrutura composicional também contribua para uma avaliação do significado da música contemporânea. Uma separação estanque entre composição, estética, crítica e interpretação não é mais suficiente para a compreensão do problema. No final do século XIX, havia o embate entre a concepção estruturalista de um Hanslick e a metafísica de Schopenhauer, oposição que se estendeu até os anos 1950. Gradualmente ambas passaram a ser empregadas sem uma hierarquia previamente estabelecida.[2] A análise e a crítica aprenderam a interagir e a ajustar o foco de acordo com as exigências que determinada obra ou autor requeiram.

Muitos compositores passaram a buscar material composicional em dados extramusicais, porém sem recorrer aos procedimentos românticos de representação ou às sistematizações estritas e aprioristicas dos modernistas. O material determina a forma (Boulez, 1992). A *metáfora* e a *mímesis* são técnicas ou aproximações comuns na música contemporânea, mas também podem ser princípios de avaliação crítica aplicáveis à música em geral:

> Todos estes aspectos podem se adequar à ideia de *mímesis* ou imitação, utilizada desde a Grécia Clássica. Concordamos com Aristóteles, quando diz, na *Poética*, que a arte é imitação, que opera em três diferenças: segundo os meios, os objetos e o modo. Para o mesmo filósofo, o imitar é congênito ao homem, que se compraz no imitado. Consideramos que a arte imita a vida, mediante seus recursos de linguagem, não apenas com simples cópias, de um modo direto e imediato, mas principalmente, de modo indireto, regular e irregular, com simulacros, representações alegóricas e simbólicas, que engendram um jogo dialético de

---

2   Podem-se mesmo observar casos de colaboração artística entre essas correntes aparentemente "opostas", como a composição de *HSPCHD* (1967-1969) de John Cage e Lejaren Hiller (Austin, 1992).

forças, prenhe de significados e enigmas, que representam o consciente e o inconsciente humano, individual e coletivo. Tudo isto também se insere nos processos de estruturação musical.

A música, não obstante a sua indeterminação, pode representar, no seu discurso expressivo e na lógica imanente de seus procedimentos formais: o processo fenomenológico das transformações; a dialética da repetição e do contraste, do uno e do múltiplo; da eterna variedade e do imutável; da essência e da aparência. (Reis, 2001, p.498)

Essa abertura da música para outros tipos de abordagem, seja crítica, analítica ou composicional, ajusta-se de maneira muito convincente às proposições da teoria pós-moderna de Jameson (1997) vista no primeiro capítulo. Falar sobre música atualmente passa a ser um exercício de contextualização que envolve história, tempo e nacionalidade, entre outros aspectos.

O conceito de "nacionalidade" em música, uma das peças-chave da discussão que desenvolveremos no quarto capítulo, tem sua representação alterada conforme o contexto histórico, político e social relativos à cultura musical estudada. Postular sobre a atualização desse conceito dentro de uma teoria pós-moderna é levar em consideração aspectos únicos de cada manifestação musical de cada cultura musical. Assim certas manifestações do modernismo musical nas Américas trazem em si a aspiração de dar tratamento "internacional" a idiomas regionais.

No começo, a música erudita europeia declinou no Novo Mundo; mais tarde, porém, os colonos voltaram a cultivá-la a fim de emular com a pátria-mãe; depois, vitoriosos os vários movimentos de independência, foram realizadas tentativas para torná-la nacional, e finalmente, internacional. (Kerman, 1987, p.222)

A aludida visão de Kerman revela, no entanto, um desconhecimento ou um recorte parcial ao falar em "começo" de atividades musicais nas Américas. A referência que faz em seguida diz respeito a um "levantamento interamericano" feito por Carl Seeger sobre cinco gerações de compositores "republicanos", reforçando a ideia de um recorte arbitrário:

Carlos Gomes e Louis Moreau Gottschalk descobriram (e demonstraram) que os americanos podiam escrever música europeia respeitável; Alberto Nepomuceno e Edward MacDowell introduziram elementos folclóricos e populares nacionais em sua música de modo cauteloso e incerto; Heitor Villa-Lobos e Charles Ives fizeram o mesmo muito mais enfaticamente e com maior proficiência técnica e individualidade; Carlos Chávez e Aaron Copland foram expoentes de um estilo neoeuropeu ... e Alberto Ginastera e Milton Babbitt ... trabalharam com uma homogeneidade estilística e uma confiança oriundas do sentimento de que a América está ocupando seu lugar no vasto mundo da música ocidental. (Ibidem, p.222-3)

Como se vê, foi desconsiderada a produção musical anterior ao que Seeger classificou como "republicana", devendo-se levar em conta a diferença cronológica entre as várias eclosões de focos nacionalistas e movimentos de independência nas Américas[3] e também o fato de que a produção musical significativa no Brasil data já do século XVIII (vários estudos têm demonstrado que essa é uma produção musical reconhecidamente "respeitável").[4] Essa visão "evolutiva" de um processo nacionalista é uma boa representação do pensamento modernista sobre música.

A música como sistema cultural e significado

Uma visão esclarecedora do processo de transição do paradigma da música como um sistema cultural – compreendendo desde seus aspectos estruturais aos temas estéticos que estão implícitos na composição e na recepção da música – é fornecida por Lippman (1992, p.351), que destaca o interesse que caracterizou o início do século em

---

3   A independência da maioria das colônias na América do Sul ocorreu no período entre 1810 e 1824.
4   Ver, a esse respeito, Medaglia (1988), Béhague (1979), Appleby (1985) e Ripper (1997, p.76).

torno da questão da forma, na esteira das formulações em torno do imanente, feitas por Kant, Nägeli e Hanslick:

A estética musical neste século – como a música em si – é distinguida primeiramente por sua preocupação com forma e princípios especificamente musicais: com as inter-relações e transformações de motivos, com permutações de agrupamentos sonoros, com as características de formas como a fuga e a sonata, e com estruturas de fundo ou subliminares que não são realmente audíveis por si só, mas que nem por isso deixam de ser determinantes da forma e sentido da música.

Isso condiz com os elementos formais da linguagem musical moderna que ganharam força nos departamentos de música nas universidades. Porém, como já observamos no capítulo anterior, as sementes da dissolução do discurso positivista já haviam sido lançadas por Nietzsche (Habermas, 2000); o que Lippman trata de discutir são as teorias estéticas que circularam nas primeiras décadas do século XX e que à época passaram um tanto ao largo dos debates em torno da música do modernismo, cujo enfoque principal era a discussão sobre sistemas de organização de alturas (tonalidade e dodecafonismo) e, num segundo plano, do ritmo.

As ações no campo filosófico criaram uma fundamentação metodológica que iria se manifestar a partir dos anos 1950; no entanto, os escritos sobre uma hermenêutica "aplicável ao discurso, à arte e, na verdade, a toda área de expressão e comportamento humanos" (Lippman, 1992, p.354) de Wilhelm Dilthey marcaram o campo das ciências humanas desde 1883, sendo ramificadas no campo da cultura e especificamente da música por Hermann Kretzschmar (por volta de 1905), Max Dessoir (1906), Herman Nohl (1915), Gustav Becking (1928), Hermann Zenck (1932) e Carroll Pratt (1933).

Essa tendência configura assim o segundo aspecto que irá caracterizar a investigação musical no século XX, notadamente após a década de 1940, ao lado da questão formal: a busca do significado "para o bem ou para o mal" da música, uma vez que se questiona sua capacidade de apresentar "conteúdo": "não está claro que a música possa 'conter' algo, mas parece haver pouca dúvida de que ela tem algum tipo de significado, senão a música de épocas e culturas distantes jamais faria sentido" (ibidem, p.352).

Ao lado da hermenêutica, Lippman situa as concepções do simbolismo e da semiótica como contribuições importantes para a expansão do pensamento musical do século XX; ainda assim, a composição musical – considerada o topo do "sistema cultural da música" – até a Segunda Guerra Mundial ateve-se principalmente à pesquisa objetiva, estando atrelada com a análise musical em termos organicistas, ou mesmo dialéticos, como no caso de Adorno em *Filosofia da nova música* (1974).

Podemos dizer que em Adorno, na sua extensa obra de crítica musical, já se pressente o fenômeno de uma pós-modernidade musical, manifesta por meio de uma crítica negativa da sociedade de massas. Para Adorno, a impopularidade da nova música representa uma perda, o esfacelamento do processo de conscientização das massas, segundo a ótica do pensamento marxista ocidental.

Adorno acredita que a música tornou-se um bem comercial. Ele delineia um curso histórico catastrófico: iniciando com um "uso simples e imediato", a música foi objetivada e racionalizada; então essa alienação do homem tornou-se completa pela absorção total da produção e consumo por meio do processo capitalista. A situação não pode ser corrigida pela música em si, mas somente por meio de mudanças na sociedade. (Lippman, 1992, p.473)

Na medida em que tais mudanças no estatuto social foram se revelando impraticáveis, em razão da prosperidade do capitalismo, da progressiva falência do Estado soviético e da própria ordem mundial estabelecida de comum acordo entre as superpotências da chamada "Guerra Fria",[5] o discurso da vanguarda revolucionária, cujo tom era

---

5 O fracasso do movimento de Maio de 68 em Paris, quando os trabalhadores abandonaram os estudantes e intelectuais, assim como o próprio Partido Comunista não se viu tentado a romper os acordos firmados após a guerra – havia até uma "linha quente" telefônica entre a Casa Branca e o Kremlin, garantindo que o sistema estava estável e satisfatório para ambos os lados (ver Hobsbawm, 1997, p.240).

de inevitável derrota, cedeu lugar a novas visões que interpretassem a inevitabilidade do presente.

A abordagem estético-musical pelo ponto de vista linguístico, pela sua tradução textual, já houvera sido delineada por Zenck com base na noção de "sistema cultural" de Dilthey. Assim, o que está implicado no caso da música

> é que, no sistema cultural da música (composição, execução, recepção, concepção e teoria), a concepção e a teoria da música, uma vez que são materializáveis em documentos verbais, são as mediadoras da compreensão histórica. (Ibidem, p.357)[6]

A transformação da música em elemento *textual* provocará o declínio do conceito de obra no momento em que se passa a relativizar a própria instituição do concerto musical:

> Assim, a *raison d'être* estética da música de concerto é ... a forma musical no sentido em que o conceito era compreendido e percebido nos séculos XVIII e XIX. Se nos dias de hoje, juntamente com a categoria de obra, a instituição do concerto parece estar ameaçada – ainda que mais em tese do que na prática –, então o conceito de forma musical está portanto diretamente afetado. (Dahlhaus, 1990, p.222)

A ideia de que a discussão em torno da música deveria levar em conta aspectos mais amplos do que meras descrições de esquemas formais cristalizou-se em Leonard Meyer (1961, p.VII-VIII), embora Meyer reconheça a existência de pelo menos um nível estrutural relevante:

> O problema do significado musical e sua comunicação é de particular interesse por várias razões. Não só a música não utiliza nenhum signo linguístico, como, pelo menos em um nível, opera como um sistema fechado, ou seja, não emprega signos ou sinais referentes ao mundo não musical de objetos, conceitos e desejos humanos.

---

6 Copland (1968, p.122) propõe um modelo semelhante, embora mais voltado à *performance*, ao ensino e à composição, que chama de "superestrutura musical".

Essa mesma relação entre a música e "outros territórios da experiência estética" foi sistematicamente desenvolvida pela teoria semiótica que Jean-Jacques Nattiez (1990a) elaborou a partir dos estudos de Jean Molino. Baseando-se em um "contexto norte-americano/europeu", Nattiez (1990a, p.41) verifica que "Molino foi capaz de mostrar que os contornos do conceito ocidental de música irão variar de acordo com as variáveis poiéticas, imanentes ou estésicas implícitas nesse conceito". Esse procedimento metodológico, chamado de "tripartição semiológica", investiga o fenômeno simbólico mediante essas três dimensões. Desse modo,

> Não há limite para o número ou gênero de variáveis que podem intervir uma definição do musical. Para Molino, adaptando a expressão de Marcel Mauss, música é um *fato social total* [em francês: *fait social total*], cuja definição varia de acordo com época e cultura. As características do aspecto musical, considerado no contexto de todos os fenômenos associados com o fato musical (desde a linguagem corporal do regente ao espaço físico da sala de concertos), estão divididas entre os polos da tripartição. (Nattiez, 1990a, p.42)

Boa parte do trabalho de Nattiez consiste na aplicação sistemática da tripartição semiológica como um método razoavelmente aberto de análise musical, em razão de uma investigação epistemológica que, segundo o próprio autor, considera a questão do pós-modernismo. Seu método procura levar em consideração não apenas a multiplicidade dos modelos analíticos, "mas também o conteúdo de cada modelo em particular" (Nattiez, 1990b, p.54). O próprio Nattiez (p.54) explica mais detalhadamente seu método tripartite:

1) toda obra musical é o produto de uma atividade composicional criadora específica: o processo *poïétique*;[7]

---

7   Foi mantida a grafia original da tradução que nesse caso preservou o idioma francês, mas *poïétique* pode ser traduzido por "poiético".

2) esse processo *poïétique* deixa um traço: onda sonora que o gravador pode registrar no caso da música de tradição oral, ou partitura que permita que a obra seja reproduzida, no caso da música ocidental;

3) esse traço, quando é executado, dá lugar a processos perceptivos (qualificados de *estésica*) por parte dos ouvintes.

O modelo de Nattiez, embora aponte os lados envolvidos na semiose musical, faz também pensar na indissociabilidade entre os aspectos poiético, neutro e estésico, já que é questionável se pode realmente haver um "nível neutro" na obra de arte. A comunicação entre compositor e público é mais bem esclarecida em um estudo em que Nattiez (1987) se propõe a analisar *Répons* (1981-1984) de Pierre Boulez, no qual depara com um componente novo, a "preocupação perceptiva ... integrada às estratégias composicionais". Chega-se então à constatação de que as estratégias do compositor não podem predeterminar a percepção do ouvinte. A compreensão musical é um dado contextual (ibidem, p.196-8).

A questão do contexto já foi transplantada do terreno da composição para o da interpretação musical pela noção de obra aberta (Eco, 2000b). Em obras como *Klavierstück XI, opus* 7 (1956) de Stockhausen e a *Terceira sonata* de Boulez (1955-1957), ambas para piano; *Sequenza I*, para flauta solo (1958) de Berio e *Scambi* (1957) de Pousseur, para meios eletrônicos, a tarefa do intérprete será basicamente a de organizar a ordem de apresentação dos eventos sonoros propostos pelo compositor, o que deixa essa realização final em aberto. Portanto, as obras abertas são assumidamente inacabadas.

As fontes para esse procedimento provêm da literatura: Verlaine, Mallarmé e Joyce são alguns dos modelos. Mas é inegável a influência da física quântica e da fenomenologia de Husserl e Merleau-Ponty. Portanto, o processo mimético e metafórico estende-se da escrita musical para a própria realização efetiva da obra. Pode-se fazer também uma analogia com o "apagamento dos traços de produção" (Jameson, 1997, p.318), o que seria a tentativa de rompimento com o modelo romântico do "gênio", já que a responsabilidade da obra é dividida com intérpretes e público.

Representações sociais

É intrigante ver elementos do *Sprechtimme* de Schoenberg incorporados à canção de massa pelo *rap*, ou recursos da música eletrônica sendo aplicados pelos *DJs* em clubes, uma apropriação nem sempre ciente da origem "culta" dos meios que os artistas empregam e seu público usufrui. Por sua vez, o sucesso popular de cantores de ópera (como *Os três tenores* ou Andrea Bocelli) parece conferir a esse gênero, de raízes mais "populares", um verniz de sofisticação que o torna "culto" perante determinados segmentos da sociedade. Tanto num como noutro fenômeno, parece estar presente a aceitação, uma representação social dos conceitos de vanguarda e intelectualidade reificados segundo o código com que a sociedade consegue estabelecer uma relação de familiaridade.

> Uma *realidade social*, como a entende a Teoria das Representações Sociais, é criada apenas quando o novo ou não familiar vem a ser incorporado aos universos consensuais. Aí operam os processos pelos quais ele passa a ser familiar, perde a novidade, torna-se socialmente conhecido e real. (Sá, 1995, p.37)

Donde se conclui que o fato musical autônomo não depende somente das representações feitas pelo compositor nem de seus intérpretes "primários" (o instrumentista, o cantor, o crítico); a sociedade pós-moderna estabelece suas relações em bloco, pelos meios de comunicação; os significados são elaborados pela receptividade crua dos meios eletrônicos ou em setores mais tradicionais (a universidade, o circuito constituído da arte) e são investigados a partir do universo referencial do receptor.

Qualquer investigação sobre música como linguagem deve levar em consideração, portanto, quem a faz e quem a ouve. Isso independe do estabelecimento de posturas estéticas válidas *a priori* para uma determinada cultura ou grupo de indivíduos. O nível estético é atingido, portanto, a partir do contexto em que opera a manifestação musical. Assim, pode-se concluir acertadamente que *a pós-modernidade musical diz menos respeito à música que a crítica*:

todos os elementos de ruptura com o Modernismo já se encontravam, na verdade, em obras consideradas típicas de vanguarda – inclusive livre circulação entre estilos, que costumamos indicar como ecletismo. Talvez aquilo que deveria se tornar eclético não é tanto a música, quanto a crítica musical. (Mammi in *Encontros/desencontros*, 1996, p.114)

O ponto crucial parece ser o fato de que no pós-modernismo a música deixa definitivamente de ser considerada a arte transcendente conforme a concepção surgida no século XIX, noção ainda preservada nas décadas do modernismo, convertendo-se de sujeito em objeto. O compositor-gênio – figura mítica que desde Beethoven até Cage e Boulez imperara na formação de um gosto musical alicerçado nas necessidades intrínsecas à própria obra – perdeu as atribuições que a tradição moderna lhe delegara. A vanguarda viu-se restrita por uma ordem social em que à música cabe mais o papel de entreter do que de iluminar, tornando-se ela, "vanguarda", ao mesmo tempo produtora e crítica.

O conceito sonoro da pós-modernidade: vozes, ouvidos, mercado e representações sociais

A maioria dos livros ou artigos que abordam de maneira mais explícita a questão da música no pós-modernismo parte de uma justificação teórica semelhante à empregada neste trabalho, como Pasler (2001) ao dizer que "o que é pós-modernismo em certo sentido depende de como se define o modernismo".

O passo seguinte, na maioria dos casos, consiste em uma tomada de posição de acordo com as inclinações do próprio autor: sua nacionalidade, profissão (músico, crítico, filósofo, acadêmico ou não acadêmico etc.), filiação política e, às vezes, até mesmo questões referentes à etnia ou preferência sexual, temas significativos em muitas abordagens da condição pós-moderna.

Parece que somente após a exposição de um referencial teórico e, digamos, emotivo, pode-se passar à delimitação e análise propriamente dita da questão musical. O dado comum a essa bibliografia é a contextualização, por meio de um recurso que Lawrence Kramer (1995) chama de "janela hermenêutica".

López e a música como "metáfora epistemológica"

Julio López (1988) adota uma perspectiva europeia, até mais restritamente *espanhola*, para falar do pós-modernismo musical. O "contexto cultural" de sua hermenêutica tem como "finalidade evidenciar a crise da inteligência europeia no marco da colonização tecnológica americana", a partir da diversidade cultural europeia, em que se manifesta o "contexto musical".

Partindo da nítida separação entre o universo da música de "consumo" ou "ligeira" e da música "culta", López conclui que esta última sofreu um "enclausuramento" tão grande após a Segunda Guerra Mundial (período que ele chama de pós-modernidade) que seu discurso tornou-se mais "sociológico" que "social", "competente a um grupo reduzido de iniciados". Essa música "culta", advinda do modernismo, trouxe imensas dificuldades de comunicação. López (1988, p.138) cita Gorina,[8] que classificou tal música de "música sem demanda nem utilidade", fruto do "narcisismo comunicativo de seus autores".

Esse raciocínio leva López a concluir que a produção musical do alto modernismo tem "natureza não apenas social, mas estética autocontemplativa, excludente e estéril". Diante disso, "os mais inteligentes meios de comunicação chegaram a formular, então, uma pergunta semelhante a esta: cabe tudo o que podemos chamar de música da pós-modernidade nos limites estreitos da chamada música culta?". Donde López afirma que a música pós-moderna manifesta-se em múltiplos estilos, "restos do naufrágio". Os próprios intelectuais

---

8 Manuel Valls Gorina (1920-1984) foi um compositor e musicólogo espanhol que lecionou na Universidade de Barcelona. Ver: <http://clivis.grn.es/compositors/autors/valls/valls.htm>.

passaram a adotar a música popular como referência.[9] O *jazz* penetrou na cultura europeia e a música readquiriu uma "funcionalidade específica", dentro da indústria de espetáculos (ibidem, p.141).

A multiplicidade de estilos musicais do pós-modernismo se equipara ao processo de mundialização da economia; valores culturais e musicais das diferentes etnias passaram a ser valorizados e mesmo incorporados aos novos programas de ensino musical, substituindo a antiga hegemonia da tradição europeia ítalo-franco-germânica, que perdurou por toda a modernidade ocidental.

Mesmo a música culta procura direcionar seu discurso, ainda de natureza hegemônica, para um "público potencialmente amplo e maleável", usando para isso recursos tecnológicos como instrumentos eletrônicos ou dispositivos cênicos (p.143). Apesar do esforço, ainda tênue, da música erudita por tornar-se mais acessível, o abismo que a separa da música popular aumentou, na medida em que esta "se instalou na tecnologia publicitária e do *mass-media*", adotando totalmente seus referenciais em função do mercado. López cita Abad,[10] que observa o papel social desempenhado pela música popular, como protesto ou conjunção sem orientação estética permanente, ao passo que a música erudita sempre busca o estético e "quanto mais caminha nessa direção, menos capaz é de achar um público disposto a sacrificar seu bem-estar intelectual".

López considera então importante abordar mais detalhadamente a questão da música de consumo, já que "nenhum teórico – nem compositor – de música culta" pode ignorá-la. Partindo da ideia de que a história agora é produzida pelos meios de comunicação de massa – o que equivale conceitualmente ao "fim da história"

---

9 Hobsbawm (1997, p.325) comenta "Essa guinada para o popular nos gostos dos jovens de classe alta e média do mundo ocidental, que teve até alguns paralelos no Terceiro Mundo, como a defesa do samba pelos intelectuais brasileiros", citando até mesmo o fato de Chico Buarque ser "filho de um eminente historiador progressista".

10 Juan José Abad é musicólogo, autor do artigo intitulado "La música contemporánea, su publico, su ambiente y su futuro".

tradicional –, chega-se à constatação sociológica de que o público-
-alvo do mercado é o jovem, para quem a música se converteu em
autorreferência. As variantes da música *pop* atendem aos diversos
ambientes por onde trafega a massa adolescente, em gradações que
vão da contestação social, como o *punk*, até a sedução comercial da
propaganda (p.144-51).

A música "culta" não dá conta da pós-modernidade, segundo López; é preciso legitimar o *pop* ("música de consumo") como força social da música atual, algo aliás já feito pelos intelectuais. No entanto:

> Ainda que sabendo que a música de consumo forma parte da "socio-
> logia musical" da pós-modernidade, a verdadeira música da era pós-
> -moderna nos interroga sobre o alcance intelectual de nossas aspirações
> culturais; a música como modelo de autoexigência cultural; a cultura
> como autoexigência histórica com que reivindicar o conceito criativo
> da Europa. (p.151)

Por uma "verdadeira" música pós-moderna, López entende aquela
capaz de realizar a "metáfora epistemológica", refletindo a maneira de
ver a realidade da ciência e da cultura contemporâneas. O conceito de
"obra aberta" estudado por Umberto Eco e a música probabilística
de Xenakis são exemplos dessa "nova poética" que López associa
ao pós-modernismo musical. Embora reconhecendo a existência
de várias poéticas musicais, López estabelece seu critério para uma
"dimensão musical": a "condição crítica". Essa condição tem como
consequência o isolamento em relação à sociedade de consumo. O
autor parece aceitar essa incompatibilidade entre uma linguagem
pós-moderna avançada e a "condição pós-moderna" da sociedade.

Convém não confundir sua proposição "avançada" de um pós-
-modernismo com a "alta cultura" adorniana; apesar de considerar
a música de consumo como uma manifestação "cujo pensamento
musical é ínfimo e antiquado" (p.81), López vê a necessidade de
"uma nova mentalidade musical que desenvolva um pensamento
musical novo, exigente, renovador, e aberto, enfim, a outras culturas
musicais". Desse modo, apesar de apreciar a contribuição de Xenakis,
Stockhausen, Boulez, Luis de Pablo e Tomás Marco, sobretudo

pelo encadeamento moral e cultural que suas poéticas conferem à música em nossa época, López (p.80-1) conclui que "a música estocástica é uma interessante oferta musical, mas sem dúvida não é a única". Mesmo a possível dualidade entre música de consumo e uma condição crítica é relativizada pela discussão entre ambas pela consciência de que o entretenimento é parte constituinte do mundo pós-moderno e sua cultura. A perspectiva europeia de López parte da premissa oposta à nossa. Para ele, a tradição musical europeia deve levar em conta os novos elementos de cultura do *pop* sem se deixar conduzir pela noção ideológica de superioridade, traço característico da dialética negativa de Adorno. No entanto, ele vai ainda mais além do que Jameson pôde realizar em relação à música (Salles, 2000), ao procurar uma "metáfora epistemológica" fora da lógica do mercado. Nosso ponto de vista, partindo da constatação de que a música popular é supervalorizada no Brasil e no contexto do Terceiro Mundo, em detrimento da música erudita, visa exatamente ao mesmo ponto de equilíbrio, porém em outra direção, que é justamente o motivo por que neste trabalho se aborda a MEB. Poderíamos parafrasear López dizendo que "a MPB é uma interessante oferta musical, mas sem dúvida não é a única".

Kramer e as "janelas hermenêuticas"

De modo complementar ao de López, o musicólogo norte-americano Lawrence Kramer (1995) estabelece uma prospecção da pós-modernidade musical a partir de sua área de atuação, a crítica e a musicologia americanas (sintomaticamente, López não faz uso do termo "musicologia", frequente em Kramer). O ponto essencial para a abordagem da música no pós-modernismo é o estabelecimento de uma nova musicologia que desconstrua a dualidade entre o extrínseco e o intrínseco à linguagem musical. Essa dualidade se expressa, segundo a concepção de Carl Seeger (1977, p.16), na integração entre "o conhecimento discursivo geral e o conhecimento particular em música" (extrínseco à obra musical e à composição) com o "conhecimento musical em música"[11] (intrínseco à obra musical e à composição).

Assim, Kramer irá constatar que a expressão do "interesse humano" é um dado necessário ao se falar sobre música, e, mais ainda, a própria separação entre o universo da linguagem discursiva e da linguagem musical – consideradas incompatíveis pela musicologia tradicional hanslickiana – é um elemento a ser superado no debate pós-moderno. Trata-se da limitação do próprio poder da linguagem: "A linguagem não pode capturar a experiência musical porque ela não pode capturar nenhum tipo de experiência, incluindo a experiência da linguagem em si" (Kramer, 1995, p.18).

Desse modo, Kramer considera a experiência da leitura de um romance de Proust tão difícil de ser traduzida em palavras quanto a audição de *La mer*, de Debussy, por causa do desdobramento do tempo sobre a percepção estética determinando um imediatismo que não se pode recriar por meio do discurso. Uma musicologia pós-moderna deve conciliar "os efeitos do imediatismo da música em si mesma" com as "estruturas externas à música, sob a rubrica do contexto".

O impacto imediatista que a música desencadeia no ouvinte é, para Kramer, o que caracteriza sua investigação do contexto; nele se manifesta o caráter "simbólico" – ou seja, em referência ao já conhecido de antemão pelo fruidor – que antecede às outras mediações que se possam estabelecer pela fruição da música. A superposição entre o simbólico e o semiótico[12] origina o que Kramer (1995, p.21) chama de *janelas hermenêuticas*: "locais de compromisso, onde o intérprete e o interpretado animam-se mutuamente".

---

11 No original: *"music knowledge of music"* (Seeger, 1977, p.16).

12 O conceito de "semiótico" utilizado por Kramer se baseia nas teorias de Jacques Lacan e Julia Kristeva; a categoria *semiótica*, portanto, designa o que antecede à distinção entre sujeito e objeto. A objeção de Kramer (1995, p.19-20) é a de que o simbólico se impõe ao semiótico como um dado do inconsciente, o que as experiências do neurologista Oliver Sacks com pacientes parkinsonianos parecem confirmar.

Uma vez que o simbólico tende a incorporar o semiótico (ampliando o repertório de signos), a constatação é que só podemos habitar o território simbólico; porém, pode-se "aprender a habitá-lo com uma energia disseminadora que no final pode transformá-lo". A isso Kramer chama de "projeto utópico do pós-modernismo". Ao aplicar esse método à música, fazem-se necessários alguns "pressupostos radicais":

1 "A música participa ativamente na construção cultural da subjetividade". Para essa construção, a música requer um ouvinte receptivo que responda com empatia a suas propostas.

2 O sujeito musical só pode ser compreendido no "amplo processo psicocultural da formação do sujeito". Se a música não pode ser interpretada, então sequer pode ser ouvida.

3 O sujeito musical sempre está exposto a valores e ideologias. Kramer ilustra com uma comparação da expressão da sexualidade entre a *Quinta sinfonia* de Beethoven e o *rap Cop killer* de Ice-T, ambos "predominantemente masculinos". Há em Beethoven, no entanto, espaço para um "problemático encontro com o feminino", que o *rapper* ignora.

Com base nesses pressupostos, a musicologia passa a ser vista como um estudo "rigoroso e contestável" da subjetividade musical (ibidem, p.25).[13] A abordagem de Kramer é, no entanto, retrospectiva, focalizando a música de Bach a Ravel sob uma ótica pós-modernista; não lhe interessa falar da composição musical no pós-modernismo ou das práticas musicais pós-modernas, mas de uma nova atitude musicológica ante os outros campos do "sistema musical", especialmente a interpretação e a crítica. No entanto suas proposições teóricas são interessantes e válidas como referencial para novas aproximações em nossa investigação.

---

13 Algo muito próximo da definição que Popper dá à ciência, "ao estabelecer, como condição lógica das proposições científicas, a falsificabilidade, e não verificabilidade, como antes era pretendido pelo Círculo de Viena" (Santos, 2000a, p.23).

Ramaut-Chevassus: uma síntese da música pós-moderna

Beatrice Ramaut-Chevassus (1998) escreveu um livro mais voltado à composição musical no pós-modernismo. Após o estabelecimento de um quadro teórico do pós-modernismo, faz um inventário das técnicas, funções e conceitos em jogo na música pós-moderna. Ao fazê-lo, observa a recorrência de três manifestações frequentes no domínio estético: uma nova atitude em relação ao passado, o gosto pelo ecletismo e a busca de comunicabilidade.

São seis os procedimentos ou características que, no entender de Ramaut-Chevassus, podem estabelecer critérios para estudo e discussão do gesto composicional na música pós-moderna: 1. Melodia, 2. Repetição, 3. Simplicidade, 4. Citação, 5. Colagem e 6. Retorno às diferenciações nacionais/étnicas.

A autora sugere uma interessante cadeia de relações entre autores que podem ser discutidos pelo uso comum de um mesmo procedimento, com enfoque composicional às vezes totalmente distinto. Stockhausen e Arvo Pärt, por exemplo, aparecem lado a lado no tópico sobre a reutilização da melodia (Ramaut-Chevassus, 1998, p.29-33).

O retorno do interesse pela comunicação por meio da recorrência melódica manifesta-se, segundo Ramaut-Chevassus, na obra de Pousseur (a ópera *Votre Faust*, de 1969), Stockhausen (*Mantra*, de 1970)[14] e em *Soleil des eaux*,[15] de Boulez. Para Ramaut-Chevassus

---

14 Menezes (1999, p.18) aponta ainda em *Mantra* de Stockhausen a tentativa de flexibilizar a "dimensão eletroacústica através da determinação operante do intérprete no ato de sua execução", o que foi possível pelo uso de equipamento *live-electronics* (o modulador-de-anel) que possibilitava a intervenção em tempo real na outrora imutável fita magnética.

15 *Le soleil des eaux*, de Pierre Boulez, foi composta em 1948 e sofreu várias revisões, a última em 1965. Seu efetivo instrumental/vocal é: solista (soprano), coro misto e conjunto orquestral. Como em *Le marteau*, o texto é de René Char. Mais informações no endereço eletrônico do Ircam: <http://mac-texier.ircam.fr/textes/c00000011/n00000302/>.

(1998, p.30), as referências a Webern na ópera de Pousseur "representam a modernidade", enquanto os "empréstimos" a Berg, Mozart e dos ruídos de rua são "totalmente pós-modernos". A maneira de Ramaut-Chevassus observar tendências pós-modernas em autores tão identificados com o modernismo, como Boulez, Stockhausen e Pousseur, é o aspecto mais relevante de sua análise, superando estereótipos que relacionam o pós-modernismo somente a tendências "menos complexas" como Glass ou Pärt. Desse modo, a autora francesa efetivamente localiza e identifica estilos musicais pós-modernos ao demonstrar como praticamente todos foram afetados pelas mudanças culturais verificadas desde 1950.

O *minimalismo* está no centro da discussão empreendida nos anos 1960 em torno da oposição entre simplicidade e complexidade. Sua estrutura, baseada em processos repetitivos rítmicos, melódicos e timbrísticos tornou-se o caso mais bem-sucedido de aceitação pública de um gênero musical do século XX, sendo, por isso, tentador considerá-lo como um estilo tipicamente pós-moderno (Nyman, 1999, p.xvi).

É preciso, no entanto, distinguir as correntes divergentes dentro do princípio da música repetitiva, pois, sem dúvida, o minimalismo surgiu com uma proposta inovadora tipicamente moderna. Ramaut--Chevassus (p.34) vê no minimalismo o uso de duas técnicas distintas, as composições "estritamente organizadas de Reich e Glass" e as de "caráter mais improvisatório", de Terry Riley e La Monte Young.[16] A partir desse *mainstream* norte-americano, o minimalismo se difundiu pela Europa, sobretudo nos anos 1970, e já se fala em pós-minimalismo.

O pós-minimalismo está posicionado ao lado do pós-modernismo no sentido em que, comparado ao minimalismo, ele se aquietou, não busca mais o escândalo e está híbrido com outras técnicas de composição. Em troca, o minimalismo experimental e radical do início é colocado

---

16 Esse ponto de vista é partilhado por Nyman (1999), a quem se atribui ter cunhado o termo "minimalismo" aplicado à música.

ao lado dos movimentos de vanguarda, mesmo assim, por ser antisserial, ele preparou os caminhos do pós-modernismo. (p.34)

Outra tendência apontada por Ramaut-Chevassus é representada pela simplicidade, ou nova simplicidade (*Neue Einfachheit*), cujo expoente é Wolfgang Rihm. Dando continuidade à música do romantismo alemão (p.42), a obra de Rihm nos sugere mais certa permanência do neoclassicismo agregado da própria historicidade do século XX, pois a seu respeito diz Ramaut-Chevassus: "é um compositor virtuose, brilhante, prolífico que claramente assimilou todas as lições que o modernismo e o pós-modernismo podem oferecer".

Outra característica neoclássica que ganha importância dentro do pós-modernismo é a prática da citação, cuja "enunciação repetida lhe confere qualidades de representação e requer atos de interpretação" (p.45). Os exemplos citados por Ramaut-Chevassus (p.46-9), em composições musicais de Klaus Huber e Luigi Nono, adotam significações diferentes para suas citações. Em Huber, na obra *Senkforn* [*Grão de mostarda*], é citado um trecho "extraído da cantata 159 de Bach" a que se atribui um valor abstrato e simbólico; em Nono, analisando-se várias de suas obras, é evidente seu engajamento político.

Um caso perturbador são as *Re-visionen* de Dieter Schnebel, realizando não meramente citações, mas releituras de Bach, Beethoven, Mahler, Webern, em que certas distorções interpretativas se convertem na própria obra, invadindo o outrora sagrado recinto da orquestração e do arranjo das composições "clássicas", geralmente fechando em torno do "respeito" ao original. Em *Beethoven-Sinfonie* (1985), por exemplo, Schnebel reelabora a orquestração, a dinâmica e o andamento da *Quinta sinfonia*, enfatizando o caráter lírico e sentimental das linhas melódicas sem temer contato com o *kitsch* ou com o humor corrosivo. A sonoridade dá a impressão de ter sido "filtrada", de acordo com as técnicas espectrais, de modo a emular a audição de uma reprodução da *Quinta sinfonia* em um gramofone com rotação irregular. As "revisões" de Schnebel representam um conceito radical de pastiche, próximo ao dos célebres retratos de Andy Warhol, atingindo frontalmente uma tradição bem estabelecida:

As possibilidades de interpretar de tal ou qual maneira as obras-primas do repertório musical – sem que se encontre forte oposição – são limitadas e, no que concerne às características elementares da interpretação (como andamento e dinâmica), tornam-se cada vez mais restritas. (Harnoncourt, 1993, p.31)

O desconforto ante a obra de Schnebel é comparável à noção de "mal-estar" que contamina a pós-modernidade; por instantes não sabemos mais o que é "obra" ou quais os limites que nos permitem reescrevê-la, nem como circunscrever a crítica ao território do texto. As revisões de Schnebel estão no território híbrido da releitura e da reescritura, e são, ao mesmo tempo, obra e ensaio crítico.

Próximo à citação, vem a técnica de colagem. Para distingui-las, Ramaut-Chevassus (1998, p.50) observa que "a ideia de disparidade entre o contexto que empresta e o que é emprestado não existe mais".[17] A autora cita um artigo de Jean-Yves Bosseur[18] em que são propostas quatro diferentes categorias de colagem: 1. combinação, 2. complexa, 3. anticolagem e 4. narrativa. O caso clássico, muitas vezes citado como um marco da composição musical pós-moderna, é a *Sinfonia* (1968) de Luciano Berio,[19] especialmente o terceiro movimento, que

---

17 Pasler (2001) considera a colagem como uma expressão do "pós-modernismo de conexão ou interpenetração, [que] resulta quando uma justaposição da obra envolve a inclusão eclética de materiais de discursos disparatados, por vezes de elementos que não são musicais *per se*".

18 Bosseur, J.-Y. Le collage "No man's land"? *Revue d'esthétique*, v.3-4, p.294-9, 1978. Referência feita pela própria Ramaut-Chevassus. O próprio Bosseur, em palestra no IA/Unesp (outubro de 2001), comentou a obra *Strathoven* de Luca Ferrari, colagem bem-humorada de obras de Beethoven e Stravinsky. Segundo Bosseur, o uso da colagem ainda é malvisto por muitos compositores pelo fato de prezar, em grande parte, a questão da autoria e da originalidade da obra.

19 Essa opinião é manifestada pelo compositor John Rea, em *Circuit* (1990, p.14). Consideramos também importante dentro do estilo de Berio uma obra anterior: *Laborintus 2* (1963-1965), na qual Berio cola elementos do *jazz*, sons eletrônicos, *A divina comédia* de Dante e outras referências sonoras e literárias. Assim, a preferência pela *Sinfonia* talvez se deva ao fato de ela estar fortemente relacionada ao "Maio de 68".

Ramaut-Chevassus (1998, p.50) classifica como uma "colagem--comentário".

Até mesmo o nacionalismo torna-se uma forma de reação e expressão pós-modernas, voltando-se contra "as influências da França, Itália ou Alemanha, que debatem hoje sobre a possibilidade de escapar de um certo estilo culto internacional pós-serial" (ibidem, p.54); fala-se ainda em "reação ao internacionalismo do modernismo, à centralidade da Europa naquela tradição e à abstração como uma linguagem universal, particularmente aquela desenvolvida em Darmstadt após a Segunda Guerra Mundial" (Pasler, 2001).

Ou seja, trata-se de um resgate das diferenciações nacionais, algo que vimos Subirats (1991) classificar de "novo expressionismo", em oposição ao "estilo internacional" hegemônico. No entanto, a questão das culturas musicais nacionais reveste-se de outras conotações, advindas da pós-modernidade, especialmente as que dizem respeito ao Terceiro Mundo:

> ... na primeira metade de nosso século [século XX] o compositor enfrentava a tese do nacionalismo *versus* a antítese do *universalismo* importado da Europa.
>
> Porém, à medida que caminhamos para o final do século, a distinção entre ambos os termos torna-se menos clara e a situação atual da música latino-americana requer uma revisão nos papéis do nacionalismo e da música europeia em seu desenvolvimento. Os rótulos nacionalista, serialista, vanguarda, etc. têm cada vez menos aplicação no estudo de uma arte que tende a tornar-se altamente individualizada.
>
> Questões como música nacional *versus* universal perdem sentido, surgindo em seu lugar o diálogo entre a preservação e diluição das culturas regionais frente à globalização, igualmente resolvido a nível do [sic] estilo pessoal. O compositor hoje pergunta se deve vir à comunidade mundial com uma linguagem musical globalizante ou contribuir com uma voz distinta. (Ripper, 1997, p.77-8)

O conjunto de técnicas descrito por Ramaut-Chevassus – repetição, resgate do uso da melodia, citação, colagem e o retorno das tradições nacionais – diz respeito a uma compreensão múltipla da música pós-moderna em torno do eclético e do híbrido, ou seja, não se consideram mais excludentes elementos estilísticos ou técnicas outrora tidas como "puras". Não fosse sua abordagem toda do ponto de vista europeu, estariam aí satisfatoriamente contemplados quase todos os aspectos da música no pós-modernismo.

Buckinx e Tacuchian: tendências do pós-modernismo

Buckinx (1998, p.57) afirma: "A técnica é novamente, depois de 1980, um meio de apoio", e não mais um "fator regulador". Mais adiante o autor explicita certos procedimentos composicionais pós--modernos:

> o compositor escolhe um conceito musical básico, por exemplo um concerto grosso Barroco, uma musiquinha popular, um poema-sinfônico romântico ou um serviço religioso. Depois aplica técnicas apropriadas, sejam elas da tradição, de uma cultura que lhe é estranha, ou até mesmo da música folclórica. (p.60)

Pode-se ver a aplicação desse conceito na descrição que John Cage (1995, p.45) faz de seu *Concerto for prepared piano and chamber orchestra* (1951):

> Eu o compus como um drama entre o piano, o qual permanece romântico, expressivo, e a orquestra, que em si segue os princípios da filosofia oriental. E o terceiro movimento significa a aproximação das coisas que estavam opostas entre si no primeiro movimento.

Buckinx (1998) faz uma classificação de alguns estilos diferentes de acordo com o uso dos procedimentos musicais pós-modernos:

1 A "poliestilística" de Schnittke jogando "um estilo contra o outro", no entanto de maneira diferente dos neoclássicos Prokofiev, Hindemith e Britten: "a poliestilística irá 'degradar' conscientemente todos os estilos e modos de escritura a puros meios estilísticos" (p.62).

2 A "música narrativa", "como no *Terceiro quarteto* para cordas de Kagel", em que "tudo prossegue com lógica e continuamente, e mesmo assim não se sabe no que vai dar".[20]

3 A "música momentânea", de "natureza sonora sempre muito agradável, e cujas mudanças apenas tentam manter o estado atingido". Os exemplos dados por Buckinx são Arvo Pärt e John Zorn, a cuja música atribui um "estilo-videoclipe".

4 A "música múltiplo", que Buckinx atribui a si próprio: "coleção, séries, aglomerados inapreensíveis": "1001 Sonatas ou 9 Sinfonias Inacabadas" (p.63).

O uso das técnicas conhecidas como meio recorrente de estabelecer vínculos com a audiência é o principal recurso de uma classe de compositores mais "sóbria" em relação à abertura proporcionada pelo momento pós-moderno. Nattiez (1987, p.198) observa como o próprio Boulez adota essa nova atitude composicional: "Após o período poiético-cêntrico do serialismo desmedido, *Répons* faz menção, em plena era barroca[21] ou pós-moderna se assim é devido, à obra clássica, como o meio pelo qual ele [Boulez] obteve a reconquista de um público mais amplo".

Os cinco aspectos destacados por Ramaut-Chevassus e os quatro tipos de música descritos por Buckinx podem ser ainda mais

---

20 O *Quarteto de cordas III* (1986-1987) de Maurício Kagel, em quatro movimentos à maneira "clássica" (*andante, andantino, allegretto* e *allegro*), é uma notável compilação de estilos e técnicas, da tonalidade clássica ao atonalismo, assim como *Pan*, outra peça da mesma época (1985) para quarteto e *piccolo*. Chama-nos a atenção o fato de esse compositor argentino não ser citado em nenhuma obra das que consultamos que enfocasse a música na América Latina, embora seja reservado a ele sempre espaço ao lado de Stockhausen, Cage, Maderna, Nono, Berio e Boulez (por exemplo, em Griffiths, 1994). Kagel integrou-se de tal modo à vida musical da Alemanha (para onde se mudou em 1957) que conseguiu assim superar um implacável determinismo, realizando um vaticínio proferido por Gertrude Stein (apud Bradbury & McFarlane, 1989, p.81): "os escritores precisam ter dois países, um a que pertençam e outro onde realmente vivam".

21 O termo "barroco" ou "neobarroco" é empregado por teóricos como Scarpetta e Calabreze como sinônimo do que chamamos de "pós-modernismo".

detalhados,[22] como fez o compositor brasileiro Ricardo Tacuchian (1995, p.37):

> a partir de uma observação empírica do recente repertório musical internacional e nacional e da reflexão sobre as variadas sugestões Pós--Modernas na literatura, cinema, arquitetura e filosofia, propusemos doze parâmetros que desenhariam, ainda que de modo incompleto, o perfil do Pós-Moderno em música ...

O fato mais notável da classificação feita por Tacuchian é a possibilidade de vermos expresso um ponto de vista sobre o pós--modernismo fora do eixo América do Norte-Europa, até então dominante no terreno da composição[23] e da musicologia; Tacuchian coloca questões importantes para a dimensão do problema também em função do caso brasileiro (embora seu discurso assuma uma perspectiva teórica importante em nível internacional), iniciando com a "superação da polaridade nacional/universal", que desenvolveremos no quarto capítulo.

Da mesma forma que Ramaut-Chevassus, a classificação feita por Tacuchian não estabelece valores exclusivos do pós-modernismo; certos itens como o oitavo: "Alternância de expressão lírica com forte impulso rítmico, de acordo com o traço cíclico da personalidade humana" – ou o nono – "Valorização de parâmetros texturais,

---

22 O compositor brasileiro Marlos Nobre (1994) também fez um panorama das tendências da composição musical para o século XXI, partindo da divisão entre a "linha germânica" e a "latina" em que "cada uma delas representa uma concepção totalmente diferente do *tempo musical* e da maneira mesma de *pensar* a obra musical" (grifos no original). Em que pese a dualidade inicial, e embora Nobre não utilize o termo "pós-modernismo", ao final lista 21 itens "Na verdadeira Torre de Babel de tendências atuais", concluindo que "Talvez seja essa, finalmente, a verdadeira tendência de nossa época, a multiplicidade de tendências e a não existência de um ou dois estilos próprios do período".

23 Tacuchian procurou também contribuir com formulações teóricas; criou o *Sistema-T*, um sistema aberto de ordenação de alturas baseado em uma escala de nove sons (Tacuchian, 1994a, 1995; Soffiati, 2000). Dada a importância e originalidade de suas observações em relação ao pós-modernismo e à MEB, suas teorias ainda serão retomadas em maior detalhe no último capítulo.

timbrísticos, dinâmicos e espaciais" – poderiam estar em qualquer referência à música moderna, e até romântica. Outros *insights* de Tacuchian, no entanto, são extremamente aguçados quanto ao delineamento da condição pós-moderna do compositor:

> Isto significa o fim do compromisso do músico Pós-Moderno com uma determinada estética e a necessidade do pleno domínio artesanal, tecnológico, psicológico e filosófico do material que ele manipula para a construção de uma forma organizada que se constitua uma linguagem expressiva. (p.39)

Ou, ainda, no décimo primeiro tópico – "Expressão cosmopolita e urbana do mundo contemporâneo" – em que Tacuchian reafirma a importância da música erudita ante a "indústria cultural ou cultura de massa", por uma questão que, antes de configurar-se como crítica à música de massa, busca a diferenciação do campo específico da música como linguagem sonora. Como ele mesmo diz, "Não se trata de uma crítica, mas apenas de uma definição de termos". Portanto, de modo diverso ao de López (1988), Tacuchian distingue universos distintos entre a criação musical elaborada, voltada para um referencial simbólico da "tradição/renovação", e o da cultura de massa.

Essa desconfiança para com a cultura de massa fica expressa claramente no décimo item: "Simplicidade sem populismo e comunicabilidade sem clichê. Em outras palavras, o público consumidor volta a ser considerado pelo compositor[,] mas sem concessões" (Tacuchian, 1995, p.39).

Essa relação do compositor com o público, um aspecto que o sucesso do minimalismo trouxe à tona, é, portanto, um dado que não estava presente nem na escola europeia de vanguarda (que esperava que sua linguagem viesse a ser naturalmente assimilada pelo público) nem no experimentalismo norte-americano (como vimos no capítulo anterior ao comentar a obra de John Cage, pouco interessado em estabelecer uma "comunicação"). Além da sintomática referência a um "público consumidor" citada anteriormente, Tacuchian declarou em uma entrevista:

A preocupação que tenho com o público, eu não tinha nos anos 1970, quando minha postura era muito mais elitista. Eu fazia uma arte para um clube fechado e que poucas pessoas tinham condições de entender. A minha preocupação era muito maior com meu colega e com o crítico. Hoje, eu não me preocupo com um nem com o outro, mas com o meu público. (Soffiati, 2000, p.24)

Estratégias de mercado

No centro de uma sociedade de massa já constituída e interligada pela tecnologia, os músicos têm ao menos dois posicionamentos análogos ao conceito de "integrados" e "apocalípticos", proposto por Eco (2000a). Os "integrados" podem ser vistos como os que se adaptam à nova realidade, desenvolvendo trabalhos que conseguem, ou almejam ter, penetração na cultura de massa de forma mais direta. Philip Glass (in Duckworth, 1999, p.339), por exemplo, assume essa postura ao comentar sua própria popularidade:

> Em primeiro lugar, estou lá, tocando todo o tempo.[24] Além disso, assumo projetos que conseguem grandes audiências; *Koyaanisqatsi* é um filme visto por milhões de pessoas. Sou um grande advogado de minha própria música: eu a torno disponível de várias maneiras. Prefiro escrever uma ópera a um quarteto de cordas, porque sou interessado no teatro. No fim, isso ocorre porque mais pessoas ouvirão a ópera, embora, na verdade, eu goste de escrever quartetos. Escrevi três quartetos em anos recentes. Mas as peças em larga escala me atraem, o que é uma sorte, pois esta é uma das razões de eu ser tão popular. Recentemente falei sobre isso a alguém de forma muito simples: "Se você pode escrever uma peça para duzentas ou duas mil pessoas, por que não escrever para duas mil? Acredito que essa peça possa ser tão boa quanto".

A aceitação comercial de uma obra musical contemporânea não implica que uma presumível disponibilidade do compositor ao

---

24 Glass refere-se ao *Phillip Glass Ensemble*, grupo de câmara do qual é fundador, líder, principal compositor e pianista.

"falar" determinada linguagem musical estabeleça uma simetria de compreensibilidade entre compositor e público. O compositor polonês Henryk Mikolaj Gorécki (in Giron, 1994), em uma entrevista, comentou a respeito do sucesso de sua *Terceira sinfonia*:[25]

> Quem escreve música não pode jamais pensar na massa. Até ela precisa conhecer música para entendê-la adequadamente. Eu não espero ser entendido por todo mundo. Poucos compreenderam Bach em seu tempo. Se o público entendesse minha música, eu iria criar ovelhas. Nunca irei escrever música para a massa.

É preciso, no entanto, ressaltar que também a música de Stockhausen e Boulez e a de outros compositores oriundos de Darmstadt tem certo apelo comercial. O próprio Stockhausen (in Martins, 2001) declarou em uma entrevista ao ser perguntado se o incomodava tocar em "salas de concerto vazias": "Sinceramente, não tenho esse tipo de problema. As salas em que toco estão sempre cheias e meus discos ainda vendem bem no mercado erudito".

Isso demonstra que mesmo a música de vanguarda pode reificar-se, tornar-se uma "grife" dentro de um sistema cultural segmentado pela lógica de mercado e atingir um público consumidor específico, ainda que, ao criar uma determinada obra, o compositor não leve em conta a capacidade do público em seguir seu raciocínio; além disso, uma linguagem, em princípio mais "acessível" como a de Gorécki, só surte efeito pelo mesmo tipo de mediação.[26]

---

25 A respeito do sucesso da *Sinfonia n° 3* de Gorécki, Giron (1994) informa: "Foi esta a obra que ejetou Gorécki à glória. Apesar de ter sido composta em 1976, ela chegou às paradas de sucesso em maio de 1992, na versão em CD (Elektra Nonesuch) da London Sinfonietta e da soprano norte-americana Dawn Upshaw. Em março de 1993, a gravação atingia o primeiro lugar na parada pop inglesa e permaneceu em terceiro lugar durante 36 semanas na parada clássica da revista *Billboard*. Ganhou dois prêmios Grammy (melhor disco e melhor disco orquestral de 1992). Vendeu perto de 1 milhão de cópias até a última semana".

26 Numa entrevista publicada pouco tempo depois da de Stockhausen (Martins, 2001), Boulez revela uma "estratégia necessária" para administrar o público em razão do tamanho da sala, em concertos do *Ensemble InterContemporain* (Einchenberg, 2001).

O modo como as representações sociais criam a noção de familiaridade que vincula uma cultura a um dado produto cultural (Sá, 1995) parece estar condicionado a uma estratégia de *marketing* (conforme sugere Tacuchian, 1995, p.25). Eis, portanto, um dado que sustenta a ideia de "janelas hermenêuticas", como propõe Kramer (1995), já que a própria noção estruturalista da linguagem assume um caráter secundário em função do contexto, pois o simbólico antecede ao semiótico. Dito de outro modo, a contextualização (*marketing*, educação, crítica ou qualquer meio que possibilite a construção de uma representação social) permite que compositor/intérprete (emissor ou emissores) e público (receptor) dialoguem, mesmo falando idiomas diferentes. Jameson (1997), portanto, está correto ao mencionar uma "lógica cultural do capitalismo tardio".

Sem entrar na questão do pós-modernismo, será Enrico Fubini (2001) quem irá dar dimensão filosófica à problemática da linguagem musical, pela oposição dialética entre os conceitos de universalidade e particularidade. Fubini descreve a emergência que a particularidade ganhou no final do século XIX, quando o mundo ocidental teve de aprender a relativizar a hegemonia de sua própria tradição musical em razão da crise do sistema tonal. A eclosão dos movimentos nacionalistas e, posteriormente, da vanguarda levou a música pelos territórios do individualismo na busca de operações racionais ou afetivas que mostrassem a relatividade dos sistemas musicais. Na música do final do século XX, tanto as formas convencionais – as quais atribuem à música uma significação metafísica presente "em todos os homens" – como as formas não convencionais de certos setores da vanguarda – que partem de um "grau zero" da linguagem, anterior a qualquer convenção cultural – recuperam a ideia da universalidade.

> individualidade e universalidade, ou, se quiserem, historicidade e naturalidade, não parecem termos inconciliáveis de uma antítese radical, mas antes a polaridade em que os polos intimamente se implicam um ao outro. Quem sabe a comunicabilidade e a fruibilidade da linguagem musical não se fundamentem justo na copresença desses dois termos na existência concreta das obras musicais? (Fubini, 2001, p.118)

A conclusão de Fubini a respeito da interação entre os polos "universal" e "particular" combina analogamente com a proposição de Jameson (1997) quanto às polarizações em torno do pós-moderno. O antagonismo entre o repúdio e a celebração ao pós-moderno é visto pelo filósofo norte-americano como um fenômeno que ocorre *dentro* da pós-modernidade, conceito que dificilmente será relacionado à música, senão como discussão que, se não chega a estabelecer um consenso, deixa entreaberta a porta dos significados musicais sem imposição de nenhuma hegemonia. O pós-modernismo é tema ainda em aberto. Até mesmo sua relação com o capitalismo tardio, proposta por Jameson, deverá sofrer revisões de acordo com os acontecimentos mais recentes que abalaram a ordem mundial.[27] No plano musical, sua aplicação parece ser mais interessante no aspecto crítico que no composicional. Ainda assim, acreditamos ser possível fazer analogias entre tais teorias e a MEB das décadas de 1970 e 1980, e que tais analogias possam nos ajudar a compreender melhor os impasses vividos por alguns dos principais compositores brasileiros daquela época.

---

27 Referimo-nos ao atentado terrorista a Nova York em 11 de setembro de 2001, cujas consequências ainda são imprevisíveis.

4
O PÓS-MODERNISMO NO BRASIL: MÚSICAS, IDEOLOGIAS E IMPASSES

> Rua Nascimento Silva, cento e sete/ eu saio
> correndo do pivete/ consigo alcançar o eleva-
> dor/ minha janela não passa de um quadrado/
> a gente só vê Sérgio Dourado/ onde antes se via
> o Redentor.
>
> (Tom Jobim, 1974)

> Foi um sonho medonho .../ Vi chegando um
> trem de candango/ Formando um bando/ Mas
> que era um bando de orangotango/ Pra te pe-
> gar/ Vinha nego humilhado/ vinha morto-vivo/
> vinha flagelado/ De tudo que é lado vinha um
> bom motivo pra te esfolar.
>
> (Chico Buarque, 1978)

> Aqui tudo parece que é ainda construção e
> já é ruína.
>
> (Caetano Veloso, 1991)

A tríplice epígrafe acima demonstra o quanto a música popular brasileira está, ou esteve, sintonizada com os processos antropológicos e sociais do país, construindo verdadeiras "metáforas epistemológicas" nos textos das canções, associados a belas e inesquecíveis melodias. Porém, na canção popular urbana do século XX – sábia equação entre poesia e música –, um dos níveis onde se opera essa metáfora é justamente a tensão entre o conteúdo do texto poético e da estrutura musical, o primeiro capaz de ir do lirismo intimista à contestação política, abordando questões referentes ao cotidiano, ao comportamento e à psique; enquanto a estrutura musical é, na maioria dos casos, reiterativa e conservadora.[1]

A discussão sobre a subordinação da música ao texto, ou vice--versa, já vem sendo suficientemente desenvolvida por vários autores e não cabe aqui entrar nesse assunto; todavia, o dado que nos interessa nesses três fragmentos em epígrafe é uma referência a *Tristes trópicos*, livro escrito por Lévi-Strauss em 1955, cuja alusão à cidade de São Paulo traduz a visão que o europeu tem do mundo além do Atlântico, um mundo onde faltam tradição, reflexão e planejamento:

> Um espírito malicioso definiu a América como uma terra que passou da barbárie à decadência sem conhecer a civilização. Poder-se-ia, com mais acerto, aplicar a fórmula às cidades do Novo Mundo: elas vão do viço à decrepitude sem parar na idade avançada ... Nas cidades do Novo Mundo, seja Nova York, Chicago ou São Paulo ... o que me impressiona não é a falta de vestígios: essa ausência é um elemento de seu significado ... Pois não são apenas construídas recentemente; são construídas para se renovarem com a mesma rapidez com que foram erguidas, quer dizer, mal. (Lévi-Strauss, 1999, p.91)

---

1 Entenda-se por essa estrutura musical os elementos melodia e harmonia, cujo paradigma é principalmente o sistema tonal (ver Capítulo 2). O ritmo popular também deve ser visto como uma forma conservadora da tradição cultural, reiterada pelas estilizações feitas pelos compositores e arranjadores; nos casos citados, samba, baião e *funk*, respectivamente, são gêneros já absorvidos e estabelecidos no mercado fonográfico. Assim, o mercado de MPB ficou fechado para projetos como o de Arrigo Barnabé, que tentou nos anos 1980 uma aproximação entre a linguagem serial e polirrítmica com a canção popular, e Tom Zé, alçado à condição de artista *cult*, não é ouvido com frequência nas programações de rádio e TV.

Retomamos esse assunto para abordar um ponto importante quando se fala de pós-modernismo no Terceiro Mundo: é possível falar em superação da modernidade em países que nem consolidaram o processo de industrialização e que ainda lutam para constituir uma sociedade "moderna"?

Acreditamos que sim. O próprio "fracasso" das metrópoles modernas construídas no Novo Mundo em tentar estabelecer novos padrões, aceitáveis, de justiça social denuncia o esgotamento do modelo moderno, a incapacidade de o modo de vida europeu tornar-se universal. A construção de uma "metrópole do pensamento",[2] no Brasil, foi um projeto do qual Lévi-Strauss participou e descreveu como um "apetite enciclopédico" de nossa nascente classe intelectual,[3] ávida por novidades e cuja sede de modernização por vezes embaraçava os mentores franceses convidados para ensinar aos brasileiros nos anos 1930:

> meus colegas e eu mesmo muitas vezes nos sentíamos encabulados; criados para respeitar as ideias maduras, ficávamos expostos às investidas de estudantes de uma ignorância completa quanto ao passado mas cuja informação tinha sempre alguns meses de avanço em relação à nossa. (Ibidem, p.99)

O movimento em direção ao desenvolvimento de um ambiente produtivo em ciências humanas no Brasil iria se consolidar, na opinião do antropólogo francês, na década de 1950 quando seus "alunos necessitados de então ocupariam cátedras universitárias, às vezes mais numerosas e melhor equipadas do que as nossas, servidos por bibliotecas como gostaríamos de possuir" (Lévi-Strauss, 1999, p.97).

Não faltam exatamente "vestígios" de uma civilização brasileira, como diz Lévi-Strauss; alguns focos consolidados da construção

---

2 Interessante metáfora criada por Lyotard (1996), à qual nos referimos num outro contexto (ver Salles, 2000).

3 Lévi-Strauss refere-se ao período em que veio ao Brasil para participar da fundação do Departamento de Filosofia, Letras e Ciências Humanas (FFLCH) da Universidade de São Paulo, na década de 1930.

de uma sociedade avançada podem ser apontados, antes de sua "decrepitude". Celso Furtado (2000, p.3) aponta o "autoritarismo político" iniciado em 1964 como início da decadência de um país que já conhecera sinais de desenvolvimento em épocas anteriores:

Pode parecer paradoxal falar de decadência a uma geração que cresceu num clima de desabrido triunfalismo. Mas não devemos ignorar as lições de nossa história. Que é nosso subdesenvolvimento senão o resultado de repetidos soçobros na decadência? Nos albores de nossa história ocupávamos posição de vanguarda nas técnicas agroindustriais concernentes às nossas principais atividades econômicas. E foi demorada a decadência da economia açucareira, iniciada pela metade do século XVII, quando começaram a formar-se as calcificadas estruturas sociais do Nordeste. O que dizer da rica região mineira, de precoce urbanização, que ocupou no século XVIII posição eminente na criação artística para em seguida prostrar-se exangue, em longa letargia?

O entendimento da MEB nas décadas de 1970 e 1980 requer uma avaliação dos fatos políticos e culturais que antecederam o golpe de 1964, para onde convergiu o embate entre várias correntes ideológicas que determinaram as orientações seguidas pelo regime militar. Nossa hipótese se apoia na noção de que a produção cultural do país depende da constituição das diretrizes políticas e educacionais. O setor da música erudita no Brasil sempre foi dependente de investimentos governamentais e, por proporcionar um retorno lento e não quantificável, sofreu (e ainda sofre) o ataque das duas ideologias que disputaram o poder no país. A MEB seria "desnecessária e ineficiente" pela orientação ideológica liberal; ou então simplesmente "elitista", pela ideologia desenvolvimentista.

As décadas de 1960-1970 foram então o momento em que se buscou institucionalizar esse tipo de atividade artística, deixando para trás os apadrinhamentos e adotando a universidade como principal centro de fomento à produção e estudo da Música Nova. No entanto, as orquestras e outros corpos estáveis permaneceram dependentes de portarias e outros regulamentos mais tênues do Poder Público.

A MEB dos anos 1950 era hegemonicamente nacionalista, centrada na "Escola de Composição" de Camargo Guarnieri cuja orientação mais evidente foi o *Ensaio sobre a música brasileira* (1928) de Mário de Andrade. O nacionalismo de Guarnieri/Andrade, vazado nas propostas do movimento modernista desencadeado pela Semana de 1922, embora tivesse traços de renovação artística, não representou uma proposta estética radical (Fabris, 1994b, p.20-1).

Não só a música, mas o movimento modernista brasileiro, era apenas *parcialmente renovador*, se se considerar a ruptura com o tradicionalismo romântico e parnasiano que se perpetuava nas artes, e pode ser considerado até mesmo *conservador*, dada a moderação com que essas propostas evitavam os aspectos mais radicais da vanguarda europeia. Seu foco não é a máquina, como no projeto futurista de Marinetti, mas o homem, a raça, a multidão urbana (Fabris, 1994a, p.98). Na valorização dessa multidão urbana reside a continuidade com a tradição sociológica de explicar a realidade brasileira pelo aspecto racial, o que irá caracterizar a valorização do "popular" pelo modernismo brasileiro. Sua orientação estética é mais próxima de um intelectual tradicional como Gilberto Freyre do que dos "modernos" Sérgio Buarque de Holanda e Caio Prado Jr. (Ortiz, 1994, p.40-1). O caráter ontológico e racial do modernismo brasileiro estabelece uma noção peculiar de modernidade: "A modernidade brasileira é, neste sentido, acrítica" (Ortiz, 1988, p.209-10).

O crescimento de São Paulo deu origem ao mito de uma "nova Babel" do Ocidente, a multiplicidade de raças sendo a glorificação cosmopolita de São Paulo pelos comentaristas da época. Mas o mito é, na verdade, uma realidade cruel para muitos que buscavam essa terra prometida:

> Ela agregava centenas de milhares de seres desenraizados, arrancados pela força ou pela aflição de seus lares e regiões de origem, transportados como gado através dos mares, negociados por "agentes de imigração" com preço fixo por cabeça, conforme a idade, sexo, origem e condições físicas, despejados em pontos infectos de endemias tropicais, sem instruções, sem conhecimento da língua, sem recursos, sem condições

de retorno, reduzidos à mais drástica privação para que a penúria mesma lhes servisse de acicate ao trabalho e motivo de submissão.

Mais do que o mito de Babel, nessa ordem de metáforas, São Paulo para estes grupos evocaria o Cativeiro da Babilônia. (Sevcenko, 1998, p.38-9)

É curioso que, em meio à grande expansão urbana de São Paulo nos anos 1920 e 1930, tanto Blaise Cendrars quanto Lévi-Strauss detectassem o elemento rural: Cendrars (Fabris, 1994a, p.32) destacou os "pequenos burros puxando carroças"; Lévi-Strauss (1999, p.94-5) viu no "loteamento para os ricos", ao sul da Avenida Paulista, pastagens, vacas, bananeiras, casebres de taipa e cabras correndo pelas encostas. Os traços remanescentes de um passado agrário sendo cobertos pela ânsia da modernização.

O modernismo paulista se não é propriamente nostálgico quanto ao ruralismo, assim será em relação ao mito "das três raças", vistas fora do ambiente opressor de São Paulo. As pesquisas folclóricas irão se voltar para as regiões Nordeste e Norte em busca de manifestações mais "puras", que se possam desvincular da cruel justaposição do expansionismo urbano.[4] Nessas regiões, ainda é possível encontrar sociedades "intactas", nas quais as tradições mantêm-se de acordo com as relações de poder político firmemente estabelecidas (o chamado "coronelismo"). A estética nacionalista irá então eleger a música folclórica (que Mário de Andrade chamava de "popular") como a verdadeira expressão sonora do povo brasileiro.

Serão os aspectos raciais, notadamente a dualidade entre o "europeu" e o "ameríndio", que Mário de Andrade destaca no poema sinfônico *Amazonas* de Villa-Lobos como elementos que o fizeram passar a "compreender e a admirar integralmente" essa obra do compositor carioca. A partir de um "exame atento da partitura", os elementos "europeus", como "a escala de tons inteiros, a parcimônia de

---

4   Assim foram concebidas as missões etnográficas comandadas por Mário de Andrade em 1938, quando ele era diretor do Departamento Municipal de Cultura de São Paulo (Contier, 1994, p.34-5).

instrumentos de bateria, os elementos sonoros tendentes a refletir a ondulação das águas", são conjugados aos "processos musicais ameríndios" tais como: "a subalternidade das cordas, a definitiva libertação tonal, e principalmente o caráter positivamente de inspiração ameríndia de certos temas, como o inicial, me parecem *mais modernos*, e certamente datáveis dos *Choros n° 7* pra cá" (Andrade, 1963, p.155 – grifo nosso).

Observe-se que essa "definitiva libertação tonal" alardeada por Mário de Andrade ainda se vale contraditoriamente de estruturas tonais dentro da noção de harmonização tradicional, como em certas descrições em que "o oboé com a maior ingenuidade deste mundo tomba também em Dó Maior" (ibidem, p.159). A técnica musical aceita pelo nacionalismo andradiano consistia numa estratégia de adoção de uma linguagem musical que superasse o italianismo e o romantismo alemão, sem ingressar no mundo atonal de Schoenberg: "Assimilar as técnicas da música francesa acabou sendo ... uma maneira de fazer a música produzida no Brasil transitar do nacionalismo romântico de Levy e Nepomuceno para a área dos folclorismos modernos" (Wisnik, 1983, p.142).

Contier (1985b, p.27-9) resume da seguinte forma o projeto estético-musical de Mário de Andrade:

1 O compositor deve fundamentar suas obras na "folcmúsica" brasileira. Sem remontar à música programática romântica. Mário condena o caráter descritivo da música, preferindo a noção de "música pura".

2 Três processos para a captação do "inconsciente coletivo" nacionalista:

a) uso integral de melodias folclóricas;

b) uso modificado de tema folclórico;

c) "nacionalismo inconsciente", ou seja, o compositor cria temas que parecem folclóricos.

3 O contraponto é mais adequado que a harmonia.

4 Uso de instrumentos folclóricos.

5 Redefinição de termos e formas com expressões nacionais.

Foi adotada pela escola composicional nacionalista uma linha próxima do neoclassicismo praticado por Milhaud e Hindemith, cujo sistema de organização de alturas mais característico (principalmente em Milhaud) foi a chamada "politonalidade", embora Mário de Andrade (1963, p.140) desgostasse do uso dessa técnica pelo compositor francês, como deixa transparecer ao analisar uma primeira audição de *Saudades do Brasil* em 1930:

> Como conceito politonal a impressão que tenho é mais de perplexidade que outra coisa. Está claro que sou favorável à politonalidade e muito acostumado com ela. Mas o que deixa a gente perplexo [*sic*] é não perceber às vezes nenhuma lógica musical em certos empregos de tonalidades diferentes.

Esse conceito conservador prosseguiu pelas décadas seguintes, sendo fortalecido pela polêmica em torno do dodecafonismo da escola de Koellreuter. O manifesto "Música Viva"[5] de 1946 provocou a irada resposta de Guarnieri na *Carta aberta aos músicos e críticos do Brasil*,[6] quatro anos mais tarde, praticamente sepultando a questão até o término do governo JK, período em que passou a fazer parte do *establishment* cultural oficial.[7]

Outro dado importante para o enfraquecimento da linguagem atonal na música brasileira foi o desmembramento do Grupo Música Viva, numa ala universalista, de acordo com as convicções de Koellreuter,

---

5   O Grupo Música Viva, capitaneado por Koellreuter, era também integrado por Cláudio Santoro, Eunice Katunda, Guerra-Peixe e Edino Krieger, entre os mais notáveis. Sua iniciativa representou uma primeira manifestação de um modernismo mais radical, fora do modelo francês. A história do grupo é contada por Mariz (1994a, b) e principalmente por Kater (2001), que realizou uma extensa pesquisa com ampla documentação.

6   A *Carta aberta aos músicos e críticos do Brasil* de Camargo Guarnieri, datada de 7 de novembro de 1950, atribui ao dodecafonismo o objetivo de "destruição do nosso caráter nacional", constituindo, entre outras coisas, "um refúgio de compositores medíocres". Kater (2001, p.119-24) a reproduz na íntegra.

7   Guarnieri consolidou sua música e sua escola composicional durante o governo Juscelino Kubitschek (1956-1960), quando foi assessor de Clóvis Salgado, então ministro da Educação (Mariz, 1994a, p.270).

e os (neo) nacionalistas, convertidos após a divulgação do manifesto Jdanov em Praga (1948). Guerra-Peixe, Eunice Katunda e Cláudio Santoro renegaram a música dodecafônica e passaram a compor pensando na conscientização das massas, de acordo com os preceitos do realismo socialista (Kater, 2001, p.125-7). Tem-se assim, na década de 1950, a configuração de dois tipos de nacionalismo: um de caráter estético, comandado por Guarnieri; outro político, liderado por Santoro.[8]

O processo de industrialização em São Paulo e o início da era JK proporcionaram, entretanto, um ambiente favorável à arte de vanguarda, começando pelo setor das artes visuais. Museus como o Masp e o MAM foram fundados,[9] abrindo espaço para a produção contemporânea internacional.

A primeira Bienal de São Paulo, realizada em 1951, tal como a Semana de Arte Moderna organizada trinta anos antes, suscitou a queda dos valores estabelecidos e a afirmação de uma nova ordem, promovendo a difusão da abstração geométrica no meio artístico brasileiro de vanguarda e a formação de artistas partidários dessa tendência. (Couto, 2000, p.204)

A ideologia desenvolvimentista fazia eco ao anseio da classe média de tornar São Paulo um centro mundial das artes, como Paris (ibidem, p.203).

---

8 Esse tópico é proposto, de maneira um tanto truncada, por Kater (2001, p.114-6). Outra questão interessante é que a audição de uma obra nacionalista de Guarnieri ou de Santoro, guardadas as peculiaridades individuais de seus autores, não denota ideologias diferentes, o que somente ocorre quando se comentam os dados de suas biografias. Ambos os nacionalismos se equivalem musicalmente e têm a mesma representação social. Curiosamente, como observa Flávio Silva (1999, p.196), "nem Santoro nem Guerra-Peixe passaram à posteridade como inimigos do pensamento criador", apesar de ambos, assim como Guarnieri, terem se manifestado de forma contundente contra o dodecafonismo.

9 Koellreuter foi convidado para reger o concerto de inauguração do Museu de Arte Moderna (MAM) de São Paulo em 1949 (Kater, 2001, p.189).

> O desejo de construir uma sociedade nova, regida por modelos racionais, certamente contribuiu para a difusão no continente sul-americano de uma arte imbuída da ideologia tecnocrática ... O processo de aceleração industrial e enriquecimento econômico em curso, mais avançado em São Paulo, incitava a uma redefinição do papel social do artista, que deveria participar do projeto de edificação de uma sociedade moderna e produtiva ... A integração entre o artista e a indústria tornou-se não somente atraente, mas necessária. (Ibidem, p.205)

Não tardou para que, nessa atmosfera moderna, surgisse em São Paulo um grupo de músicos movido pelos mesmos interesses que os artistas plásticos; Gilberto Mendes (1994, p.58) conta que em 1955 havia um núcleo dedicado à música de vanguarda, em torno de Olivier Toni e da Orquestra de Câmara de São Paulo, além da circulação de algumas partituras de Boulez e Stockhausen. Esse grupo de músicos não tardou a integrar-se com os artistas plásticos e poetas concretos, lançando suas composições na VI Bienal de São Paulo (1961) e, dois anos mais tarde, fazendo publicar seu *Manifesto Música Nova* na revista *Invenção*, "porta-voz da poesia concreta" segundo Gilberto Mendes.[10]

O interesse inicial do grupo Música Nova pela música serial e concreta os levou a Darmstadt em 1962; no entanto, sua chegada lá os colocou em contato com uma vanguarda abalada pelo experimentalismo de John Cage (ibidem, p.69), o que, associado ao próprio autodidatismo que caracterizou a formação dos compositores integrantes do Música Nova, os levou naturalmente a uma concepção livremente experimental, descompromissada com os dilemas que afligiam europeus – herdeiros da tradição, e norte-americanos – em sua busca de autoafirmação como potência *cultural*, além de eco-

---

10 A trajetória do Grupo Música Nova, integrado por Gilberto Mendes, Rogério Duprat, Willy Corrêa de Oliveira e Damiano Cozzella, é contada nos trabalhos de Zeron (1991), Mariz (1994a) e Mendes (1994). Conforme observa Kater (2001, p.199), "Recupera-se agora a título de um novo movimento musical, coletivizado, a pesquisa composicional e estética", "no melhor estilo" do Grupo Música Viva de Koellreuter, em 1946.

nômica e militar. Voltamos de certa forma à questão levantada por nossa leitura de Lévi-Strauss: o pós-modernismo musical brasileiro independe, portanto, apenas da evolução técnica, de um "estágio avançado" da composição musical, mas também é fruto de um amadurecimento da questão de nossa "identidade" musical.[11] É, portanto, significativa a conclusão de Gilberto Mendes (1994, p.70) após sua experiência em Darmstadt:

> De volta ao Brasil, sintetizou-se clara em minha cabeça, como fruto de meditação sobre as contradições observadas, a ideia de que precisava construir a minha linguagem musical particular, e não seguir as linguagens dos outros, sobretudo do Velho Mundo. A lição de vanguarda fora aprendida, mas a aplicação deveria levar em conta o homem novo que éramos, naturalmente, como habitantes de um Novo Mundo. Mais do que os europeus, tínhamos o dever de ser "inventores", segundo a definição de Ezra Pound, descobrir um novo processo ou criar obras que dessem o primeiro exemplo conhecido de um processo. Criar signos novos.

Essa criação de novos signos foi proporcionada em parte pelo envolvimento entre os músicos do Música Nova e os poetas concretos Décio Pignatari e os irmãos Augusto e Haroldo de Campos. A poesia concreta já havia lançado seu manifesto em 1958;[12] e a partir de uma colaboração entre Rogério Duprat e Décio Pignatari,[13] deu-se "início a uma muito estreita colaboração mútua, artística e fraternal, que foi fundamental para nosso projeto de uma "música nova brasileira"(ibidem, p.71).

---

11 Régis Duprat (1998-1999, p.13) comenta que "O tema da identidade sempre inspirou a nossa produção cultural. Na música, chegamos à década de 1950 com esse problema ainda não resolvido; ou ainda digno de reparos e reflexões".

12 Na revista *noigandres* (*São Paulo*), n. 4, São Paulo, 1958, reproduzido em Teles (1999, p.403-5). O manifesto da poesia concreta foi assinado pelos três poetas mencionados no texto. Os poetas cariocas Ferreira Gullar, Ronaldo Azeredo e Wlademir Dias-Pino não subscreveram esse manifesto e "tomarão parte no neoconcretismo e no 'Violão de Rua' e no 'Poema Processo'" (ibidem, p.401).

13 A obra *Organismo*, para Orquestra de Câmara e cinco solistas vocais, estreada em 1961.

Como se vê, tanto a estética nacional associada ao uso ou valorização do folclore, característica do modernismo oriundo da Semana de 1922 (cujos mentores musicais foram Mário de Andrade, Camargo Guarnieri e Francisco Mignone), quanto o nacionalismo de esquerda proposto por Santoro e Guerra-Peixe estavam em descompasso com a radicalidade do movimento de arte concreta. Os integrantes do Música Nova se insurgiam contra essa defasagem.

A tendência política dos poetas concretos e do Música Nova era de esquerda, apoiando o processo de industrialização e modernização, visto como "a possibilidade e o lugar mesmo de superação das contradições internas do processo histórico brasileiro" (Zeron, 1991, p.67). Essa superação usaria o desenvolvimento industrial como "a possibilidade de desalienação das classes subalternas frente à cultura", ou seja, a arte de vanguarda poderia ser uma espécie de ferramenta capaz de conscientizar as massas, um programa semelhante ao proposto pelos filósofos de Frankfurt. Por causa disso, houve muita polêmica com outras correntes de esquerda, simpatizantes do nacionalismo.

O golpe de 1964 representou o adiamento, se não o fim, das propostas desses grupos de vanguarda:

> As bandeiras do Grupo [Música Nova], após uma larga difusão e várias polêmicas e debates, logo se exaurem, quer por fatores externos, como o fechamento do regime político em 64, acentuado em 68, e a censura advinda, ou a resistência dentro do então desestruturado PCB em encampar suas proposições, ou ainda o esgotamento e a crise da vanguarda a nível [*sic*] mundial nos anos sessenta e início dos setenta. (Zeron, 1991, p.76)

Tendo expurgado intelectuais e artistas de esquerda,[14] o regime militar ainda dava espaço àqueles artistas que lhe dessem apoio ou

---

14 Darcy Ribeiro, um dos articuladores da criação da UnB (1961), comenta que a intervenção na Universidade, em 1965, implicou até mesmo a prisão de professores que foram "levados a um pátio militar para serem ali desnudados e assim humilhados por toda uma tarde", ao que Ribeiro (1978, p.85) chama de "o dia da vergonha". Santoro, que lecionava na UnB, exilou-se na Alemanha após o golpe.

que, ao menos, se mantivessem suficientemente neutros. Todavia isso implica buscar "os únicos intelectuais disponíveis, e que se colocam desde o início a favor do golpe militar", os chamados "intelectuais tradicionais", cujas "ideias não têm mais a força de necessidade histórica" (Ortiz, 1994, p.91).

Os intelectuais tradicionais reavivaram a ideologia nacionalista de nomes como Gilberto Freyre (ibidem, p.99) e Mário de Andrade (Contier, 1997), dando à política cultural do regime militar um caráter essencialmente preservador do "patrimônio cultural", conceito associado à priorização da cultura popular de extração folclórica/rural tal qual Freyre e Andrade defendiam nos anos 1920 e 1930. O discurso musicológico no Brasil permaneceu marcado pela questão da identidade nacional associada ao "popular".

Os historiadores da música brasileira, tais como Bruno Kiefer, Vasco Mariz, Luiz Heitor Corrêa de Azevedo, em geral, recuperam, sem críticas, o discurso de Mário de Andrade sobre a "evolução" da música nacional erudita no Brasil, a partir dos anos 1920 ... A utopia de Mário de Andrade na busca de um som nacional transfigurou-se numa interpretação positivista e acabada sobre a História da Música no Brasil! (Contier, 1997, p.29).

Mesmo os festivais de música popular, iniciados em 1965, denotavam o interesse na valorização de um determinado tipo de canção "popular", mobilizando grandes plateias, com o auxílio da televisão, em torno dos ideais nacionalistas;[15] àquela altura não se vislumbrava o uso "subversivo" da canção popular, o que viria a ser "corrigido" posteriormente com o AI-5. Augusto de Campos (1993, p.127) chega a falar num certo tipo de composição popular feita especialmente "para ganhar festival", fazendo que esse gênero de competição

---

15 O que também gerou discussões no campo da música popular sobre o que seria "genuinamente brasileiro" e motivou, por parte dos tradicionalistas, até mesmo uma passeata contra o uso da guitarra elétrica, considerada um instrumento incompatível com a verdadeira música popular brasileira (Castro, 1993, p.405); Callado, 1995, p.95; Veloso, 1987, p.158-61).

fosse tomado pela canção de protesto e atraísse a atenção dos censores. O movimento tropicalista foi assim uma reação contra as correntes tradicionalistas que negavam as influências da sociedade de consumo, bem como uma tentativa de corrigir as fissuras causadas pela Bossa Nova, que tornara "velha" a música anterior a ela, reabilitando Carmem Miranda e Vicente Celestino, entre outros.

Talvez a perspectiva de sentir-se desatualizado e "antigo", de passar à posteridade não como um grande compositor, mas como o reacionário autor da *Carta aberta aos músicos e críticos do Brasil* (1950), tenha preocupado Camargo Guarnieri, motivando algum tipo de mudança na sua maneira de compor. O maduro compositor, limitado por seus compromissos com a "causa" nacionalista, decidiu realizar "experimentações" com técnicas atonais e seriais por volta dos anos 1960. Embora isso tenha sido interpretado como um capricho ou mera "competição com o compositor argentino Alberto Ginastera" (Mariz, 1994a, p.283), podemos ver aí uma atitude composicional séria, de um compositor que pretendia rever seus posicionamentos e talvez até mesmo desafiar o policiamento ideológico dos críticos, mecenas e seguidores.[16]

Quanto aos integrantes do Grupo Música Nova, após 1964 eles se dispersaram em tendências diversas; Rogério Duprat e Damiano Cozzella, juntamente com Júlio Medaglia, "envolvem-se diretamente com o movimento Tropicalista" desiludindo-se em relação à música erudita e apostando numa "integração inteligente na sociedade de consumo" como "único caminho a seguir" (Zeron, 1991, p.77). Em uma entrevista, Duprat (in Medeiros, 1996) chegou a declarar o "fim do compositor":

---

16 Martins (1997, p.33) observa que Francisco Mignone também se posicionava ambiguamente diante do nacionalismo de Mário de Andrade, chegando a sugerir que este não tenha "se apercebido na *dimensão devida*, em vários momentos, dessa *eterna* vocação cosmopolita de Mignone, a serviço de uma obra nacional sim, circunstancial também, numa parcela considerável de sua obra". Nossa proposição é que Guarnieri também emitiu sinais semelhantes, igualmente despercebidos por seus críticos e admiradores.

Tudo que se faz hoje já se fazia há 30 anos. O *rap* nada mais é do que uma colagem, típica do espírito *Pós-Moderno*, que não cria, não acrescenta. O *rock* repete fórmulas. Eu disse tudo que tinha a dizer em música naquele período entre os anos 1960 e 1970. Não acho honesto ficar me repetindo. Os limites foram alcançados. O *happening* e a música aleatória forçaram os limites. Tudo era surpresa. A ideia da música aleatória era o fim do compositor. Era para acabar com a ideia do grande gênio que chega e dá as cartas, um Haydn que se vestia e descia à Terra para compor grandes obras. (grifo nosso)

As trajetórias de Willy Corrêa de Oliveira e Gilberto Mendes seguiram de acordo com suas concepções particulares de desenvolvimento de uma linguagem; ambos são considerados "pós-modernos" por Buckinx (1998, p.73-7); Mendes, por sua "recusa de limites hierárquicos entre alta e baixa cultura, numa mistura de serialismo e Brigitte Bardot (*Cidade*, 1964, para vozes, instrumentos, aparelhos eletrodomésticos)"; Willy, por seu rompimento com "toda a vanguarda local e mesmo com a vida musical como um todo".

O reconhecimento dessa pós-modernidade – óbvia mesmo nos aspectos mais superficiais da obra de Mendes e Oliveira – é, no entanto, insatisfatório de acordo com o que observamos em nosso quadro teórico, pois não há "um estilo pós-moderno" constatado apenas nas técnicas utilizadas ou no discurso em torno de certas obras. O reconhecimento de traços pós-modernos na obra de certos compositores abre a perspectiva da existência simultânea de compositores "pós-modernos" e "modernos" ou pelo menos "não pós-modernos".

O pós-modernismo pode ser um estilo musical?

Ricardo Tacuchian (1995, p.25), nas várias abordagens que fez dessa questão, aceita essa possibilidade, em que os diferentes rumos tomados pelos compositores delineiam as diferentes formas de expressão musical surgidas por volta de 1970, as quais chegaram ao Brasil somente "a partir dos anos 1980":

Uns persistiram numa *tradição* vanguardista ... Outros assumiram uma postura pós-romântica ... Ainda outros grupos procuravam escrever música com um leve sabor popular ou caráter nacionalista, muito comum na recente produção brasileira. Por fim, um grupo de compositores caminha para a frente, na procura de novas formas de expressão e comunicação vinculadas à cultura da sociedade pós-industrial de nossos dias. Esta sociedade está baseada no controle da informação. São compositores que compreendem o inexorável destino das artes, sempre em busca de novos caminhos sem, contudo, romper com a rica tradição que deve lhes fornecer um suporte ... A este fenômeno novo, Lyotard chamou de Pós-Moderno e Calabrese de neobarroco.

Vê-se nessa colocação de Tacuchian a noção de que a postura pós--moderna representa um avanço em relação às outras possibilidades, como a vanguarda "tradicional", o pós-romantismo e o nacionalismo. Acaso o "caminhar para a frente" não é a própria definição de "vanguarda"? O pós-modernismo, de acordo com sua concepção, seria decorrente de uma sintonia com a "sociedade pós-industrial de nossos dias", enquanto as outras tendências traduzem o apego ao passado. Todas essas possibilidades coexistem na classificação que Tacuchian faz das tendências da música brasileira atual, em que ser pós-moderno ou não é questão de opção estética.

Ao abordar essa questão em artigo publicado no ano seguinte, no qual comenta o Festival Sonidos de las Américas em New York, Tacuchian (1996, p.81-2) observou "pelo menos cinco grandes tendências" na MEB: 1. vanguarda, 2. neonacionalismo, 3. neorro-mantismo, 4. pós-modernismo e 5. música eletroacústica. Nessa nova abordagem, Tacuchian considera a "sonoridade urbana" como um dos objetivos finais do compositor pós-moderno, sem tecer comentários que reiterem ou neguem o texto anterior. No entanto, chama a atenção o detalhamento que ele dá às outras tendências: os compositores de vanguarda apresentam "forte personalidade criativa", além de "sabor internacional de modernidade"; os neonacionalistas fundem o "impulso rítmico dos tambores" às "técnicas composicionais contemporâneas"; os neorromânticos assumem a tonalidade "em sua plenitude", preocupados "com uma forma mais direta de comunicação"; a música eletroacústica, por sua "riqueza ilimitada", é passível de "várias subdivisões".

Seguindo o raciocínio de Tacuchian, constata-se, em sua segunda mirada, uma reavaliação diante da ideia de que o compositor pós--moderno assuma um posto pretensamente mais avançado em relação aos demais. Ao contrário, as outras quatro tendências são tomadas pelos aspectos mais positivos e comuns à noção de "sociedade pós--industrial" do artigo anterior. Pode-se até supor, tendo o texto como base e desvinculando-se dos contrastes certamente existentes entre as diferentes tendências e indivíduos que participaram do Festival Sonidos de las Américas, uma certa homogeneidade de atitude, toda ela "pós-moderna", o que torna essa conceituação outra tendência específica um tanto esvaziada de significação. Jameson (1997) observa como a sociedade pós-moderna se faz representar por grupos, em vez das anteriores manifestações de classe; analogamente, pode-se ver nesses agrupamentos e tendências musicais delineados por Tacuchian uma manifestação desse caráter grupal do pós-moderno. Sendo assim, como conceber o pós-modernismo como uma tendência musical autônoma se não há nada que o distinga?

Esse problema ainda se manifestaria em outras publicações direta ou indiretamente ligadas a Ricardo Tacuchian. Nassaro (1999) apresenta uma classificação dos estilos da MEB em um caderno de colóquios do curso de pós-graduação em música da Unirio, participando do grupo de pesquisas "A música de concerto no Brasil (1964-1987)", coordenado por Tacuchian. Nassaro procura evitar a confusa teia de categorizações restringindo-se à "música brasileira de meios tradicionais (acústicos)", dividida em três blocos considerando-se desde 1970: "a música de vanguarda ou experimental, a música Pós-Moderna e a música neoclássica". Tal categorização é bem semelhante à proposta por Tacuchian em debate realizado no IA/Unesp:[17] a) a vanguarda, representada por Koellreuter, voltada para

---

17 Esse debate teve como participantes a Profa. Dra. Maria de Lourdes Sekeff (IA/Unesp), Graham Griffiths (à época mestrando na PUC/SP) e o Prof. Dr. Ricardo Tacuchian (Unirio), e foi realizado no dia 8 de novembro de 2000.

o experimentalismo; b) o neoclassicismo, polo oposto ao experimental e que se subdivide em três: nacionalistas, pós-românticos e ecléticos; c) pós-modernismo.

Nota-se que, em suas últimas classificações, Tacuchian e Nassaro evitam a problemática da música eletroacústica tratada como categoria à parte, um cuidado interessante, porque de fato trata-se em princípio de uma questão de meios de produção sonora e não propriamente estética. Embora os meios eletroacústicos estejam muito associados à vanguarda, o uso de recursos tecnológicos nem mesmo é mais exclusivo da música eletroacústica, já que os *softwares* de computador se adaptaram até para o uso do compositor mais tradicional.

O aspecto problemático da teoria pós-moderna aplicada à música é justamente a superposição de comportamentos considerados "modernos" justapostos à postura "pós-moderna" rejeitada por muitos músicos por causa da profunda relativização de valores e da negação de que o domínio da arte musical seja exclusivo de uma casta de especialistas.[18] Filósofos como Habermas, Vattimo, Jameson e Boaventura Santos criticam a ideia de um pós-modernismo celebratório, que para muitos músicos soa como "populismo". Os compositores da chamada Nova Simplicidade costumam ser o exemplo mais citado de uma postura muito próxima à do Realismo Socialista. Por sua vez, a Nova Complexidade pode ser vista como uma espécie de "antídoto contra a agressiva futilidade" da Nova Simplicidade e do neorromantismo (Ulman, 1994, p.205).

Assim, as polarizações em torno da simplicidade ou da complexidade do discurso musical parecem apontar para a aprovação ou rejeição do conceito de pós-modernismo. O que os filósofos citados propõem é uma forma distinta de entender a pós-modernidade, não necessariamente como uma negação da tradição legada pelo

---

18 Schafer (1997, p.173-5) observa como o desenvolvimento da escrita musical deu aos compositores esse poder, o qual passou a ser questionado com o advento das tecnologias de gravação que permitem que músicos menos treinados pelos padrões tradicionais da música europeia também possam registrar seus trabalhos com eficiência. Se Adorno já antevia essa possibilidade no *jazz*, o *rock* consolidou uma cultura musical adolescente e urbana.

Iluminismo, mas uma readaptação que retire do uso da razão seu potencial de dominação. Ainda não se sabe como a música pode absorver essa problemática e equacionar essas proposições sem um natural estilhaçamento de todas essas proposições.

Neonacionalismo e neorromantismo têm em comum uma grande influência da música popular e assim nos parecem mais como subcategorias de uma mesma espécie que ainda se vale da linguagem tonal/modal, um modo de sentir a musicalidade sem a polarização entre bom e mal, entre a técnica erudita e a espontaneidade popular ou sentimental. Há enfim, nesse enfoque, um certo *mood* que pode ser primariamente definido como *nietzschiano*, e, por isso mesmo, não menos "pós-moderno", no sentido da análise que Habermas (2000) faz de Nietzsche como precursor da pós-modernidade.

A definição de pós-modernismo proposta por Tacuchian como "um comportamento estético que tenta superar as velhas polaridades que definiram a música do século XX" é, portanto, segundo procuramos demonstrar, um conceito que pode abranger todas as noções anteriores, que chamamos "pós-modernismo", e não "uma entre cinco tendências", vista como um estilo. O que fica em aberto é a tentativa de superação de polaridades, mesmo porque estas parecem estar ainda latentes em razão do posicionamento tomado pelos músicos, contra ou a favor do "pós-moderno".

Jameson (1997, p.86-7) empreendeu discussão semelhante num campo teórico ainda mais amplo, em que classifica as teorias que rejeitam e apoiam o pós-modernismo. Concordamos com a forma como ele coloca em questão tais antagonismos:

> Em vez de cair na tentação de denunciar a complacência do Pós-Modernismo como uma espécie de sintoma final da decadência, ou de saudar as novas formas como precursoras de uma nova utopia tecnológica ou tecnocrática, parece mais apropriado avaliar a nova produção cultural a partir da hipótese de uma modificação geral da própria cultura, no bojo de uma reestruturação do capitalismo tardio como sistema.

O pós-modernismo então é "inevitável", não se pode entrar ou sair dele como uma opção estilística. Por essa razão, em vez de concentrarmo-nos apenas nos autores que se autodenominam pósmodernos, como Tacuchian e Almeida Prado, ou que são costumeiramente associados às práticas experimentais e ecléticas, como Mendes e Willy, iremos buscar no veterano Guarnieri do final dos anos 1960 um ponto de inflexão para a pós-modernidade musical no Brasil, como uma consequência inadiável ante o impasse representacional atingido pela MEB (Gubernikoff, 1998-1999; Ripper, 1997).

Consideramos válida a proposição de um modelo mais aproximado ao de Ramaut-Chevassus (1998), em que o pós-modernismo é percebido mais como um conceito-chave do que propriamente como a eclosão de um estilo especificamente musical. Daí resulta que sob a chancela "pós-modernismo" estão agrupadas tendências musicais de natureza totalmente diversa:

Enfoque "científico"/especulativo		Enfoque comunicativo/popular
Técnicas	Tecnologias	Neonacionalismo Neorromantisamo
Serialismo, espectra-lismo,transtonalismo, música de intervalos	Eletroacústica, Composição Auxiliada por	Comunicabilidade, preocupação com o público. Simplicidade, nostalgia, interesse pelas culturas
etc.	Computador etc.	"periféricas".

Esquema 3 – Enfoques musicais pós-modernos.

Essa divisão, formada a partir do ponto de vista composicional ou estruturalista, não impede, por exemplo, que uma obra aparentemente "neonacionalista" tenha simultaneamente elementos típicos de uma obra "neorromântica", "espectral", "serial" e "eletroacústica", ou seja, "pós-moderna". Como diz Jameson (1997), o essencial para a arte pós-moderna é a possibilidade de a obra tornar-se "texto". Gubernikoff (1995) dá um exemplo notável dessa "textualização" e das possíveis interações entre essas "subcategorias", ao comentar *Volta redonda* (1991-1993) de Rodolfo Caesar, em que o compositor "aprofunda aspectos de técnicas relacionadas com Composição Auxiliada por Computador (CAC)":

a partir da junção de ideias de categorias diferentes e de significados diferentes da palavra "volta", são amalgamados vários sentidos: Volta Redonda, cidade onde se encontra a maior siderúrgica do Brasil e um dos maiores índices de poluição do país, as voltas de uma esfera de metal sobre uma superfície circular e a forma espiral da composição.

Assim, se o compositor nacionalista também faz uso de técnicas que outrora eram características da vanguarda, se o compositor eletroacústico adota várias possibilidades de expressão (que podem envolver até a presença de elementos étnicos), se a vanguarda pode permitir-se ser "nostálgica", mesmo em relação a suas próprias conquistas nas últimas décadas (desde 1950), daí se pode deduzir que, se não existe propriamente uma unidade de estilo, há certamente uma expressão contemporânea que reflete os dilemas da sociedade civil brasileira durante 1970 e 1980, período de transição da ditadura militar para a democracia (Arturi, 1996), de uma ordem totalitária para uma suavização dos limites ideológicos que comportassem a presença de vertentes antagônicas numa nova construção da nacionalidade.

Observamos nessa classificação a existência de uma tensão latente entre os polos de enfoque "científico/especulativo" e "comunicativo/popular", análoga ao "antagonismo entre Pós-Moderno de oposição e Pós-Moderno celebratório" entrevisto pelo sociólogo Boaventura Santos (2000b, p.37). O pós-modernismo está longe de ser um estágio de consenso. No Brasil, os extremos mais radicais parecem ser, de um lado, os compositores eletroacústicos e, de outro, os neorromânticos/nacionalistas; porém não se pode apreciar uma hegemonia de qualquer dessas orientações. Isso é confirmado pelo fato de os periódicos brasileiros mais recentes[19] e universidades[20] abrirem espaço equivalente para todas essas abordagens.

---

19 Tome-se como exemplo os Anais do XIII Encontro Nacional da Anppom, do qual participamos, e cujo tema principal, exposto na palestra inaugural de Jean--Jacques Nattiez, era justamente a pluralidade como tendência para a música do século XXI.

20 O IA/Unesp, por exemplo, abriga compositores das duas vertentes: Sérgio Vasconcellos Corrêa, Nilson Lombardi, Eduardo Escalante e Villani Côrtes, cujos

O "caminho do meio" parece ser a opção mais aceita entre os compositores brasileiros (Nassaro, 1999). Todavia, é forçoso observar que, em uma era de tantas incertezas, em que tanta importância é dada a discursos e opiniões, há espaço tanto para compositores e críticos realmente profissionais quanto para meros diletantes. O pós-modernismo marca assim o renascimento do sofismo e a morte do especialista. A falácia não pode ser combatida com tecnicismo, mas com estratégias comunicativas que construam uma ponte entre conhecimento e sociedade.

Ditadura e Abertura

A partir de Gramsci, cujo conceito de hegemonia valorizava a oposição que a sociedade civil poderia realizar para transformar o Estado autoritário na América Latina (Dagnino, 2000), pode-se compreender essa dicotomia entre as forças políticas, culturais e estéticas que representavam o Estado autoritário (que podemos, no caso da música, associar à estética nacionalista) e a sociedade civil[21] como o foco que caracterizou o debate pós-moderno no Brasil. Há mesmo um notável exemplo de engajamento da MEB com a causa política no episódio pelas Diretas-Já, a *Sinfonia das Diretas* de Jorge Antunes (1984), apresentada em um comício em Brasília e que utilizava

---

enfoques são principalmente popular e/ou nacionalista; Flo Menezes e Edson Zampronha, que se utilizam frequentemente de recursos eletroacústicos e outros procedimentos de vanguarda.

21 Nada pode representar melhor o ecletismo do que a sociedade civil, que posteriormente irá pulverizar essa dicotomia inicial com o Estado. Carlos Nelson Coutinho (s. d.), um dos principais estudiosos de Gramsci no Brasil, comenta: "Curioso destino teve o conceito de 'sociedade civil' no Brasil. Seu uso entre nós, tanto na Universidade quanto no jornalismo político, data da segunda metade dos anos 1970, quando se acentuam os processos de corrosão da ditadura militar, causados em grande parte pela irrupção de novos movimentos sociais, entre os quais se destaca o novo sindicalismo do ABC. Não é casual que tenha sido nesse mesmo momento que Antonio Gramsci se transformou num dos mais importantes interlocutores do pensamento social brasileiro".

recursos orquestrais que envolviam instrumentos, coro, sons eletrônicos e as buzinas de cerca de duzentos automóveis, executadas por cidadãos brasilienses (Antunes, 2001).

Na MEB os polos mais radicais (vanguarda e neonacionalismo) precisam existir para na verdade atuarem como elementos reguladores da superação de uma possível hegemonia. A presença dessas facções antagônicas, mediadas pelo caráter neutralizador (embora crítico) do pós-modernismo, é um dado importante para que ambos os impulsos se anulem, estabelecendo não a possibilidade de um consenso, mas de tolerância e pluralidade. Esse foi o pensamento que norteou a negociação da abertura política no país em 1985.[22] Como afirma Dagnino (2000, p.71):

> O papel a ser desempenhado pela sociedade civil na construção da hegemonia foi fundamental para sua adoção pela esquerda como um marco de referência apropriado para a luta pela democracia. A necessidade de análise teórica e compreensão política do conjunto de forças sociais que surgiu durante a luta contra os Estados autoritários era crucial para a esquerda.

Nesse sentido, chama a atenção a contraditória presença de um músico vanguardista como representante da MEB durante o regime militar, como o foi Marlos Nobre. O fato de uma produção "oficial" ser realmente representativa, o que é atestado pelo reconhecimento internacional de sua obra, denota um direcionamento inusitado para a implementação de políticas culturais em órgãos criados nessa época, como a Funarte e a Embrafilme.

A estratégia da esquerda foi, mediante a luta pelos direitos de cidadania, buscar a participação crescente da sociedade civil, fazendo uso até mesmo desses órgãos oficiais. Ricardo Tacuchian, sintomaticamente, conta que sua participação na Funarte teve mesmo esse intuito:

---

22 Arturi (1996) observa, entretanto, o caráter autoritário que norteou a transição para a democracia, já que os militares controlaram a maior parte do processo e ainda bloquearam a grande mobilização popular pelas eleições diretas em 1984.

Interpreto a Funarte como uma estratégia do governo da Ditadura para cooptar a classe intelectual que estava quase unanimemente contra o governo militar. Não havia outro espaço de trabalho e muitos, como eu, viram na Funarte, uma forma de fortalecer a arte brasileira e, subverter o *status quo* vigente. (Ricardo Tacuchian, comunicação pessoal por correio eletrônico em 14.7.2001)

Assim, paralelamente a uma concepção musical cada vez mais eclética ou sincrética, os compositores tomavam consciência das estratégias necessárias para instaurar um ambiente menos centralizado e dependente das escolhas do Estado para a administração da cultura. Koellreuter, após longa temporada fora do Brasil, pôde transmitir, no I Simpósio Internacional de Compositores realizado em 1977 pelo antigo IAP/Unesp (hoje IA/Unesp), uma visão bastante clara do novo panorama mundial que se avizinhava, com suas implicações futuras para a música:

A nova sociedade, que está começando a existir – podemos descrevê-la como uma sociedade de massa, tecnológica, industrializada – implica numa forma de arte integrada nessa sociedade, que – tendo-se libertado consideravelmente de fatores econômicos – se sobrepõe ao seu isolamento social. Porque uma sociedade de massa deve ser necessariamente democrática, incapaz de tolerar o monopólio da arte por determinados grupos sociais ou a sua comercialização para fins lucrativos. Porque a civilização tecnológica encara a arte como um meio de informação e de comunicação, incluindo-a entre os processos que tornam possível a existência dessa civilização. (Koellreuter in *Anais do I Simpósio Internacional de Compositores*, 1977, p.21)

Pode-se inferir dessa breve e muito resumida visão processual--histórica da música erudita no Brasil que houve uma arraigada resistência contra a linguagem musical não convencional no país. Tal resistência se apoiou na orientação estética do nacionalismo. É preciso ressalvar que a pesquisa de linguagens musicais, além do uso de temas de inspiração nacional/folclórica, não implica um posicionamento "antinacional".[23] Essa polarização provocou uma divisão de forças que unidas poderiam diminuir, se não reverter, o "atraso" na formação de estruturas e legislações que garantissem os recursos necessários para esse tipo de produção musical no país.

Essas são, talvez, as principais razões pelas quais a vida musical jamais foi plenamente implantada no Brasil de acordo com os padrões europeus ou norte-americanos.[24] Excetuando algumas poucas orquestras sinfônicas de expressão, um punhado de festivais de música nova e o restrito circuito nacional e internacional de ópera, solistas e música de câmara, a MEB segue tentando afirmar-se como mercado de trabalho para músicos e pesquisadores e referência cultural para a sociedade brasileira. O diagnóstico que Copland (1960, p.206) fez da música na América Latina em 1941 ainda é válido, infelizmente, para o início do século XXI:

> Todos os compositores contemporâneos na América do Sul produzem obras sob sérias dificuldades. Apenas cinco ou seis orquestras de primeira classe atuam em todo o continente. Comparativamente são executadas poucas obras de música nova por estas orquestras, e o mesmo vale para as estações de rádio locais. Peças curtas são publicadas de tempos em tempos, mas os editores são inteiramente desinteressados em obras longas e sérias. Muitos compositores trabalham em isolamento, com pouca esperança de atingir um público vivo. Admira-se que, a despeito de tais condições, tantas obras novas sejam escritas a cada ano.

Está aí caracterizada boa parte do "impasse" da MEB, em que se veem, a partir das dificuldades enfrentadas pelos novos compositores,

---

23 Fato observado por Béhague (1987, p.293) numa crítica ao livro *Música contemporânea brasileira*, de José M. Neves (1981).

24 Copland (1968, p.122) descreve esse modelo e o chama de "superestrutura musical", um sistema cujo "ponto crucial de uma situação musical amadurecida é o compositor – pois é quem deve criar a música sobre a qual se firma toda a superestrutura do mundo musical". Os artigos de Tacuchian (1994b, 1996) são, de certa forma, referências à necessidade de implantação de elementos normatizadores à vida musical brasileira. Rodrigues (1996) também aponta problemas semelhantes na MEB.

problemas semelhantes aos enfrentados pela Música Nova também nos centros desenvolvidos como Europa e Estados Unidos. A cultura de massa se impôs nos anos 1960, estabelecendo uma mudança de valores e atitudes, principalmente a partir da maior participação dos jovens em relação ao consumo dos bens culturais. Vejamos então como alguns compositores brasileiros reagiram a esse impasse após o golpe de 64, nas décadas pós-modernistas de 1970 e 1980.

O dilema de Camargo Guarnieri: reflexões a partir da análise do *Concerto n° 4* para piano e orquestra (1968)

Como já antecipamos, o aspecto notável da produção de Mozart Camargo Guarnieri (1907-1993) é a sua aparentemente súbita aceitação da linguagem atonal e serial nos anos 1960, após ter divulgado a *Carta aberta aos músicos e críticos do Brasil*, um duro ataque ao dodecafonismo. Antes de procedermos a uma verificação analítica dessa indagação – pois julgamos ser necessário demonstrar com a maior clareza possível o elemento "atonal" ou "serial" presente em sua música –, iremos tentar investigar as razões dessa mudança de atitude composicional, além de apontar certos detalhes curiosos que essa mudança despertou no círculo de admiradores e críticos que o apoiavam.

Chama atenção o fato de que os textos de caráter laudatório sobre Guarnieri – e reconhecemos que o compositor certamente fez por merecer tal admiração – geralmente destacam uma pretensa e inabalável adesão à música nacionalista à qual o compositor teria sempre se mantido fiel: "sua linguagem musical [de Guarnieri] pode percorrer livremente dentro das características nacionais que, em seus mais de oitenta anos de vida e sessenta de trabalho, jamais abdicou" (Raymundo, 1997, p.226-7).

Eduardo Escalante (2000, p.29) reforça a ideia de um Guarnieri incoercível: "a personalidade marcante de Camargo Guarnieri. Sua força é o que se destaca – seja pelas imutáveis convicções, seja pelo rígido critério de suas considerações quanto à música...".

Além dessa visão de um Guarnieri inflexível por parte daqueles que se mantiveram fiéis à sua escola, há a opinião dos que o criticam por um conservadorismo às vezes intransigente, na qual se observa severa vigilância aos princípios nacionalistas de Mário de Andrade.

Almeida Prado, ex-aluno de Guarnieri (em 1960-1961), comenta que o *Ensaio sobre a música brasileira* era leitura obrigatória para os alunos da escola nacionalista, como "a Bíblia". Os alunos eram estimulados a seguir os exemplos musicais do livro na forma de exercícios de composição: "Depois de um ano, de fazer tema com [*sic*] mucama, não sei o que mais, sempre o mesmo tipo de melodia, [pensei:] porque não posso fazer de outro tipo?" (Almeida Prado, in *Encontros/desencontros*, 1996, p.53-4).

A exigência de um suposto "caráter nacional", preso aos ditames da melodia de caráter folclórico e às técnicas do neoclassicismo, pode sem dúvida ser vista como componente marcante da personalidade de Guarnieri, sobretudo em sua atuação como professor de composição. No entanto, o próprio Guarnieri (1979) nos fornece uma pista para compor um quadro diferente de sua personalidade artística nas notas que escreveu para a gravação do *Concerto nº 4*, para piano e orquestra composto em 1968:

> O primeiro movimento – *Resoluto* – se inicia com um movimento enérgico, confiado aos instrumentos graves, a fim de preparar a entrada do piano solista. Este ataca um *tema serial*, que se desenvolve até que os sopros o repetem. Depois de um longo desenvolvimento, o piano alterna-se com a orquestra, que prepara a entrada da cadência, escrita em maneira de diálogo, para chegar à reexposição. A partir daí, até a coda final, toda a música se desenrola em movimento contrário, retrógrado.

O próprio autor admite não só que o tema tocado pelo piano é "serial", como afirma ter utilizado retrogradação em toda a reexposição, procedimento comum à técnica polifônica e à composição serial/dodecafônica. Portanto, Guarnieri aparentemente abdicou de suas "imutáveis convicções" tonais/nacionalistas para valer-se dos recursos que anteriormente atacara.[25] Vasco Mariz (1994a, p.283) sugere tratar-se de "um período dito de competição com o compositor argentino Alberto Ginastera" (iniciado em 1961, com a composição do *Concertino*)[26] e deixa implícito que essa composição não o agradou: "como o *3º Concerto*, o *4º* parece não ter convencido o próprio autor, pois nem sequer o fez estrear até agora",[27] passando rapidamente a elogiar o *5º Concerto* (1970), "autêntico sucesso nas mãos de Laís de Souza Brasil", ao qual o crítico Caldeira Filho "não poupou elogios".[28]

Segundo Appleby (1985) "os *50 Ponteios* para piano, escritos entre 1931 e 1959, podem ser considerados, junto com as *Cirandas* de Villa-Lobos, como soberbas expressões em miniatura de elementos estilísticos comuns à música brasileira". Esse dado, isolado, faz-nos pensar numa súbita passagem de Guarnieri para o mundo atonal, já que Appleby (1985, p.151-4) não comenta os concertos para piano, enxergando essa tendência apenas "nas composições escritas na década de setenta".

Informações mais completas sobre a trajetória estilística de Guarnieri podem ser encontradas no trabalho da pesquisadora Marion Verhaalen (1971, p.232), que, em seu estudo sobre a obra pianística

---

25 Deve-se ressaltar que isso em nada desabona a conduta moral do compositor, apenas sustentamos que ele mudou de opinião quanto a certos procedimentos técnicos de sua arte, assim como Stravinsky o fizera.

26 Provavelmente tal "competição" pode ter ocorrido no período em que ambos lecionaram no Instituto Di Tella, em Buenos Aires (Béhague, 1979, p.348).

27 A primeira edição do livro *História da música no Brasil* de Vasco Mariz data de 1981, portanto posterior ao lançamento do LP com os *Concertos 3 e 4* de Guarnieri, em 1979. Consideramos pouco provável que Mariz, historiador bem informado e relacionado, desconhecesse essa gravação feita pela mesma Laís de Souza Brasil com regência do compositor, em 8 de setembro de 1974 na Sala Cecília Meireles, Rio de Janeiro. Não descartamos, entretanto, a possibilidade de algum esquecimento na revisão do texto.

28 Béhague (1979, p.207) aponta o traço neoclássico predominante nesse quinto concerto de Guarnieri, "combinando material temático de caráter de danças populares urbanas (samba, choro) com técnicas dodecafônicas".

de Mignone e Guarnieri, destaca o interesse de ambos pelo atonalismo em sua produção da década de 1960. Também o crítico Caldeira Filho comenta esse progressivo direcionamento de Guarnieri (1968, p.85) para uma linguagem atonal, em matéria para o jornal *O Estado de S. Paulo*, em novembro de 1965:

> O grande interesse do concerto residia na estreia mundial de *Seresta* de Camargo Guarnieri, para piano solista, harpa, xilofone, tímpanos e cordas ... *Seresta* ... tem sido noticiada como marcadora de nova fase do compositor, caracterizada pela libertação quanto ao nacionalismo e ao tonalismo harmônico ... O encaminhamento de Guarnieri para novos rumos não se deu subitamente com esta composição: antes, vem sendo gradualmente processado de algum tempo para cá, como se comprova, entre outras obras, por alguns *Ponteios* e pela recente primeira audição do *Canto nº 2*, para violino.

Como se vê, há subsídios que demonstram a existência de um Guarnieri "atonal", ou "não tonal", distinto, portanto, daquele compositor unidimensional de orientação nacionalista ortodoxa.[29] Seu *Concerto nº 4*, para piano e orquestra, traduz assim alguns procedimentos exemplares de sua técnica composicional próximo aos anos 1970, e do impacto que isso teve sobre a crítica e até mesmo seus seguidores.

A cortina de silêncio em torno de sua obra atonal e serial nos intriga e faz pensar numa espécie de censura, análoga à do regime militar instaurado após o AI-5, em que se devia seguir uma orientação totalitária. O serialismo de Guarnieri é tratado ora como um deslize ideológico, sobre o qual se espera que recaia o silêncio até o esquecimento, ora é ignorado por aqueles que o responsabilizam diretamente de não dar espaço a manifestações musicais fora da estética nacionalista.

---

29 Silva (1999, p.198) conta que "ele [Guarnieri] não hesitou em se servir de procedimentos seriais e mesmo dodecafônicos em obras como a *Sonatina nº 6*, para piano e a *Seresta* para piano e orquestra (1965), a *Sequência, Coral e Ricercare* (1966), os *Concertos nº 4 e 5 para piano e orquestra* (1968, 1970), o quarteto *Angústia* (1976)". Silva indica ainda um texto do regente Lutero Rodrigues no jornal *Apollon Musagette* (*Curitiba*), n.9, 1993, também comentando aspectos da obra atonal/dodecafônica de Guarnieri.

O grande problema da *Carta Aberta* parece ser a recusa de um dogma em nome de outro – o nacionalismo musical, que Guarnieri não podia recusar nem entender como dogma. (Silva, 1999, p.197)

Dessa forma, por um conjunto de razões que vão do puramente musical ao ideológico, Guarnieri viveu os últimos 30 anos de vida numa espécie de ostracismo... (Lutero Rodrigues apud Silva, 1999, p.198)

As razões que parecem justificar uma mudança tão radical em seu pensamento podem ter origem quase vinte anos antes, com a divulgação do manifesto Jdanov,[30] quando a orientação estética da arte comunista aproximou-se de uma concepção nacionalista que também via o dodecafonismo como "arte decadente" da burguesia.[31]

Como se sabe, os rumos que a política tomava no Brasil no início da década de 1960 logo conduziriam ao golpe de 1964, pelas forças de direita. Músicos filiados ao Partido Comunista, como Cláudio Santoro (que inclusive esteve presente no Congresso de Compositores de Praga, em 1948), tiveram problemas tanto em conservar seus cargos em instituições estatais (a crise da UnB, da qual Darcy Ribeiro e Santoro, entre outros, foram afastados) como nas relações internacionais com os Estados Unidos (que negaram o visto de entrada a Santoro quando este recebeu uma bolsa da fundação Guggenheim). Guarnieri foi citado por Santoro (1948, p.239) como um modelo para o nacionalismo de esquerda:

Assim, se queremos construir algo de novo, notemos exemplos ainda recentes na nossa música de um Glauco Velasques [*sic*], estudioso

---

30   Andrei Alexandrovitch Jdanov foi membro do Politburo, porta-voz dessa cúpula ao lado de Stalin, Malienkov, Molotov e Beria. Seu discurso sobre a arte soviética, proferido em 1948, teve forte impacto não só na URSS, mas entre os artistas de esquerda do Ocidente (Ricciardi, 1997). No Brasil, Santoro, Katunda e Guerra-Peixe foram os principais influenciados por Jdanov (seu nome também é grafado como "Zdanov", como por vezes será feito no decorrer deste trabalho, de acordo com a fonte citada).

31   O envolvimento de Cláudio Santoro e outros compositores do Grupo Música Viva com o Realismo Socialista está suficientemente bem documentado e comentado por Kater (2001).

pesquisador que queria desenvolver a música baseando seu trabalho no folclore; de um Villa-Lobos e de um Camargo Guarnieri, que realizaram em algumas de suas obras algo que ficará, porque elas representam um aspecto positivo, isto é, a influência da canção e do ritmo popular, tão ricos em nossa terra.

Após a morte de Villa-Lobos em 1959, Guarnieri era, portanto, o único compositor vivo mencionado no artigo de Santoro, um informe do grande evento de orientação musical comunista. Uma incômoda e comprometedora proximidade de Guarnieri com o realismo socialista[32] num contexto de "caça às bruxas" (Fausto, 2000, p.465-8) em que se processava uma revisão dos conceitos de "nacional" e de "desenvolvimento" da cultura também em outros campos da vida artística e intelectual brasileira.[33]

Quando se fala em pós-modernismo, um dos tópicos em questão é a cultura de massa. Jameson (1997) a insere no contexto do capitalismo tardio, chegando a cogitar a existência de um estilo hegemônico norte-americano. No entanto, o fato de na URSS o fenômeno da cultura de massa ter sido considerado um elemento importante na constituição do Realismo Socialista merece ser lembrado. As consequências que a estética proposta pelo realismo socialista trouxe para a MEB não foram poucas nem desprezíveis.

No Brasil, a resolução do Congresso dos Compositores em Praga,[34] um fórum de compositores de orientação socialista, chegou principalmente por intermédio de Cláudio Santoro, um compositor até então progressista, ex-aluno de Koellreuter, decidido a retratar-

---

32 O próprio irmão do compositor, o poeta Rossini Camargo Guarnieri, contribuiu com textos de caráter panfletário, musicados por Eunice Katunda e Cláudio Santoro (Kater, 2001). Segundo Mendes (1991, p.39), Rossini era do Partido Comunista e deve ter dado o manifesto soviético para que seu irmão Mozart o lesse.

33 Ver Mota (1994), especialmente o capítulo V, "A época de revisões radicais e aberturas teóricas – 1965-1969".

34 Trata-se do 2º Congresso Internacional de Compositores e Críticos de Música, realizado em 1948, na antiga Checoslováquia, ao qual Cláudio Santoro esteve presente como representante do Brasil.

-se por suas composições feitas de acordo com o método serial, uma forma de arte musical abstrata que, de acordo com a interpretação que Santoro (1948, p.236) faz da orientação socialista, representa "um elemento decadente ou a expressão" da classe burguesa "em decomposição".

A crítica dos socialistas à música serial alinha-se ao pensamento do neoclassicismo dos estados totalitários nazista e fascista;[35] a condenação ao individualismo, ao "artista isolado na sua torre de marfim" (Santoro, 1948, p.237), à falta de comunicabilidade de uma arte abstrata e sem função social, por sua vez, aproximam esse discurso de boa parte das teorias pós-modernas.

Não falta o apelo populista à argumentação fornecida por Santoro, (1948, p.236), para quem:

> O problema sobre formalismo ainda continua em discussão na URSS. Todo o povo o discute nas fábricas, nas fazendas coletivas, nas escolas ... O artista de modo algum está subjugado pelo governo, nem pelo partido bolchevista, que nada tem a ver com a classificação das obras formalistas feita pelo povo e sentidas como tais por ele.

Descontando-se nesse comunicado de Santoro o idealismo de tinturas nitidamente ideológicas, pois trata-se sem dúvida de uma peça de propaganda política,[36] esse sentido de "imposição democrática" do gosto se assemelha em última instância à *mass culture* norte-americana. Jameson (1997, p.86-8) comenta as ideias de Charles Jencks sobre o populismo da arquitetura nos Estados Unidos, cujos "edifícios Pós-Modernos ... celebram sua inserção no tecido heterogêneo da paisagem do corredor comercial, dos motéis e das cadeias de *fast-food* da cidade americana posterior às superautoestradas". Será nos Estados Unidos que o "politicamente correto" fará tábula rasa da "antiga distinção entre alta cultura e cultura de massa".

---

35 Santoro (1948, p.236) fala em volta "às tradições do século 19, preferindo partir de um período mais puro e sólido que foi o da classe burguesa em ascensão".

36 A revista *Fundamentos*, na qual foi publicado o informe de Cláudio Santoro, era nitidamente porta-voz do Partido Comunista.

Curiosamente, Santoro e Guarnieri viveram trajetórias com vários paralelismos, mas que custou a Guarnieri o estigma de compositor retrógrado, enquanto Santoro foi mais bem compreendido, talvez por sua postura político-ideológica, que deu a seu retorno à escrita serial no início de 1960 um sentido de libertação ante as limitações do projeto socialista. Camargo Guarnieri, embora mantendo-se "neutro" politicamente, teve participação mais ativa como colaborador do Estado na década de 1950, e sua aceitação da escrita serial ocorreu só ao final de 1960, não chegando sequer a ser avaliada de maneira mais profunda, tão grande foram o ressentimento e o desagrado de seus detratores e admiradores. Essa relativização entre as representações do nacionalismo e as do serialismo pode ser interpretada, portanto, como sintoma de pós-modernidade. Assim, se Tacuchian (1995, p.38) afirma que, "no Brasil, Cláudio Santoro foi um pioneiro deste *comportamento Pós-Moderno*", podemos afirmar que os problemas do pós-modernismo também afetaram Guarnieri.

O pós-modernismo – visto pela desmaterialização dos polos ideológicos esquerda-direita – representa a crise do significado em que qualquer sentido pode ser atribuído a qualquer coisa. Numa era na qual aparentemente se privilegiam a informação e a comunicação, o esvaziamento do conteúdo arruína qualquer possibilidade de construção formal que possa tornar-se linguagem, salvo a banalização desse conteúdo por meio de fórmulas prontas referendadas pela mídia.

Não se pode, no entanto, ter uma visão unidimensional do problema; Jameson (1997, p.321-2) observa que, embora a "dimensão do cultural e do artístico no Pós-Moderno" seja popular, e até mesmo populista, ela "desmantelou muitas das barreiras ao consumo cultural que pareciam implícitas ao modernismo". O modernismo, de acordo com Jameson, "propunha uma cultura alternativa, oposicionista e utópica,[37] cuja base de classe era problemática e cuja revolução fracassou". Por fim, Jameson assinala essa simetria entre pós-modernismo e socialismo: "Quando o modernismo (como os socialismos

---

37 Deve-se observar que a cultura de massa era um dado presente já na cultura europeia do século XIX, decorrente das Revoluções Francesa e Industrial, e

contemporâneos) finalmente chegou ao poder, ele já tinha durado mais do que devia, e essa vitória póstuma é o que chamamos de Pós--Modernismo" (ibidem, p.322).

O pós-modernismo representa, portanto, o impasse entre democracia e populismo, entre cultura e autoritarismo, entre nacionalismo e imperialismo. Na MEB, os compositores frequentemente se encontraram diante desses impasses, sobretudo após a reviravolta política de 1964. Mas podemos encontrar essa problemática muito mais cedo, antes mesmo da vinda de Koellreuter ao Brasil em 1936. Verhaalen (1971), como já dissemos anteriormente, vê um antecedente na produção atonal de Guarnieri na *2ª Sonatina* para piano, de 1934 (estreada em 1941), cujo início é reproduzido abaixo:

Figura 2 – O início do primeiro movimento (*Alegre com graça*) da *2ª Sonatina* para piano de Camargo Guarnieri (transcrição a partir da cópia manuscrita em Verhaalen, 1971, p.191).

No entanto, segundo pode-se depreender desse fragmento, em princípio trata-se mais de um livre tratamento tonal do que de um

---

percebida dessa forma por Baudelaire (1988, p.173), que se via como um *flâneur*, "viajando através do grande deserto de homens", com "um objetivo mais geral, diverso do prazer efêmero das circunstâncias".

atonalismo de feição schoenberguiana; a nota mais grave, *dó*, enfaticamente repetida, confere uma certa estabilidade tonal e é percebida como centro tonal até o compasso 25, quando ocorre a aparição do segundo tema.

Um exame mais minucioso revela a preocupação do compositor em utilizar os doze sons de modo a minar as relações harmônicas comuns ao sistema tonal: até o oitavo compasso, o acompanhamento está claramente no universo diatônico de dó, omitindo a terça (mi); mas em seguida surgem alterações com bemóis, perfazendo os doze sons em torno de um pedal dó-ré. A conversão do mi natural em fá bemol faz que as doze notas se dividam em dois grupos (diatônico *versus* cromático) de seis notas:

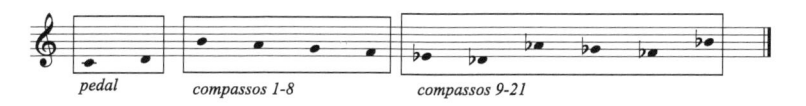

pedal   *compassos 1-8*   *compassos 9-21*

Figura 3 – Escala de doze sons verificada no acompanhamento da *2ª Sonatina* de Guarnieri entre os compassos 1-21.

Verhaalen comenta que, no período entre 1928 e 1934, Guarnieri dedicou-se à "análise de partituras de Stravinsky, Hindemith, Berg, etc.", justificando o caráter insólito dessa peça, tendo em mente os comentários habituais sobre a obra de Camargo Guarnieri.[38] Até Mário de Andrade (1993, p.313), em 1935, dá testemunho de um *Quarteto* atonal do compositor paulista:

> todo o resto do *Quarteto* está magnificamente bem escrito quer como valorização instrumental quer como lógica de desenvolvimento temático e polifonia. Mas o cromatismo levado assim às suas últimas consequências atonais, torna essa esplêndida composição duma aridez ainda por

---

38 Guarnieri só obteve críticas favoráveis em seus empreendimentos nacionalistas, enquanto a *1ª Sonatina* (1929) recebeu copiosos elogios de Mário de Andrade e de Luiz Heitor reproduzidos em Mariz (1994a, p.277) a *Segunda* foi, na melhor das hipóteses, considerada "gelada como uma paisagem lunar" por Andrade Muricy em 1941, enquanto João Itiberê da Cunha faz crítica francamente negativa (ambos reproduzidos em Verhaalen, 1971, p.189-90).

demais inacessível à maioria. Sem a menor alusão política, é uma obra ... da oposição... O próprio ritmo chega a ser atonal!...

Um dado importante para que Guarnieri se sentisse encorajado a voltar para suas investigações fora do sistema tonal ou triádico foi seu contato com Aaron Copland a partir de 1941, quando o compositor norte-americano esteve selecionando compositores latino-americanos para intercâmbio nos Estados Unidos em razão da política da boa vizinhança. Guarnieri foi considerado por ele como "o mais excitante talento "desconhecido" na América do Sul" (Copland, 1960, p.212), e assim a década de 1940 marca, para Guarnieri, a transição da influência direta de Mário de Andrade[39] para a órbita de Copland. Copland (1968, p.14), no período entre 1941 – quando lançou o livro *Our new music* [*Nossa nova música*] – e 1967 – quando publicou uma segunda edição com novo título, *The New Music* [*A nova música*] – empreendeu uma profunda revisão a respeito da música dodecafônica e serial:

> O que surgiu de mais radical e de mais imprevisível depois do lançamento do livro foi a posição do movimento dodecafônico. Ninguém poderia ter previsto um súbito surto de interesse pelos métodos dodecafônicos por parte das gerações do pós-guerra. Tal coisa justificava um reexame na apreciação da Escola de Schoenberg, feito da perspectiva dos anos 1960.

Além disso, a conversão de Stravinsky ao serialismo causou impacto considerável sobre Copland (1960, p.96):

> Nada no passado de Stravinsky teria sugerido a possibilidade dele ficar imerso nas seminais obras de Anton Webern. Eis aí a mais surpreendente guinada de todas. Quanto durará este interesse é impossível

---

39   Mariz (1994a, p.277) sugere ter havido um rompimento entre Guarnieri e Mário de Andrade "quando Mário se transferiu para o Rio de Janeiro e adotou posição ideológica com a qual Guarnieri não podia compartilhar"; talvez Mariz esteja se referindo ao repúdio de Mário ao Estado Novo, expresso já em 1930 (Andrade, 1963, p.111); de qualquer forma, Mário mudou para o Rio em 1938, período em que Guarnieri esteve estudando com Nadia Boulanger em Paris.

dizer. Mas um resultado é previsível: certamente haverá jovens compositores que alinharão seus planos de acordo com as últimas reflexões de Stravinsky. (Copland, 1960, p.96)

O fato de Stravinsky ter se tornado serialista após 1952 estabelece uma data provável para que Copland começasse a rever seus conceitos e, futuramente, Guarnieri passasse a assimilar essa nova orientação.[40] De fato, Guarnieri está longe de ser alguém extremamente convicto, com um "rígido critério", como sugerem seus admiradores mais extremados, mas um compositor que via de regra se submeteu à apreciação de um mentor que lhe pudesse dar o direcionamento estético necessário para sua ação composicional. Portanto, Guarnieri nunca se sentiu autônomo o suficiente para ser "vanguarda",[41] e a orientação de sua escola parece ter preservado o caráter conservador do nacionalismo andradiano, como se pode deduzir pela produção musical ou depoimentos da maioria de seus ex-alunos, que permaneceu fiel à sua orientação.

O exame da partitura do *Concerto n° 4* revela alguns aspectos curiosos de um Guarnieri dividido entre o tradicional neoclassicismo "politonal" e o serialismo. Estreado em 1972, tendo como solista o pianista Roberto Szidon (a quem a obra é dedicada), o concerto é dividido em três movimentos: I. *Resoluto*; II. *Profundamente triste*; III. *Rápido*. Outro aspecto que o compositor destaca em seus comentários diz respeito à orquestração, sem violinos: "ficaram somente as violas (que assumem importância destacada), violoncelos e contrabaixos" (Guarnieri, 1979).[42]

---

40 Em 1953, Guarnieri escreveu, talvez como reflexo de uma consideração sobre os novos rumos da música internacional, um *Estudo para instrumentos de percussão*, a primeira peça para essa instrumentação composta no Brasil, embora o *Noneto* de Villa-Lobos (1923) já apresentasse um intenso uso da percussão.

41 Suspeita-se até mesmo que a *Carta aberta aos músicos e críticos do Brasil* teria sido redigida por seu irmão Rossini, integrante do Partido Comunista, já que há muitas coincidências entre ela e o manifesto de Jdanov, o que não condiz com Guarnieri, que sempre demonstrou ser apolítico (Silva, 1999).

42 A orquestração inclui: cordas: violas (16), violoncelos (12) e contrabaixos (10); madeiras: flautas (3) + piccolo; oboés (2); corne-inglês; clarinetes em Bb (2) +

Esse *Concerto* traduz assim alguns procedimentos da técnica composicional adotada por Guarnieri ao final dos anos 1960, provavelmente em razão dos acontecimentos de natureza política já descritos, talvez também por uma certa dose de autocrítica do compositor, insatisfeito com sua imagem demasiado conservadora, ou ainda pela influência de Copland. De qualquer forma, essa obra causou algum impacto sobre a crítica e até mesmo em seus seguidores, manifesto mais pelo relativo ostracismo a que foi submetida do que pelo debate ou ideias que tenha suscitado.

Nesse *Concerto*, podemos antever os germes da despolarização entre nacionalismo e vanguarda, talvez uma das primeiras manifestações de um pós-modernismo na música brasileira, por parte da ala mais conservadora da escola nacionalista de composição. Os quatorze compassos da introdução do primeiro movimento (*Resoluto*) apresentam uma estrutura politonal, à maneira de Milhaud:

Figura 4 – Guarnieri, *Concerto n° 4*, primeiro movimento, compassos 1-8.[43]

---

clarone; fagotes (2) + contrafagote; metais: trompas em F (4); trompetes em C (3); trombones (3) e tuba; percussão.

43 Redução orquestral feita a partir da partitura manuscrita disponível no "Acervo Camargo Guarnieri" do Instituto de Estudos Brasileiros (IEB) sediado no campus na Universidade de São Paulo.

Observe-se o ostinato rítmico, nas violas e trombones, alternando entre os acordes de *sol bemol maior* e *sol maior* com 5ª diminuta, ao que se opõe a melodia, executada nos instrumentos mais graves: fagote, contrafagote, clarone, tuba, violoncelos e contrabaixos, sugerindo a tonalidade de *dó maior*. Sobre esse entrechoque de três tonalidades irrompe o tema serial em vigorosas oitavas, a cargo do piano:

Figura 5 – Guarnieri: tema do piano no primeiro movimento do *Concerto*, compassos 15-23.

Esse fragmento já fornece uma boa amostragem da técnica serial empregada por Guarnieri em todo o movimento. O material serial é tratado autonomamente no piano, enquanto o acompanhamento orquestral é um ostinato rítmico politonal, e a melodia, nos instrumentos mais graves, é tonal;[44] assim, pela textura essencialmente monódica da escrita pianística, a série é facilmente reconhecida nos doze primeiros sons da sucessão melódica apresentada pelo piano:

Figura 6 – Série de doze sons do *Concerto nº 4* de Guarnieri; compassos 15-17.

---

44   Tanto a melodia quanto o acompanhamento orquestral mantêm aproximada-mente a ideia apresentada na Figura 3, ao que se acrescenta a intervenção do piano solista. No entanto, em determinados pontos, as diferentes linguagens irão dialogar, como veremos a seguir.

Guarnieri desenvolve o material serial com algumas liberdades. Logo após a série original, vem a série em movimento retrógrado com pequenas alterações na ordem inicial das notas (permutação):

Figura 7 – A série em movimento retrógrado; compassos, 17-19.

Observe-se, no destaque, a permutação 7-9-8 (em vez de 8-9-7).[45] A nota ré ♯ (10), que dá início a essa nova apresentação da série, tanto pode ser um erro (o esperado em relação à série original seria ré natural)[46] como uma forma de evitar o sentido tonal que a sequência ré – dó ♯ – ré poderia estabelecer, o que de certo modo justifica essa permutação. A sequência de fusas no último tempo do compasso 17 é desprezada para efeito do cômputo serial, sendo encarada como uma ornamentação que enfatiza a chegada no trinado em sol (compasso 18) antecipada pela sensível fá ♯, resultante da permutação. Na verdade, Guarnieri reservou esse procedimento de "condução de voz"[47] para destacar um ponto culminante de sua progressão melódica. No mesmo instante, a melodia dos instrumentos graves realiza uma função harmônica de baixo tradicional, efetuando o movimento Dominante-Tônica, interpolado por uma eventual Tônica-Relativa (Tr):

---

45 A omissão do dó ♯ (11), assinalada pelos parênteses, deve-se ao fato de esta ser a nota que acabara de encerrar a apresentação original da série.

46 Esse tipo de erro é considerado comum na escrita serial, um problema para os revisores e editores mesmo em obras de Webern, Schoenberg, Stravinsky e Boulez (Straus, 1999).

47 Alegant (2001, p.2) estuda esse procedimento de *voice-leading* na música dodecafônica, uma técnica que permite "inventar novas melodias", num contexto de textura mais complexa, em que as ordenações de alturas estabelecem melodia e harmonia. O conceito tonal de *voice-leading* foi estabelecido por Heinrich Schenker em *Free Composition* (1979), a partir das técnicas de contraponto.

Figura 8 – Compassos 17-18.

Temos assim que, nos compassos 15-23, o piano apresenta a série das seguintes maneiras:

Figura 9 – Compassos 15-23.

Nos compassos 20-22, a inversão do original é apresentada literalmente, descontando o tratamento de notas de passagem e ornamentação dado às rápidas sequências de fusas e apojaturas. O retrógrado dessa inversão, entre 22-23, volta a fazer uso da permutação, especialmente no final em que temos mi – fá – mi♭, em vez de mi♭ – fá – mi. Dessa feita, algumas notas inclusas nas passagens ornamentais (lá e fá) pertencem de fato à série.

Guarnieri, portanto, enfrenta os problemas característicos da escrita serial conjugados livremente com aspectos da lógica tonal; o que torna essa obra merecedora de nossa atenção é a interação das três linguagens superpostas nos níveis texturais da composição: 1. instrumento solista: serial; 2. acompanhamento orquestral: politonal; e 3. melodia nos baixos: tonal. Esse ecletismo, não tão óbvio quando se pensa na obra de Camargo Guarnieri,[48] é o que pretendemos defender como um posicionamento ante os impasses dos modelos de representação nacional e universal, bem como a superação das incompatibilidades de linguagem, pela ótica de um compositor oriundo da escola nacionalista brasileira, representando um ponto de inflexão para o pós-modernismo musical no Brasil.

Anos 1970 e 1980: além da ordem e do progresso

> Tens às vezes o fogo soberano/Do amor:
> encerras na cadência, acesa/Em requebros e
> encantos de impureza,/Todo o feitiço do pe-
> cado humano./Mas, sobre essa volúpia, erra a
> Tristeza/Dos desertos, das matas e do oceano:/
> Bárbara poracé, banzo africano,/E soluços de
> trova portuguesa./És samba e jongo, chiba e
> fado, cujos/Acordes são desejos e orfandades/
> De selvagens, cativos e marujos:/E em nostal-
> gias e paixões consistes,/Lasciva dor, beijo de
> três saudades,/Flor amorosa de três raças tristes.
>
> (Olavo Bilac)

Para a MEB, o período entre as décadas de 1970 e 1980 é considerado uma época marcada pelo ecletismo quanto ao aspecto composicional. Basicamente, essa questão envolve não só as técnicas

---

48 Ripper (1997, p.79), por exemplo, vê nos "concertos para piano e orquestra" de Guarnieri (ele os menciona em geral) uma "gradual sublimação e personalização do elemento nativo", sem dar-se conta aparentemente das técnicas seriais empregadas.

empregadas como a a representação em torno do nacional e do universal. No tópico anterior, estabelecemos uma relação entre Camargo
Guarnieri, Cláudio Santoro e o pós-modernismo, no sentido do nacional para o universal; neste tópico, iremos abordar os compositores
que, vindo de experiências artísticas de vanguarda, depararam com
a pós-modernidade pelo sentido oposto, isto é, de uma perspectiva
universal, buscaram uma expressão nacional. O estabelecimento do
vínculo desses compositores com o pós-modernismo é muito menos
tortuoso, já que alguns, como Mendes, Tacuchian e Almeida Prado,
assumem abertamente seu próprio ecletismo, por vezes adotando o
uso do termo "pós-modernismo" para designá-lo.

No Brasil, o modernismo musical passou basicamente por três
momentos. O primeiro veio com a Semana de Arte Moderna em
1922, no qual o modelo romântico-impressionista herdado das
tradições europeias de música pianística, sinfônica e operística foi
substituído pela música nacionalista de caráter popular, que encontrou em Villa-Lobos sua melhor expressão. A partir disso, Mário de
Andrade e Camargo Guarnieri constituíram sua escola, tendo como
base uma linguagem neoclássica que lidava ecleticamente com as
influências de determinados autores, como Hindemith e Stravinsky, e
a busca de um caráter musical brasileiro (Contier, 1991, 1994, 1995).
Tal atitude condiz com o projeto desenvolvimentista implementado
pelas lideranças políticas de Getúlio Vargas a Juscelino Kubitschek e
pelo discurso dos articuladores econômicos e sociais (Fausto, 2000;
Mota, 1994).

O segundo momento do modernismo musical brasileiro é representado pela iniciativa de Hans Joachim Koellreuter por meio do
Manifesto Música Viva e do grupo de compositores ao seu redor,
como Eunice Katunda, Edino Krieger, Guerra-Peixe e Cláudio
Santoro. Pela primeira vez, tentou-se desenvolver no país a aplicação
sistemática das técnicas dodecafônicas. Guerra-Peixe, especialmente,
buscava integrar o dodecafonismo às suas pesquisas sobre o folclore, enquanto Santoro foi o dodecafonista mais radical. Porém, esse
grupo se dissolveu quando as ideias do realismo socialista (Santoro e
Guerra-Peixe eram membros do Partido Comunista) convenceram

a maioria de seus integrantes da necessidade de uma linguagem nacionalista (Mariz, 1994a, b; Contier, 1991; Kater, 2001).

O terceiro momento modernista na MEB ocorre durante os anos 1960, quando os integrantes do Grupo Música Nova, inspirados pela escola de Darmstadt, buscam romper com os ditames nacionalistas. Gilberto Mendes (1991, p.40) rememora:

> Até fins dos anos 1950, alguns compositores de São Paulo, depois conhecidos pelo nome Grupo Música Nova, resolveram retomar os ideais do Manifesto Música Viva, de Koellreuter, e se colocar em dia com as modernas técnicas de composição da época, valendo-se do apoio e mesmo orientação do maestro Olivier Toni, que dirigia a Orquestra de Câmara de São Paulo ... Retomam o dodecafonismo no seu estágio de serialismo integral, com base no estudo autodidático das obras de Stockhausen, Boulez, Nono, Pousseur, Berio. Depois, esses compositores frequentariam os cursos de Darmstadt. Éramos Rogério Duprat, Willy Corrêa de Oliveira, Damiano Cozzella e eu. Experimentamos então a música aleatória, microtonal, concreta, gestual (teatro musical), utilizando novos grafismos e meios mistos.

O ecletismo musical implica, portanto, uma confluência de estilos que compõem uma síntese indefinível dos elementos utilizados. Embora a música pós-moderna seja basicamente eclética, nem todo ecletismo é pós-moderno *a priori*. Mozart, em *Don Giovanni*, insere música aristocrática e popular para caracterizar seus personagens, mas esse ecletismo social é controlado pela força maior do discurso tonal. Entretanto, como mostra Lawrence Kramer (1995), é possível reler o repertório clássico com olhos pós-modernos.

Da mesma forma, nem toda música composta a partir de 1970 é necessariamente pós-moderna por definição, embora sempre se possa estabelecer um nicho teórico no qual a condição pós-moderna da sociedade afeta qualquer manifestação artística, a partir da ação crítica. *Grosso modo*, pode-se considerar que, em relação ao modernismo europeu, a eclosão dos movimentos musicais modernistas nas Américas já representa uma espécie de pós-modernismo, se considerarmos a miscigenação de elementos da tradição europeia às culturas das antigas colônias.

De qualquer forma, o fato marcante da música, após o surto do aleatorismo na década de 1960, é a aparente impossibilidade de novas linguagens; qualquer ação dentro das combinações conhecidas – modalismo, tonalismo, atonalismo, aleatorismo, dodecafonismo, serialismo, improvisação, colagem etc. – implica alguma referência ao passado. O compositor pode manifestar maior ou menor adesão espiritual à linguagem empregada, e é aí que a ação crítica se manifesta e o pós--modernismo pode se caracterizar tanto como nostalgia quanto ruptura com a tradição musical.

No "Encontro entre Pesquisadores e Músicos" promovido pela Unirio/ Funarte, durante a XI Bienal de Música Brasileira Contemporânea (realizado em 1995), o diálogo entre os compositores Giovane Padula e Almeida Prado estabelece uma indefinição estilística para o ecletismo:

> Giovane Padula: Caso ecletismo seja um termo para se definir um estilo, como quando a gente fala de estilo barroco ou estilo clássico, está falando justamente de determinados procedimentos que foram comuns a determinadas pessoas, numa determinada época, num determinado lugar. O termo eclético não resolve isso de certa forma porque você vai falar de estilo como algo que tem características comuns. Seria exatamente o contrário. Ele seria definido pelo que não tem de comum. Pelas mais variadas e distintas coisas que concorrem nele ao mesmo tempo.
>
> Almeida Prado: É um não estilo, você concorda?
>
> GP: Exatamente. Definir um estilo pela ausência de estilo, de um supercódigo que seja comum às pessoas. Então levantou-se essa questão de que agora seria muito bom para a música se houvesse uma síntese de tudo. Eu pergunto assim: é possível um estilo eclético e sintético ao mesmo tempo?
>
> AP: Não. Acho que justamente é o reflexo de uma crise estética. Uma época de término de um século, de um milênio ... Chopin tem o estilo dele. Eu posso caracterizar Chopin. Mas, quando chega a Richard Strauss, estou num mato sem cachorro. Não sei o que é Richard Strauss. Ele já é Pós-Moderno. Mahler também é eclético. Com Stravinski,

estou em casa. Posso fazer o cacoete de Stravinski pelo ritmo. Messiaen também dá porque é sempre Messiaen, mas como pastichar o pastiche? O estilo eclético não tem estilo. É uma maneira de aglomerar tendências num gesto sonoro. Mas não tem estilo. Não existe um estilo eclético. (*Encontros/desencontros*, 1996, p.70-1)

Um ano depois, no Festival Sonidos de las Américas, realizado em Nova York, Gerard Béhague (apud Tacuchian, 1996, p.80) levantou a mesma questão: "A música brasileira atual apresenta uma predominante tendência para o ecletismo?". Segundo Ricardo Tacuchian (1996, p.80), presente ao evento,

Este tema deu margem a várias colocações, algumas polêmicas, que transitaram desde a vanguarda, a música popular, o pluralismo, o Pós--Modernismo, o novo nacionalismo, até as questões da autenticidade, da identidade e da diversidade.

Os compositores que selecionamos como exemplos significativos da música feita no Brasil entre 1970 e 1980 apresentam perfil propenso para uma prática composicional marcada pelo ecletismo. Primeiro, havia o exemplo de Villa-Lobos, cuja obra é marcada por sua ausência de rigor estilístico; segundo, por uma questão da própria formação desses compositores que não estavam presos a nenhuma tradição, mas expostos a diversas influências.

Cláudio Santoro (1919-1989), Gilberto Mendes (1922), Edino Krieger (1928), Willy Corrêa de Oliveira (1938), Ricardo Tacuchian (1939), Marlos Nobre (1939) e Almeida Prado (1943) não constituem nem pretenderam criar, como Guarnieri, uma escola. Esses compositores podem ser cronologicamente distribuídos em duas gerações: a primeira, daqueles nascidos em torno da década de 1920 (Santoro, Mendes e Krieger), e a segunda, em torno da década de 1940 (Oliveira, Tacuchian, Nobre e Prado). Isso, todavia, não estabelece nenhuma espécie de organização além da cronológica, pois não há traços aparentes de unidade estilística entre eles, apenas nos auxilia a compreender os vínculos que se estabeleceram entre esses compositores.

Antes de concluir a respeito de uma provável falta de coesão estilística na MEB, cabe, entretanto, investigar um traço comum a ambas as gerações: a superação da polaridade entre "nacional" e "universal" que marcou a trajetória da música brasileira até a década de 1960. Os elementos comuns partem da própria formação desses compositores; sua formação vem das escolas de Koellreuter (que depois se expandiu com Santoro) ou Guarnieri: Nobre estudou com ambos; Tacuchian e Mendes, com Santoro; Santoro e Krieger, com Koellreuter; Prado, com Guarnieri.[49] A maioria deles se aperfeiçoou na França, com Nadia Boulanger ou Olivier Messiaen,[50] ou ainda nos Estados Unidos sob a orientação de Aaron Copland.

Almeida Prado conta como foi difícil achar no Brasil dos anos 1960 uma alternativa à escola nacionalista, após ter rompido com Guarnieri por causa de uma composição rejeitada:[51]

> Guarnieri, nesta obra, achou que eu tinha extrapolado ordens, os limites do verde, amarelo, azul e branco, todo nacionalista entrando em conflito, eu disse: – "Vou estudar com Ginastera..." – Foi um escândalo, fui amaldiçoado. Fui atrás do Ginastera porque Marlos Nobre havia me escrito da Argentina uma carta onde ele dizia que estava adorando o Torcuato di Tella ... Fui a Buenos Aires, mas o Ginastera não estava mais lá ...
> Voltei e não procurei mais Camargo Guarnieri. Resolvi seguir outro caminho e me aconselhar informalmente com Gilberto Mendes ... O Gilberto não gostava de dar aulas ... O Koellreuter que era uma segunda

---

49 Gilberto Mendes (1991, p.40) observa que Olivier Toni, o maestro que auxiliara os jovens compositores do Grupo Música Nova no final dos anos 1950, "estudara com Koellreuter e Camargo Guarnieri; portanto, a verdadeira síntese dialética dessa velha antinomia vanguarda *versus* nacionalismo".

50 Boulanger e Messiaen representavam, para os que buscavam aperfeiçoamento na França, o melhor de dois universos distintos: a primeira era considerada formalista de feição acadêmica, o segundo, mais afeito às práticas não ortodoxas, sem contar que houvera sido o mestre dos compositores de Darmstadt, como Stockhausen e Boulez.

51 Uma série de variações para piano e orquestra, sobre um tema do Rio Grande do Norte, em que Almeida Prado, contrariando seu mestre Guarnieri, fez uso de *clusters* e de outros recursos "proibidos".

opção estava na Índia. Então não tinha mais ninguém com quem estudar composição a não ser Camargo Guarnieri. O Cláudio Santoro estava na Europa, então fui atrás do Gilberto ... (in *Encontros/desencontros*, 1996, p.53-4).

Esse depoimento, além de mostrar quão hegemônica era a escola de Guarnieri, esclarece como se formou um núcleo contra ela, o que ajuda a compreender o estado de ânimos que motivou a vaia que Guarnieri e Mignone receberam no Primeiro Festival Internacional de Música da Guanabara, cujo motivo a pesquisadora norte-americana Marion Verhaalen (1971, p.226) não conseguiu vislumbrar àquela época. De quebra, fortalece a hipótese de uma competição entre Guarnieri e Ginastera e estabelece um intercâmbio entre Marlos Nobre e Almeida Prado, curiosamente os compositores de maior prestígio no período que pretendemos estudar. Almeida Prado acrescenta outro importante dado aos fatos ocorridos naquele Festival:

> Quando, por exemplo, a turma da Bahia surgiu no Festival da Guanabara, foi para mim uma revelação extraordinária da mistura, que eu não sabia que poderia ser feita, das novas técnicas seriais com o folclore. Foram vocês, da Bahia, os primeiros a colocarem isto na música. A Escola da Bahia ... Jamary, com Lindemberg, Fernando Cerqueira, eram todos jovens, misturavam pontos de candomblé com eletroacústica, com música serial, quer dizer, era um Pós-Moderno de folclore da Bahia com a música dodecafônica ... A Escola da Bahia liderada por Widmer influenciou a música brasileira, os jovens que emergiram naquela época, e as bienais que começaram a surgir em 1975, logo depois. (in *Encontros/desencontros*, 1996, p.60).

Vê-se aí um melhor delineamento do processo histórico da MEB. Os jovens compositores rejeitando a tese da identidade nacional construída racialmente, pelo aproveitamento do folclore nos moldes neoclássicos, e a superação da modernidade, inclusive em termos geográficos; se a expansão do modernismo partira do eixo Rio/São Paulo, o surgimento de uma importante escola na Bahia sugere esse deslocamento do modelo industrial, moderno, representado principalmente pela capital paulista.[52]

Nossa ideia é, partindo do "mito das três raças", expresso no belo soneto de Bilac aposto como epígrafe, o qual caracterizou o modernismo brasileiro de extração nacionalista, apontar a superação ou sublimação desse mito na obra de alguns compositores brasileiros.

> Gilberto Freyre transforma a negatividade do mestiço em positividade ... O mito das três raças torna-se então plausível e pode se atualizar como ritual ... difundir-se socialmente e se tornar senso comum, ritualmente celebrado nas relações do cotidiano, ou nos grandes eventos como o carnaval e o futebol. O que era mestiço virou nacional ... A construção de uma identidade nacional mestiça deixa ainda mais difícil o discernimento entre as fronteiras de cor. Ao se promover o samba ao título de nacional, o que efetivamente ele é hoje, esvazia-se sua especificidade de origem, que era ser uma música negra ... O mito das três raças é neste sentido exemplar, ele não somente encobre os conflitos sociais como possibilita a todos se reconhecerem como nacionais. (Ortiz, 1994, p.41-4).[53]

Além disso, no decorrer de nossa análise, indicaremos os pontos de superação do modernismo musical em geral, usando para isso trechos selecionados de determinadas obras em comparação com os modelos "modernos". Afinal, o elemento europeu também é parte integrante das três raças que integram nossa formação cultural, e isso envolve tanto vanguarda quanto neoclassicismo.

---

52 Jamary de Oliveira observa que as tradições musicais na Bahia não tinham alicerce: "dois ou três incêndios e um naufrágio acabaram com o acervo, com a memória da Bahia. Uma coisa sentíamos naquela época: não tínhamos compromisso cultural com ninguém. Então, éramos donos de tudo" (in *Encontros/ desencontros*, 1996, p.59).

53 Skidmore (2001, p.70) igualmente constata que a noção de "democracia racial" no Brasil, desenvolvida por Gilberto Freyre, foi uma forma de dar um "sentido de superioridade moral" e "fonte de consolação para os brasileiros, que estavam bem conscientes da pobreza de seu país e de suas periódicas instabilidades políticas", se comparadas às brutalidades raciais ocorridas nos Estados Unidos até pelo menos o final da década de 1950.

O "índio de casaca" na pós-modernidade: uma análise de *Yanomani,* de Marlos Nobre

O pernambucano Marlos Nobre foi, justamente no período que escolhemos, o compositor brasileiro de maior projeção. Sua meteórica ascensão deu-se já aos 21 anos quando sua *Nazarethiana (opus 2,* 1960) para piano chamou a atenção do meio musical brasileiro;[54] como prêmio, foi bolsista de Koellreuter num curso de férias em Teresópolis e, posteriormente, de Guarnieri, em São Paulo.[55] Além desse breve contato com os dois mais importantes e antagônicos professores de composição no Brasil, Marlos Nobre foi bolsista no Instituto Torcuato di Tella no Centro Latino-americano de Altos Estudos Musicais, em Buenos Aires, entre 1963 e 1964. Lá, segundo seu depoimento à *Revista Musical Chilena* (1979), os professores que mais o influenciaram foram Alberto Ginastera e Riccardo Malipiero.

Conforme o título deste tópico deixa entrever, gostaríamos de estabelecer uma análise comparativa entre o tratamento dado à temática indígena por Villa-Lobos (a quem Manuel Bandeira chamou de o "Índio de casaca") e Marlos Nobre, pois trata-se de uma excelente oportunidade de compreensão do que queremos designar por "pós-moderno" na MEB. É notório que Villa-Lobos se tornou um modelo a ser seguido pelos compositores brasileiros; até Mário de Andrade (1963, p.161), que sempre lhe fez ressalvas, certa vez foi forçado a admitir:

---

54 Curiosamente, *Nazarethiana* apresenta um diálogo bem-humorado entre o lirismo nacionalista do choro com bruscas irrupções de frases atonais, mostrando que o jovem Marlos Nobre já se confrontava com essa dicotomia.

55 Nobre, numa entrevista à *Revista Musical Chilena*, de 1979, omite qualquer referência ao curso com Guarnieri; se cruzarmos essa estranha omissão com a referência, em que Almeida Prado fala sobre uma carta enviada por Marlos Nobre que o convenceu a ir a Buenos Aires, podemos concluir que Nobre também, como Prado, não se satisfez com os métodos ortodoxos de Guarnieri. Segundo Mariz (1994a, p.370), Marlos recebeu uma bolsa de Guarnieri, "trabalhando em sua escola de composição até o fim de 1961".

Nada conheço em música, nem mesmo a bárbara "Sagração da Primavera" de Stravinski (aliás de outra e genialmente realizada estética) que seja tão, não digo "primário", mas tão expressivo das leis verdes e terrosas da natureza sem trabalho, como a música, ou pelo menos, certas músicas de Villa-Lobos ... Fossem os compositores que possuímos agora outros tantos Villa-Lobos e a música brasileira seria a maior do mundo, isso é que eu sei.

Assim, a morte de Villa-Lobos em 1959 criou uma espécie de lacuna no imaginário das gerações de compositores que o sucederam. Àquela altura, o cenário musical brasileiro estava suficientemente estratificado para que o embate entre as correntes "progressistas" – ou seja, as que se alinhavam com as tendências da música nova internacional – e "nacionalistas" – as que prosseguiam o projeto de cristalização de uma música de caráter nacional – se configurasse em torno dos aspectos contraditórios ou conciliadores presentes na obra do próprio Villa-Lobos.

Há um curioso paralelo entre as carreiras de Villa-Lobos e Marlos Nobre: ambos se destacaram em épocas de transição, Villa-Lobos nos anos 1920, quando o projeto nacionalista se afigurava uma possibilidade de renovação, Nobre nos anos 1960, quando esse mesmo projeto ameaçava se tornar um entrave para os novos compositores. Ambos exerceram cargos públicos em momentos políticos conturbados no país – Villa-Lobos durante o Estado Novo, Nobre durante o regime militar –, por isso, receberam inúmeros ataques que tentam minimizar sua importância como compositores para associá-los de alguma forma a esses contextos políticos.[56]

Pode-se levar o paralelo entre eles até o campo de seus projetos educacionais, assim, o *Projeto Espiral*, criado por Marlos Nobre para

---

56 Muitos desses ataques são feitos de forma passional e escassamente documentados. Isso talvez se deva a outro aspecto comum a ambos: Villa-Lobos e Marlos Nobre são compositores muito acima da média de seus contemporâneos e o sucesso de suas obras despertou muitas suscetibilidades. De qualquer forma, escapa do âmbito deste trabalho uma avaliação de como e por que se deram essas divergências.

a Funarte em 1976 (Leme, 1998), procura retomar e aperfeiçoar a iniciativa de Villa-Lobos com o *Canto orfeônico* em 1930, já que este havia sido extinto pela Lei n. 5692, de 1971 (Gauna et al., 1995).

A comparação entre Villa-Lobos e Marlos Nobre pode ainda ser direcionada para um elemento importante de suas obras, o interesse de ambos pela música indígena, um dos ramos do tripé racial que sustenta a ideologia nacionalista no Brasil. Porém, aí é que deparamos com diferentes abordagens que ilustram não só os pontos individuais de suas formações, como da época em que viveram.

O ponto de partida para as composições de caráter indígena de Villa-Lobos foi o registro etnográfico feito por Roquette-Pinto, a partir de fonogramas cujas melodias foram transcritas no livro *Rondônia* (1912).[57] O estudo de José Maria Neves (1977, p.42) sobre os *choros* de Villa-Lobos aponta essa característica:

> Vários dos temas indígenas que aparecem na obra de Villa-Lobos provêm da coleção de Roquette Pinto, ainda que apareçam temas de coletas mais antigas como a de Jean de Lerry (*Canide-Ioune, Teiru*, etc.).
>
> Na maioria dos casos, a atitude de Villa-Lobos face ao documento etnomusicológico a ser utilizado foi das mais simples: por um lado, o emprego da melodia em sua totalidade e sua "ambientação", pois não se trata evidentemente de harmonização pura e simples; por outro, a observação das frequências melódicas destes documentos, especialmente sob o aspecto intervalar, elemento que, extraído da melodia original e imbuído de vida própria, passa a fazer parte do vocabulário do compositor e como tal passa a ser utilizado nas mais diversas obras, enriquecendo seu colorido orquestral e criando aquele ambiente bárbaro e primitivo dos seus grandes painéis sinfônicos.

Segundo Nóbrega (1975, p.17), a série de *choros* composta por Villa-Lobos usa temas indígenas "de maneira ostensiva" no *Choros*

---

57 A transcrição dos trechos musicais de *Rondônia* foi realizada pelo musicólogo Astolfo Tavares. Os estudos específicos sobre a música indígena estão no capítulo VI (consultamos a 3ª e a 5ª edições do livro, datadas de 1935 e 1950, respectivamente), no qual Tavares analisa o sistema de afinação e a organologia dos Parecis. As expedições patrocinadas por Roquette-Pinto começaram em 1907.

n° 3, e "através de transfiguração temática" nos *Choros n°s 7 e 10*. Um dos temas frequentemente empregados por Villa-Lobos, a canção *Nozani Ná* dos índios Parecis, é reproduzido por Nóbrega:[58]

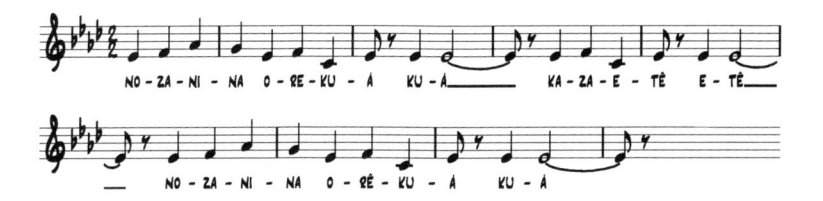

Figura 10 – Melodia indígena *Nozani Ná*, empregada por Villa-Lobos nos *Choros n° 3* (1925) e *n° 7* (1924) (extraído de Nóbrega, 1975, p.17).

Nóbrega e Neves concordam que o tratamento dado a esse tema por Villa-Lobos é polifônico, usando o tema como "sujeito para um desenvolvimento imitativo" (Neves, 1977, p.42). Ambos, no entanto, não dão muita atenção para alguns efeitos onomatopaicos em que Villa-Lobos obtém timbres e texturas inusitadas, de inspiração "tribal", evocando a sonoridade não temperada do canto coletivo indígena. Ainda assim, a impressão geral do *Choros n° 3* é o aproveitamento de um tema que recebe na maior parte do tempo um tratamento tradicional, mais como tema que como "objeto sonoro".

A questão do índio na música brasileira chamou a atenção dos estudiosos desde muito cedo. Mário de Andrade (1972, p.15-6) queixa-se, no *Ensaio sobre a música brasileira* (1928), da má interpretação desse aspecto por parte dos europeus:

> Um dos conselhos europeus que tenho escutado bem é que a gente se quiser fazer música nacional tem que campear elementos entre os aborígenes pois que só mesmo estes é que são legitimamente brasileiros. Isso é uma puerilidade que inclui ignorância dos problemas psicológicos e estéticos. Uma arte nacional não se faz com escolha discricionária

---

58 Nóbrega, por sua vez, extraiu esse exemplo de *Rondônia*, de Roquette-Pinto.

e diletante de elementos: uma arte nacional já está feita na inconsciência do povo. O artista tem só que dar pros [sic] elementos já existentes uma transposição erudita que faça da música popular, música artística, isto é: imediatamente desinteressada. O homem da nação Brasil hoje está mais afastado do ameríndio que do japonês e do húngaro. O elemento ameríndio no populário brasileiro está psicologicamente assimilado e praticamente já é quase nulo ... O ameríndio não participa dessas coisas e mesmo parando em nossa terra continua ameríndio e não brasileiro.[59]

Essa corrente "ameríndia" da obra de Villa-Lobos era, portanto, em parte repudiada por Mário de Andrade, que a considerava como um apelo ao exótico. Para isso, contribuíram as fantasiosas histórias contadas pelo compositor na Europa, que chegaram ao Brasil pela *Revue Musicale* noticiando o sucesso de Villa-Lobos e as artimanhas que sua imaginação promovera para dar um caráter "selvagem" à sua biografia. Mário de Andrade (1963, p.286) irá, outrossim, valorizar elementos folclóricos que evidenciem mais o caráter de mistura racial; por isso irá considerar Camargo Guarnieri

O mais bem orientado neste sentido ... Sem abandonar completamente os ritmos negros, jamais buscando inspirar-se na temática ameríndia, a sua base de inspiração é exatamente caipira. É da moda caipira, é principalmente da toada rural, que lhe derivam as melodias, e creio que disso lhe vem a sua excepcional qualidade melódica, de largos arabescos, de uma grave intensidade.

Marlos Nobre irá compor também algumas obras com temática "ameríndia"; todavia, seus processos criativos já indicam outro momento e outra abordagem, pois, enquanto Villa-Lobos foi um compositor autodidata essencialmente intuitivo, Marlos Nobre teve uma formação intelectual e musical mais esmerada.[60] Nesse sentido, sua

---

59   Nessa, e em outras citações de Mário de Andrade, tomamos a liberdade de atualizar a grafia, de modo a evitar maneirismos estilísticos que não necessitam ser aqui reproduzidos.

60   Marlos Nobre, além dos estudos musicais com Guarnieri e no Instituto Torcuato di Tella, é formado em sociologia e economia política pela Universidade do Recife

obra é uma espécie de ruptura com o empirismo villalobiano e o neo-classicismo nacionalista.

O tema indígena aparece com destaque em *Ukrinmakrinkrin* (*opus* 17, 1964), para soprano, trio de instrumentos de sopro (flauta *piccolo*, oboé e trompa) e piano, obra de seu segundo período criativo.[61] Nessa obra, o enfoque principal dado pelo autor e pela análise de Maria Ester Grebe (1979) vai para aspectos estruturais, como o tratamento serial utilizado no primeiro movimento em contraste com a indeterminação do segundo movimento e à síntese dos dois, atingida no terceiro e último movimento.[62] Nobre conta que:

> *Ukrinmakrinkrin* op. 17 é de um serialismo mais livre ainda [em relação às obras predecessoras da segunda fase], com conjuntos de notas da série "cristalizadas" em movimentos estáticos dos sopros e dinâmicos do piano e da voz. Nesta obra faço pela primeira vez uso de certos processos aleatórios na segunda parte, e de um sistema que chamei de séries circulares no terceiro movimento (nos sopros). (in *Revista Musical Chilena*, 1979, p.44-5)

Grebe (1979, p.57), em sua análise publicada em seguida, no mesmo número da *Revista Musical Chilena*, exalta o fato de que o compositor brasileiro

---

"nos idos de 1960", segundo comunicação pessoal, feita por correio eletrônico em 21.10.2004.

61 Segundo classificação que o próprio compositor faz de sua obra: "1ª fase: op. 1 ao 14 (1959 a 1963); 2ª fase: op. 15 ao 32 bis (1963 a 1968) e 3ª fase: op. 33 ao 46 (1969 a 1977)" (*Revista Musical Chilena*, 1979, p.41-2). Ripper (1997, p.80) observa que o modelo que serviu de inspiração a Nobre foi a *Cantata para América mágica*, de Ginastera, obra em que o compositor argentino "recria o universo sonoro pré-colombiano a partir da percussão, da técnica serialista e outros procedimentos como o micro tonalismo e a música aleatória". De fato, *Ukrinmakrinkrin* é dedicada a Ginastera.

62 Há uma curiosa simetria entre a macroforma e o plano conceitual de *Ukrinma-krinkrin* e do *Concert for Prepared Piano and Chamber Orchestra* (1951) de John Cage, cuja organização dos três movimentos, comentada pelo próprio Cage, foi citada anteriormente no Capítulo 3.

consegue colocar a técnica musical a serviço de um conteúdo autenticamente latino-americano. Ao não utilizar elementos folclóricos ou indígenas, esta obra [*Ukrinmakrinkrin*] evade as estreitas margens do nacionalismo *criollo*, constituindo um paradigma de autodefinição cultural de um artista de nosso continente.

Assim, os "textos indígenas brasileiros em dialeto Xucuru" (ibidem, p.48) são considerados pelos "valores expressivos e diversas possibilidades fonéticas", resultando em "poesia sonora" (p.57).[63] Os comentários do compositor e da analista mostram que a adequação entre a música e o conteúdo expresso pelo texto (uma prece) foi uma preocupação secundária, o que se explica pela época de experimentações sonoras de "vanguarda" em que a obra foi criada, dentro de um centro como o Torcuato di Tella, uma espécie de "Darmstadt latina". Gerard Béhague (1996, p.88) observa que "O texto, em dialeto indígena Xucuru, é um ritual encantatório de origem tribal. Nobre o utiliza, todavia, principalmente para efeitos sonoros, já que a linha vocal não mostra conexão com música indígena tradicional.

Em 1964, Marlos compunha assim uma "música pura", na qual o elemento indígena integra-se aos demais materiais fornecendo uma sonoridade que de certa forma ainda é "exótica" a esse contexto.[64] Grebe (1979, p.56) complementa que "a exploração das possibilidades colorísticas e o poder de evocação da voz humana são algumas das

---

63 A análise de Grebe, entretanto, não avalia a relação entre texto e música. Assim, sua concepção de expressividade parece submeter o texto à mera condição de material fonético, destituído de conteúdo a ser realçado pela entonação vocal.

64 O que não deixa de ser um feito notável para um compositor então com 25 anos. Todavia, em comunicação pessoal por correio eletrônico (21.10.2004) Marlos Nobre nos conta que *Ukrinmakrinkin* "é essencialmente um grito de revolta contra o massacre perpetrado contra a cultura dos índios Xucurus de Pernambuco que conheci. Mediante a perversão dos homens brancos, as mulheres xucurus se prostituem, os homens viram alcoólatras e ladrões, são perseguidos pela polícia e morrem assim. Ora, somente no seu Ritual eles se lembram de sua cultura e aí sim, voltam ao seio de seu verdadeiro ser e SÃO Xucurus. Minha peça trata desta revolta e desta pureza cultural perdida". No entanto, a distância entre essa declaração e a época em que a obra foi criada deve ser levada em consideração.

características que unem a linguagem de Marlos Nobre à tradição musical brasileira, cujo arquétipo se define na obra de Villa-Lobos".

Essa "tradição musical brasileira", entretanto, foi desrespeitada por Nobre por causa do uso explícito da atonalidade e do serialismo, que, como vimos anteriormente, eram elementos demasiado radicais para o modernismo brasileiro até os anos 1950. O projeto composicional desenvolvido por Nobre o aproxima das correntes internacionais, porém preservando uma sensibilidade para com as questões da cultura nacional. Assim, *Ukrinmakrinkrin* é uma obra, a nosso ver, essencialmente *moderna* em sua expressão.

Marlos Nobre passou todo o ano de 1978 sem ter escrito nada, "uma pausa para respirar, olhar para trás e depois recomeçar" (*Revista Musical Chilena*, 1979, p.43). Quando o vemos retomar o tema indígena em 1980, com *Yanomani*,[65] temos uma nova postura:

> Os Yanomani são o último grande povo indígena do Brasil, sobrevivente à civilização. Eu estive com eles e a coisa que mais me impressionou foi um ritual depois do assassinato de um grande chefe dos Yanomani, por colonos brancos. O ritual é impressionante porque a morte para o indígena significa a perda da cultura, mas o morto deve reintegrar-se a seu povo através desse ritual ... Não houve intenção documental. A obra é construída com uma linguagem atual e contemporânea, utiliza uma escrita aleatória controlada. O sistema é o mais livre possível, mas está estruturado serialmente, porque atualmente trabalho com a série; uso a politonalidade, a multitonalidade e sobretudo enfrento a questão rítmica ... É portanto um forma ditada pela ideia emotiva. (Nobre s. d.).

Essa declaração já demonstra o quão relativizado se tornara o discurso em torno da estrutura da obra em comparação com o que fora feito em *Ukrinmakrinkrin*. Dessa vez, o compositor se preocupa principalmente em traduzir a impressão que teve diante de um ritual com

---

65 *Yanomani*, para coro misto, tenor solista e violão, foi encomendada pelo Coro de Fribourg, Suíça, sendo estreada em 1981 sob direção de Jean-Jacques Martin, pelos autores da encomenda.

forte conteúdo simbólico; é a esse conteúdo simbólico que *Yanomani* constantemente se refere. Os meios para obter esse resultado tornam-se secundários ante a esse objetivo.

Nobre está, em *Yanomani*, ainda menos comprometido com qualquer ideia etnográfica que em *Ukrinmakrinkrin*; os três planos sonoros – coro, tenor solista e violão – assumem papéis diferenciados e de função simbólica variável.

A parte do coro utiliza um texto parcialmente onomatopaico (alguns sons lembram fonemas indígenas) e em português.[66] Isso possibilita, em alguns momentos, uma clara compreensão do argumento, já que o texto por vezes ilustra a ação, como no trecho em que o coro, simbolizando o ataque dos colonizadores brancos, canta as palavras "mata cacique" e "mata, mata" (compassos 86-103). A violência é enfatizada pela polimetria, superpondo a acentuação em compassos de 5 e 3 tempos:

---

66 Quadrio (1982), na contracapa do LP *Marlos Nobre/Yanomani*, conta que "o texto foi organizado pelo compositor a partir de sons onomatopaicos soltos, sem lógica aparente, mas originados à própria ideia musical".

Figura 11 – O "ataque" ao cacique: o coro canta "mata, mata", simbolizando o massacre.

Após a "morte" do cacique, caracterizada pela longa pausa no compasso 126, o coro passa a representar novamente a tribo, que lamenta a morte de seu chefe e realiza sua vingança. O tenor solista executa melismas construídos sobre vogais. Representa o cacique, cuja ação ocorre em quatro momentos distintos: 1. quando sua voz é ouvida em meio ao alarido da tribo (compassos 12-15), 2. durante o ataque (descrito nos compassos 86-103), 3. após sua ressurreição durante o ritual da tribo (compassos 142-170) e 4. quando volta a comandar sua tribo, em busca de vingança (compassos 246-260).

Segundo os comentários de Quadrio (1982), "o violão é usado ora como apoio percussivo, ora criando atmosferas de delicadas sonoridades". Utilizando uma *scordatura* incomum (ré – sol ♯ – dó ♯ – fá ♯ – si – mi), o violão fornece assim o suporte temático necessário, já que boa parte da organização das alturas recorre ao intervalo de 4ª J, nos planos melódico e harmônico (ver as figuras 11, 12 e 13, onde S-A e T-B cantam em quartas paralelas).

A seção entre os compassos 67 e 83 consiste num amplo *crescendo*, desde *pp* a *fff*. Aqui podemos observar os recursos técnicos empregados por Nobre; entre os comp. 67-76 o coro canta em cânone duplo, agrupado no esquema T-B e S-A. O texto evoca a fonética indígena: "yê, yê, mun mun-yê pa-pa-pa-pa pa-yê".[67]

Figura 12 – Cânone duplo (AS + TB) sobre material modal, nos compassos 67-69.

---

67 Um recurso muito semelhante ao empregado por Villa-Lobos nos *Choros* n. 3 e 10.

Esse trecho, de caráter quase neoclássico, sustentado pela superposição de quartas nas vozes e na linha melódica do violão, irá atingir seu clímax após uma expressiva pausa geral no comp. 77. Aí Marlos Nobre faz uso de *clusters* distribuídos pelas vozes, com uma notação precisa para a obtenção do efeito desejado:

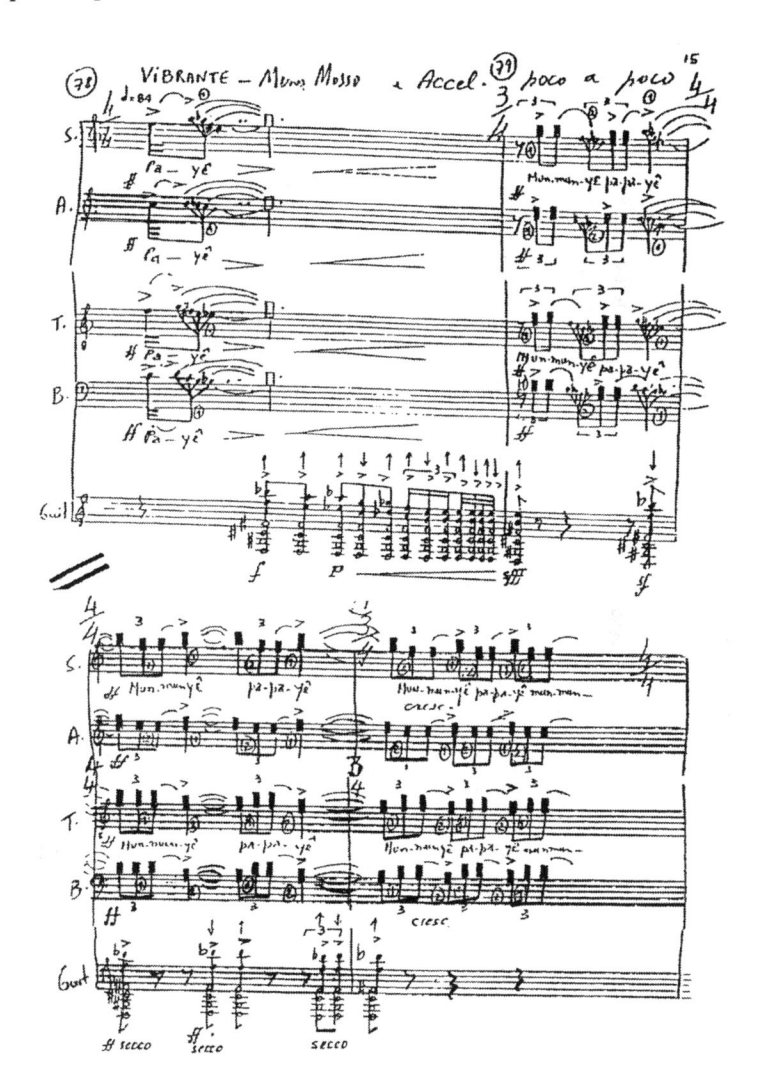

Figura 13 – Coro em *Yanomani* (SATB), compassos 78-80.

Nesse caso, as "desafinações" habilmente introduzidas pelo compositor, após a primeira fusa (por meio dos *divisi*), aproximam--se de um universo não temperado, decididamente não europeu.[68] Por sua vez, a textura em blocos, o timbre das vozes naturalmente espaçadas pelo intervalo de quarta e o âmbito reduzido de notas repetidas sugerem uma estilização muito eficiente do canto tribal. Após esse paroxismo do coro, a ideia do cânone retorna para o ataque ao cacique, descrito anteriormente (Figura 11).

Acreditamos que essa exposição tenha sido suficiente para dar uma ideia dos amplos recursos técnicos empregados: formas canônicas, escalas modais, pentatônicas, *glissandos*, *clusters*, são elementos mesclados pelo compositor sem nenhuma hierarquia a não ser sua adequação ao conteúdo expressivo. Consideramos assim que Marlos Nobre tenha atingido em *Yanomani* uma expressão significativa para uma música nacional, porém sem as limitações da orientação nacionalista nem de um modernismo ortodoxo. Algo bastante próximo da "síntese pós-moderna" proposta por Ripper (1997, p.81):

> O compositor pós-moderno é aberto a todas as tendências e livre para usar o que quiser em sua música (compor não é mais fácil por causa disso: a dificuldade cresce proporcionalmente ao número de decisões composicionais envolvidas devido à vastidão do material disponível). Esta síntese inclui tanto as inovações da música moderna como referência à música do passado.

O índio de Marlos Nobre não é, portanto, nem sombra do índio "de casaca" idealizado pelo romantismo, do qual Villa-Lobos ainda guarda resquícios; nem tampouco soa como um elemento neutro, como em *Ukrinmakrinkrin*. Em *Yanomani* é a vontade de expressar do compositor que predomina, sem as facilidades da *Neue Einfachheit*, mas com uma clareza que, certamente, provém da mesma sociedade pós-moderna que ela.

---

68 Pode-se objetar, naturalmente, que há nesse tipo de técnica notacional certa influência da escola polonesa, especialmente de Penderécki, porém o timbre das vozes rende um efeito bastante diverso do característico *cluster* de cordas do compositor polonês.

Cores, luzes e espíritos: a ressonância das *Savanas* africanas no piano de Almeida Prado

Ainda de acordo com nosso roteiro das "três raças", que utilizamos como um fio condutor pelos labirintos da MEB, iremos agora avaliar o uso de temas de origem africana em um autor "pós--moderno" como Almeida Prado. A presença do elemento africano na música brasileira[69] é o aspecto mais enfatizado pelos teóricos do nacionalismo, principalmente pela rítmica:

> O africano tomou parte vasta na formação do canto popular brasileiro. Foi certamente ao contato dele que a nossa rítmica alcançou a variedade que tem, uma das nossas riquezas musicais ... do dilúvio de instrumentos que os escravos trouxeram para cá, vários se tornaram de uso brasileiro corrente, que nem o Ganzá, Puíta ou Cuíca e o Tabaque ou Atabaque. Instrumentos quase todos de percussão exclusivamente rítmica, eles se prestam a orgias rítmicas tão dinâmicas, tão incisivas, contundentes mesmo, que fariam inveja a Stravinsky e Villa-Lobos. (Andrade, 1980, p.186)

Arnaldo Contier (1995, p.81), num estudo em que analisa justamente o *Ensaio sobre a música brasileira* de Mário de Andrade, estabelece o contexto social em que os ritmos populares praticados pelos chorões se infiltraram no espaço que a elite pretendia reservar para si até que "*alguns* artistas das classes médias e das elites passaram a 'escutar' com interesse esses 'novos sons', que colocaram em xeque o universo musical da *Belle Époque*".

Assim, a crescente valorização da música popular tendeu a enfatizar a rítmica sincopada até o ponto em que o próprio Mário de Andrade chegou a manifestar preocupação com o que já ameaçava se tornar um maneirismo. Em matéria sobre a Feira Mundial de Nova York, realizada em São Paulo em 1939, Andrade (1963, p.286)

---

69 Ellmerich (1962, p.123-6) enfatiza "a importância do elemento africano na música brasileira" citando vários autores, como Lobato, Lorenzo Fernandez, Freyre, Andrade Muricy, Rocha Pombo, Agripa Vasconcelos e Auguste de Saint-Hilaire.

comentou esse fato quando avaliou os discos de música brasileira lançados pelas gravadoras Victor e Odeon naquela feira:

De Lorenzo Fernandez gravaram-se o poema sinfônico *Imbapara* e o já célebre *Batuque*. Este é um dos melhores recordes da coleção. Claro, nítido em suas polifonias, inflexivelmente firme no ritmo, com esplêndidos efeitos de crescendo e claro-escuro. Francisco Mignone lhes deu uma interpretação que me parece irrepreensível. O *Imbapara* nos transporta de influência negra para a música baseada em possíveis temas ameríndios. Confesso que duvido muito desses temas, sob o ponto de vista étnico,[70] mas o importante é que são bons temas musicais. Servem para variar confortavelmente a nossa criação musical que já está insistindo um bocado excessivamente nos ritmos de batucada.

São inúmeras as estilizações feitas por compositores brasileiros dos ritmos populares de inspiração africana, como samba (convertido nos anos 1930 no símbolo da música brasileira), maracatu, congada, frevo etc. (ibidem, p.20-1). Villa-Lobos, mesmo numa fase de inspiração francesa, já deixava entrever a utilização da síncopa como caracterização do nacional na *Caboclinha*, da suíte para piano *A prole do bebê n° 1* (1918):

moureusement

Figura 14 – Síncopas em *Caboclinha*, de Villa-Lobos (terceira peça da suíte *A prole do bebê n° 1*, compassos 7 a 10).

---

70 Lorenzo Fernandez (1897-1948), cuja morte prematura o impediu de ser "o sucessor de Villa-Lobos", segundo Vasco Mariz (1994a, p.202), usou "temas autênticos, retirados dos fonogramas gravados por Roquette Pinto no Mato Grosso". Essa divergência quanto à autenticidade dos temas confirma, em princípio, o fato de que "os folcloristas brasileiros aceitaram 'com reservas' os trabalhos dos sociólogos e antropólogos" (Contier, 1995, p.83). As estreias de *Imbapara* e de *Reisado do pastoreio*, que contém o *Batuque*, ocorreram respectivamente em 1929 e 1930 (Mariz, 1994a, p.202).

Sendo assim bastante conhecida essa valorização da cultura musical afro-brasileira, chama a atenção o uso absolutamente pessoal que Almeida Prado faz dessa tradição,[71] tanto em sua música instrumental como na religiosa.

O ponto de partida para a compreensão do idioma musical de Almeida Prado são os princípios de ressonância e a harmonia "transtonal", técnicas que o compositor santista desenvolveu após o contato com as teorias de Messiaen, de quem foi aluno em Paris entre 1969 e 1973. Isso nos permitirá avaliar a inserção de quaisquer elementos étnicos em sua música de acordo com as intenções especulativas do compositor.

O principal recurso harmônico utilizado por Almeida Prado é o que ele chama de transtonalidade. Ele considera esta técnica semelhante, em seus princípios, à empregada pelos compositores da escola espectral, cujos maiores representantes são Tristan Murail e Gerard Grisey, ambos contemporâneos da classe de composição de Messiaen ... Este conceito ... consiste na construção de uma "passagem" harmônicotimbrística de um modelo de espectro a outro.
O transtonalismo de Almeida Prado combina a necessidade de uma escuta dirigida pelos baixos, que conduzem a harmonia no sentido tradicional, com vários recursos técnicos utilizados principalmente nos anos 1970 e especial atenção à textura. (Gubernikoff, 1998-1999, p.192-3)[72]

Assim sendo, a obra de Almeida Prado, desde os anos 1970, enquadra-se na classificação feita por Flo Menezes (1999, p.18-9) em um

---

71 Comentando a respeito do samba urbano, Mário de Andrade (1963, p.282) o considera uma expressão "eminentemente instável", por transformar-se facilmente "como as coisas que não têm assento numa tradição necessária".

72 O próprio Almeida Prado divide sua produção musical em sete fases: 1. infantil (1952-1959); 2. nacionalismo (até 1963); 3. autodidatismo (1965-1969); 4. Europa, onde estudou com Messiaen e Nadia Boulanger (1969-1973); 5. transtonalismo, subdividido em três fases: ecologia, astronomia e afro-brasileira; 6. pós-modernismo (1983-1993); 7. atual, tonalismo livre e simplicidade (Hideraldo Grosso apud Assis, 1997, p.7-8). Segundo Saloméa Gandelman (apud Assis, 1997, p.8), o transtonalismo seria a "utilização de elementos tonais sem a preocupação com a estrutura tonal".

"panorama musical contemporâneo" a partir da experiência com a música eletroacústica:

obras puramente instrumentais, em que se nota nitidamente, porém, uma influência da vivência eletroacústica em estúdio (filtragens instrumentais, granulações, grandes extensões na duração das notas, espacialização dos instrumentos, minucioso controle espectral etc.).

Cabe ainda distinguir o trabalho "espectral" de Almeida Prado do de seus ex-colegas franceses Murail e Grisey, que recorrem a "complexas análises de espectros de instrumentos, feitas com o auxílio do computador, que definem o universo harmônico, os timbres e os procedimentos composicionais";[73] já em Almeida Prado, "mesmo em seus níveis mais profundos, sua composição nunca abandona a escrita empírica" (Gubernikoff, 1998-1999).

Em sua *Missa de São Nicolau* (1986), Carole Gubernikoff (1998-1999, p.207) detecta um "caráter sincrético" que

não se manifesta através de estereótipos que podem ser identificados imediatamente. Mesmo materiais de origem afro-brasileira, como os orixás das escalas e dos ritmos do *Credo*, receberam tratamento estilizado e formalizado.

Em *Savanas: mural sonoro baseado na música de algumas regiões da África* (1983) para piano, Almeida Prado fornece um claro modelo de seus processos de estilização e formalização. Partindo de temas extraídos do livro *The Music of Africa*, de Kwabena Nketia (Gandelman, 1999b, p.5), Prado afasta-se nitidamente do modelo neoclássico que caracterizou as investidas nesse campo por parte de Guarnieri, Villa-Lobos, Lorenzo Fernandez e outros que lançaram mão de temas "africanos" ou "afro-brasileiros".

---

73 É a chamada Composição Auxiliada por Computador (CAC), termo cunhado pelo Ircam de Paris: *CAO – Composition Assité par Ordinateur* (Menezes, 1999, p.20, nota 7). Garcia (2001, p.374) informa que "a análise espectrográfica é uma técnica analítica desenvolvida pelo professor e compositor Robert Cogan, que nos anos 1970 trabalhou junto à IBM no desenvolvimento desta tecnologia. Consiste em imagens que retratam todos os parciais presentes com respectivas intensidades e durações".

A peça *Savanas* está dividida em *introdução* ("Chamado do amanhecer") e onze movimentos: 1. "Música de preparação da caça", 2. "Mbira I", 3. "O canto das savanas", 4. "Mbira II", 5. "Diálogo noturno de Bwali", 6. "Mbira III", 7. "Grande canto dos Swazi", 8. "Mbira IV", 9. "Música para invocar espíritos", 10. "Mbira V" e 11. "Música ritualística dos Ijaw". A recorrência de um mesmo título, "Mbira", faz lembrar procedimento semelhante verificável na *Sinfonia Turangalîla* (1949) de Messiaen; em que o compositor francês utiliza temas hindus, o brasileiro investiga a sonoridade da *mbira*, instrumento africano também conhecido como *kalimba*, elaborando delicados e pequenos registros intercalados aos cantos e rituais. Porém, iremos nos ater mais à *introdução*, em razão dos vários aspectos que podem ser evocados com simplicidade e que serão úteis a esta pesquisa.

Inicialmente, o que chama a atenção para a *introdução* é não apenas o uso dos sons "internos" do piano, como a economia de meios empregada pelo compositor, já que sua escrita pianística é tida como das mais elaboradas:

> Sua escritura revela o pianista e improvisador que é, senhor do instrumento, conhecedor de suas possibilidades, da maneira como outros grandes pianistas e compositores (Chopin, Liszt, Debussy e Villa-Lobos) desenvolveram o pianismo e, sobretudo, dotado de uma escuta particularmente sensível e criadora em relação à percepção e instauração do tempo e à vasta gama de recursos de dinâmica, timbre e ressonâncias que o instrumento pode produzir. (Gandelman, 1999a, p.32-3)

Por isso, o "Chamado do amanhecer" que abre as *Savanas* é uma exceção na produção pianística do compositor (ao lado da *Sonata nº 2*), que trabalha principalmente a partir do teclado. Sobre um pedaço de bambu, disposto nos suportes internos do piano de cauda, o pianista deve percutir com baquetas de xilofone. O pedal deve permanecer abaixado "para as ressonâncias se multiplicarem".[74]

---

74 Recomendação feita pelo compositor no *caput* da obra.

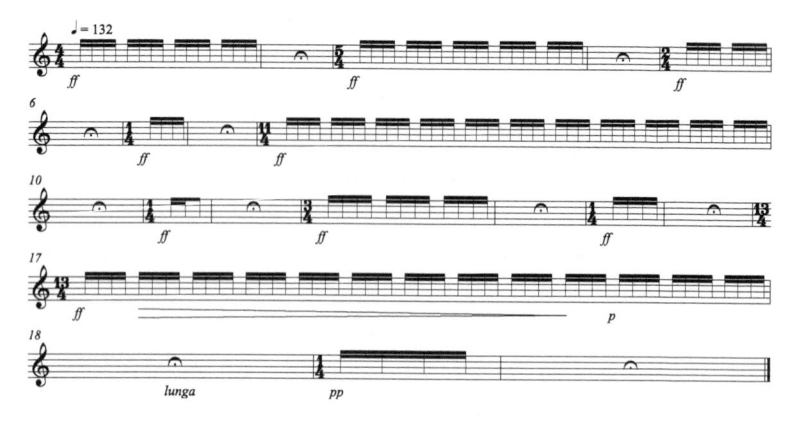

Figura 15 – "Chamado do amanhecer" (introdução), de Almeida Prado, movimento inicial de *Savanas.*

Vemos nessa peça uma proximidade muito grande com o minimalismo, sobretudo de Steve Reich, outro grande interessado pela música africana:

> Tomei contato com a música africana por meio de uma conferência de compositores sediada em Ojai, Califórnia, em 1962, quando eu ainda era aluno de Berio em Mills College. O curso deslocou-se para Ojai, e entre as vários autoridades estava Gunther Schuller, que escrevi a sua história do *jazz* tradicional. Em seu discurso, ele mencionou que queria descobrir o que os negros americanos tinham feito musicalmente antes de virem para a América, e ao fazê-lo acabou descobrindo um livro. Esse livro era *Studies in African Music*, de A. M. Jones. Voltei e o consegui na biblioteca de Berkeley. Embora eu tivesse ouvido música africana antes – ouvia discos, sabia o que era cantado, soube que era feita com tambores, sabia que era muito rítmica –, não tinha a menor ideia de *como* ela era feita; *como* se organizava. Ver esse livro foi simplesmente uma revelação para mim em termos de ver disposto no papel um novo tipo de técnica. (Steve Reich in Duckworth, 1999, p.294)[75]

---

75 Reich posteriormente, no início dos anos 1970, viajou à África e a partir dessa experiência compôs *Drumming* (1971), obra para vozes, percussão e sopros (Duckworth, 1999, p.304-9). O próprio compositor comenta sua pesquisa da música africana em Reich (1981).

Esta é, portanto, a grande semelhança entre a abordagem da música africana em Almeida Prado e Steve Reich: ambos partindo de tratados etnomusicológicos sobre a música praticada no continente africano para a realização de obras bastante pessoais, sem apelo a nenhum exotismo. Isso, no caso do brasileiro, representou um diferencial em relação às abordagens mais conhecidas, ao que se sabe mais restritas às pesquisas realizadas entre os grupos étnicos afro-brasileiros ou a uma noção interiorizada da música popular brasileira.

A simplicidade formal desse "Chamado ao amanhecer", sobre uma única figura rítmica, suas repetições hipnóticas, longos espaços de ressonância (indicados pelas fermatas) e aleatoriedade a princípio pouco se referem à música africana; essa alusão é obtida de forma insuspeita por um elemento não perceptível pela partitura: o timbre do bambu percutido e rebatido juntamente com as ressonâncias das cordas do piano. Almeida Prado evoca uma África sem as estereotipadas síncopas e polirritmias do nacionalismo; logra desse modo obter um painel de referências que vão de Cage a Reich, passando por Messiaen. Partindo de um material folclórico, geograficamente localizado, chega ao cosmopolita e ao universal. Renuncia ao virtuosismo pianístico e à escrita elaborada em prol de uma comunicação mais próxima de um *pathos* evocado pelo timbre e suas ressonâncias.[76]

Há uma curiosa proximidade no tratamento dado por Almeida Prado para caracterizar sua peça para piano *Noite de Iansã* (*Poesilúdio 12*, de 1985), e a *Dança negra* (1948)[77] de seu ex-professor, Camargo Guarnieri. Uma comparação entre ambas pode revelar os processos composicionais de Prado, no que consideramos praticamente uma

---

76 A pianista Ana Cláudia de Assis (1997) realiza um interessante estudo dos aspectos timbrísticos da obra pianística de Almeida Prado, tendo como eixo as peças *Ilhas* (1973) e *Savanas* (1983).

77 A grafia do título original (Ricordi, São Paulo, 1948) é "dansa". A obra foi dedicada à pianista Lydia Simões, que a tocou, possivelmente em primeira audição, em julho de 1948. Caldeira Filho (1968, p. 70) destaca "a originalidade rítmica, o caráter inconfundível e o brilho instrumental" dessa peça. Coelho (2001) observa que o "grande sucesso da *Dança negra*" em 1948 desencadeou uma maior procura dos pianistas por sua obra.

citação à composição que a precedeu.[78] Guardadas as proporções, já que *Dança negra* é consideravelmente mais extensa (123 compassos, contra 23 de *Poesilúdio 12*), pode-se também ver em *Poesilúdio 12* uma espécie de comentário sobre o africanismo latente em Guarnieri. Em *Dança negra*, Guarnieri utiliza um baixo em ostinato com figuração sincopada (mão esquerda) que evoca o ambiente sonoro afro-brasileiro (Figura 16a). A melodia irá complementar o caráter modal apenas esboçado pela armadura de clave, caracterizando o modo mixolídio, com centro em dó ♯ (Figura 16b). O ostinato prossegue por toda a seção inicial ("A", até compasso 30), e à altura do compasso 10 o modo se altera para dórico.

Figura 16a – *Dança negra*, de Guarnieri, compassos 1-5.

Figura 16b – Escala de dó ♯ mixolídio.

Em contrapartida, Almeida Prado utiliza uma figuração semelhante, também em ostinato (Figura 17, mão esquerda), que se mantém durante toda a primeira seção (compassos 2-8). Como elementos estranhos, Prado acrescenta uma figuração em 3/8 que provoca uma ondulação no desenho melódico do ostinato; além disso, em vez de buscar uma unidade modal, superpõe o material diatônico da melodia (mão direita) ao material cromático do acompanhamento.

---

78 O próprio Almeida Prado, em conversa que travamos durante o 4º Encontro de Compositores e Intérpretes Latino-Americanos (Belo Horizonte, maio de 2002), confirmou essa relação entre as peças em função dos temas de candomblé, comuns a ambas.

Figura 17 – Poesilúdio 12, compassos 2 e 3.

Outra semelhança é perceptível nos compassos 36-37 da *Dança* (Figura 18a) e no compasso 9 do *Poesilúdio 12* (Figura 18b); ambas, sintomaticamente, situam-se na segunda seção (B) de cada peça:

Figura 18a – Dança negra, compassos 36-37 (mão direita).

Figura 18b – Poesilúdio 12, compasso 9.

Note-se ainda a semelhança entre os harpejos utilizados nas *codas* de Guarnieri (compassos 120-122, Figura 19a) e de Prado (compasso 18, Figura 19b).[79]

---

79 Observe-se que o harpejo usado por Prado na coda é o retrógrado do harpejo que ele usa na introdução.

Figura 19a – *Dança negra*, coda, compassos 120-122.

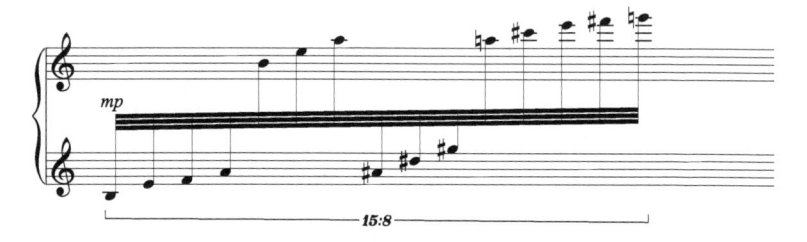

Figura 19b – *Poesilúdio 12*, coda, compasso 19.

Apesar dos pontos em comum, a peça de Almeida Prado apresenta maior ambiguidade em relação ao caráter rítmico imposto por Guarnieri, servindo como ilustração dos procedimentos pós-modernos de citação e livre aproveitamento de aspectos nacionais e universais que surgiram entre os 33 anos que separam as duas composições. O registro seco com que Almeida Prado parece evocar *Dança negra*, mais do que uma possível citação despretensiosa ou simples homenagem, é também sinal de uma clara ruptura com o paradigma nacionalista neoclássico tão bem caracterizado na peça de Guarnieri.

Abertura, ecletismo e sistematizações: a Europa revisitada

Há dois tipos de preconceito em relação à MEB: 1. o compositor brasileiro é desprovido de técnica, sendo, portanto, um criador instintivo, quase irracional; 2. a música brasileira apresenta uma natural "exuberância tropical", mas carece de profundidade. Pode-se estender isso para a música latino-americana em geral: os nomes de Carlos Chavez e Alberto Ginastera são geralmente citados, ao lado de Camargo Guarnieri, apenas como "talentos da América Latina". Essa depreciação não está, infelizmente, restrita à música ou às artes:

O que os europeus, desde Montaigne, diziam do bom índio, dizem agora dos brasileiros: povo cordial, cheio de imaginação e de calor humano, em contraste com o racionalismo estreito dos europeus. Mas, de outro ponto de vista, os brasileiros são também maus selvagens: indolentes e corruptos, assassinos de meninos de rua, incendiários de florestas. Também sob essa nova forma os dois mitos viajam. Ambos são absorvidos no Brasil. O estereótipo positivo, descendente do mito do bom selvagem, alimenta uma crença na excepcionalidade cultural brasileira, baseada na sensualidade, na improvisação e na caipirinha. O estereótipo negativo, descendente do mito do mau selvagem, vai alimentar uma atitude de autodepreciação, que se traduziu, no século 19, pela descrença (fortalecida por doutrinas racistas europeias) na capacidade brasileira de construir uma civilização no trópico. (Rouanet, 2000)

As peculiaridades e deficiências atribuídas aos indígenas e à população em geral também atingem os compositores, sendo assumidas mesmo pelas gerações mais novas, como se vê neste depoimento de José Augusto Mannis:

A atitude do compositor e o ouvido brasileiro é mais o ouvido que busca elementos mais sensuais, sensoriais, do que uma atitude de apreensão, análise racional, diante do que está acontecendo no palco, no disco. Esse se deixar levar, tanto no público, tanto nos compositores é o que estaria mais caracterizando a prática musical que tenho conhecido aqui. É a questão da contemplação, a gente se deixa levar pela contemplação, não resiste. A primeira atitude de um europeu ... é o posicionamento dele diante da obra. Aqui no Brasil, antes de se posicionar diante da obra a gente entra na obra. Então essa atitude é fundamental na maneira do compositor brasileiro; às vezes ele se perde muito e entra demais na obra e deixa de ver a coisa por fora, fica fazendo *surf*, um monte de coisas deliciosas ... então eu acho que é uma característica nossa, esse se deixar seduzir pelo material sonoro, pela ideia. Seria mais uma pulsão vital, muito mais orgânico...[80]

Tais ideias se sedimentaram em consequência de alguns dados evidentes, como a falta de material teórico sobre a MEB, a ausência de boas gravações, partituras e outros tipos de registro das obras desses compositores, o que gerou um desinteresse por parte de intérpretes e críticos.[81] Talvez seja esse o motivo de Paul Griffiths (1994), ao escrever sua "história concisa e ilustrada da música, de Debussy a Boulez", não mencionar nenhum único músico latino-americano (nem mesmo Villa-Lobos, Ginastera e Chavez), a não ser Maurício Kagel. Até meados dos anos 1980, Kagel foi uma exceção no panorama mundial da música latino-americana. Embora argentino (radicado na Alemanha desde 1957), geralmente é citado no tópico "música do século XX", escapando do estigma de representar uma manifestação artística de interesse meramente local como seus compatriotas. O próprio Kagel (1983, p.13) expõe alguns aspectos que marcam sua falta de vínculos musicais com sua terra natal:

Não que eu menospreze o país ou que a nacionalidade argentina me constranja. Mas a perpétua catástrofe política que estrangula a Argentina depois de trinta anos (e o continente sul-americano depois ainda de um longo período) é um entrave bastante sério à formulação de pensamentos que possam se limitar estritamente ao domínio da música.

Kagel (1983, p.13-4), portanto, sugere que na América do Sul a política foi imposta em relação à cultura, o que ele delineia a partir de seu próprio país natal:

---

80 José Augusto Mannis, durante debate sobre música brasileira com Arnaldo Contier e José Miguel Wisnik na Rádio e Televisão Cultura de São Paulo em 18 de abril de 2000, por ocasião da comemoração dos "500 Anos do Descobrimento" (transcrição a partir de gravação realizada quando o programa foi ao ar).

81 Tais problemas são detalhados e comentados por Tacuchian (1994b) e Rodrigues (1996), que apontam inclusive certa tendência a reverter esse desinteresse.

Quando ouço a palavra "Argentina", eu não penso mais a respeito da música, da literatura, do teatro ou das artes plásticas, mas sobretudo em uma série de governos e de ditaduras desprezíveis, na censura – que teima em impor uma ingenuidade que é de uma enorme malignidade –; penso também no triste papel da Igreja, no desmantelamento das universidades progressistas, na infame liquidação dos recursos naturais, na miopia ante as necessidades sociais ... deles que são indignos de serem homens e são chamados simplesmente de "os militares".

A abertura política, iniciada no final dos anos 1970, seria assim o pano de fundo das ações culturais que ocorreram no período. Não que sua influência tenha sido direta no sentido que isso representa no caso da já citada *Sinfonia das Diretas* de Jorge Antunes; não é somente na música engajada que se pode ver essa manifestação, nem se trata de uma influência sobre a música em si.[82] Trata-se sobretudo da criação de alguns instrumentos indispensáveis para o aprimoramento das artes no país. Em 1970 foram fundados os departamentos de música da USP e da Unicamp;[83] em 1974 surge o embrião do IA/Unesp.[84]

Inicialmente, os corpos docentes dessas instituições apresentavam lacunas, que foram sendo preenchidas à medida que músicos que estavam vivendo fora do país voltaram e passaram a assumir as funções pedagógicas (Martins, 2000).

Gilberto Mendes e Willy Corrêa de Oliveira estabeleceram o Departamento de Música da ECA/USP como um centro importante

---

82 Há exemplos de música engajada na obra de Gilberto Mendes (1991, p.41): "como consequência da abertura política que começou a se processar no Brasil, também voltei a dar atenção à música politicamente engajada – a partir de 1984/1985 – compondo obras corais para a campanha DIRETAS JÁ ('Mamãe eu quero votar'), de protesto pela explosão de uma vila operária ('Vila Socó, Meu Amor') e de denúncia ('Vão entregar as estatais para as multinacionais'); e um tango em homenagem aos três padres ministros da Nicarágua". Sobre música de teor político, ver Ikeda (1995).

83 Organizados por Olivier Toni e Benito Juarez, respectivamente.

84 Inicialmente chamado Faculdade de Música Maestro Julião, é incorporado à Unesp em 1974 tornando-se Instituto de Artes em 1977 (Gios in *Educadores musicais de São Paulo*, 1998, p.35-7).

de criação musical contemporânea nos anos 1980. Outro compositor que atuou de forma importante como professor de composição nesse período foi o norte-americano Stephen Hartke.[85] A década de 1980 marca também a institucionalização de recursos para a pós-graduação em artes[86] e a gradual aglutinação de compositores em torno dos departamentos de música das universidades, em meio a um quadro político de restauração da democracia.[87] Esse quadro de construção de uma comunidade musical, apesar das dificuldades estruturais, talvez tenha sido um dos aspectos que mais afetaram os compositores e lhes deram uma noção dos impasses e pendências da pós-modernidade. Menezes (1996, p.12-3) aponta quatro elementos responsáveis, "ao lado da condição econômica", pela condição de "relutância cultural" que não abre espaço à Música Nova:

1 "Hipervalorização da música popular". "Confundir música *popular* com *erudita* equivale a misturar literatura de bordel [*sic*] com poesia visual, e, ainda que valorizando em proporção a primeira instância de nossa comparação, João Gilberto com Webern";[88]

2 "Impera o mito de que deve existir um grande público para que se justifique uma grande empresa artística";

3 Incompreensão de que a arte erudita influencia a popular, "mesmo que por osmose";

4 "Arraigada individualidade em meio às instituições brasileiras".

As queixas de Menezes refletem a oscilação em torno das iniciativas culturais, ora a cargo do poder público, ora a cargo do poder privado, que demarcaram a década de 1980. Nesse período, as

---

85　Segundo informa Celso Mojola, compositor que estudou na ECA/USP durante os anos 1980, em comunicação pessoal.

86　Zamboni (1998, p.1) fala da "nascente área de artes do CNPq em 1984". Almeida Prado defenderá no mesmo ano a primeira tese de doutorado em música no país.

87　Em 1979, foi concedida anistia aos exilados e refugiados políticos; em 1985 os militares deixaram de controlar o Estado.

88　Acreditamos que Menezes queira ter usado a expressão "literatura de cordel". É evidente aqui a crítica a Augusto de Campos (1993), que comparou João Gilberto a Webern.

questões estruturais de ordem econômica determinaram várias ações cujas consequências foram sentidas nos setores de produção cultural.

> Enquanto o sistema capitalista internacional entrava em nova fase de seu desenvolvimento, nos anos 1970 e 1980, o Brasil experimentava um longo processo de transição política. Esta não foi, entretanto, simples mudança de regime político, mas um processo muito complexo.
>
> Entraram em crise não só o regime militar-autoritário como também o Estado nacional-desenvolvimentista, que alicerçara a vida política do país desde os anos 1930 e cujo florescimento máximo ocorrera nos anos 1970. Isso significa que no começo dos anos 1980 desataram-se as articulações típicas entre o Estado (e suas empresas), os capitais privados locais e o capital internacional, entre o setor público e o privado. (Sallum Júnior, 2000, p.140)

É compreensível que, em meio a uma crise de tais proporções, setores mais desprotegidos como a música erudita tenham sofrido certo abalo em suas estruturas:

> ao longo dos anos 1980 o país perdeu qualquer sentido de orientação próprio. A deterioração do padrão de desenvolvimento e, em especial, a fragilização do Estado, manifestaram-se na redução substancial de investimentos e em crescentes tensões inflacionárias. (Ibidem, p.140-1)

Apesar disso, mantiveram-se determinadas áreas em funcionamento, como a Funarte, e viu-se um progresso nos departamentos de música. Houve iniciativas de caráter privado no setor de edição de partituras, como a Sociedade Pró-Música Brasileira (que obteve patrocínio de um fabricante de panelas), ou a editora Novas Metas, que, no entanto, não sobreviveram à década.[89] Assim, ainda é possível um balanço da produção musical dos anos 1980 sob a ótica da revisão da tradição europeia e da própria "brasilidade", completando

---

89 Não se pode esquecer do Festival Música Nova, que logrou atravessar ileso todo esse período, vivendo sua "melhor fase nos anos 1980", segundo seu idealizador, Gilberto Mendes (Coelho, 2000b).

nossa analogia com o mito das três raças. Os derradeiros exemplos são extraídos de obras de Gilberto Mendes e Willy Corrêa de Oliveira, no território "lúdico" da música instrumental.

A música para piano de Gilberto Mendes foi, segundo Bezerra (1998-1999), uma grata surpresa por parte de um compositor que, entrando nos sessenta anos, escrevera para meios menos convencionais até aquela época.[90] Até então, sua principal obra para o piano era *Blirium C-9* (1965), peça de caráter aleatório cuja realização sonora depende essencialmente do intérprete, guiado por várias instruções do compositor.

> Compus não a música, mas a "máquina" de fazer música. Deixei para o intérprete a composição da música, por meio da "máquina" que inventei, pelo jogo das possibilidades combinatórias, que ela lhe permite, dos dados da "programação" estabelecida por mim. (Mendes, 1994, p.85)

Assim, do mesmo modo que críticos e intérpretes se surpreenderam com o *Quarteto de cordas III* de Kagel, o fato de Gilberto Mendes apresentar obras escritas num pentagrama convencional causou algum espanto, pois, "naquela altura todos desconheciam sua capacidade para 'escrever música', no sentido mais convencional do termo" (Bezerra, 1998-1999, p.165).

Depois de um longo período sem abordar o piano,[91] Mendes compôs *Vento Noroeste* (1982) a pedido do pianista Caio Pagano. Decidiu então costurar "texturas pianísticas características, do

---

90 Antônio E. Santos (1997) divide a produção pianística de Gilberto Mendes em três fases: formação (1945-1959), experimentalismo (1960-1982) e Trans--Formação (após 1982). A obra experimental de Gilberto Mendes, sem dúvida, notabilizou o compositor principalmente pelo uso criativo que fez do teatro musical e da aleatoriedade. Várias obras vocais da fase experimental de Gilberto Mendes foram analisadas por Valente (1999).

91 Mendes (1994, p.68) e Santos (1997) contam que sua última composição mais convencional para piano foi *Música para piano n.1*, feita no início de 1962, que, no entanto, combina dodecafonismo com sua primeira incursão no terreno da aleatoriedade (Santos, 1997, p.83-5).

clássico/romântico à *neue Musik*", com referências estilísticas ao romantismo alemão, ao cinema americano dos anos 1930 e à bossa nova (Mendes, 1994, p.196). Por meio de um estudo comparativo dessa peça com a *Sonatina Mozartiana* que Mendes escreveu em 1951, Bezerra (1998-1999, p.180) observa o sensível amadurecimento do compositor dada sua habilidade em citar elementos desconexos num todo coeso.

Em 1989, pode-se apreciar Mendes enfrentando novamente a tarefa de (re)conciliar os opostos com *Um estudo? Eisler e Webern caminham nos mares do sul*, que Gubernikoff (1995) chama de "música de intervalos", dada a ausência de diferenciações rítmicas, como se Eisler e Webern, caminhando pela areia, deixassem para trás suas pegadas. Uma metáfora da própria música brasileira a partir do confronto entre o engajamento político de Eisler e a livre especulação criativa de Webern.

A trajetória de Willy Corrêa de Oliveira entre os anos 1970 e 1980 também marca essa transição do experimentalismo radical para uma linguagem mais aberta ao "passado". Na primeira seção do *Prelúdio 2* para piano (1977), Willy fez uma série de citações,[92] reproduzindo repetidas vezes determinados acordes característicos de suas obras e integrando-os pela textura em "blocos".

Outro elemento importante nesse *Prelúdio* é o controle do andamento; na primeira seção (compassos 1-11), os valores metronômicos atribuídos à colcheia seguem o seguinte padrão:[93] 138 (compassos 1-3); 144 (compassos 4-5); 200 (compasso 6, com 7 subdivisões indicadas pelas linhas tracejadas); 244 (compasso 7); fermata (compasso 8, incluindo a indicação "lento"); 150 (compasso 9); 100 (compassos 10-11); fermata (compasso 11).

---

92 Menezes (2002, p.326-7) esclarece as citações, feitas a partir de obras de Wagner, Chopin, Skriabin, Schoenberg e Stravinsky.

93 Oliveira não utiliza fórmula de compasso e os valores são dados em outras unidades, além da colcheia. A utilização da colcheia como padrão foi para enfatizar o processo composicional empregado.

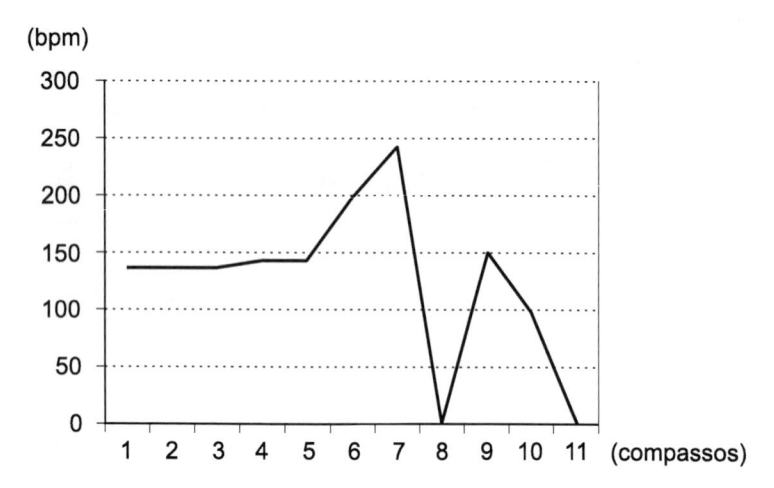

Figura 20 – Gráfico das variações de andamento na primeira seção (compassos 1-11) do *Prelúdio 2* de Willy Corrêa de Oliveira.

Esse gráfico mostra como o andamento aumenta progressivamente até uma brusca aceleração no compasso 5, interrompida pela fermata no compasso 8. Daí em diante ocorre uma desaceleração até a fermata do último tempo do compasso 11.

Segue-se então uma segunda seção ("B", compassos 12-17) em que o compositor abandona as alturas determinadas utilizando *clusters* e uma escrita aleatória de *glissando* (Figura 21). As indicações de tempo passam a ser feitas por cronometragem (com duração total de 41 segundos). O retorno à indicação metronômica estabelece o final da seção B, juntamente com a retomada da notação e estrutura temática da primeira seção.

Seguindo o padrão formal A1-B-A2, do compasso 18 a 34 são retomados os blocos da primeira seção, acrescidos de outros elementos. O controle do andamento é efetuado de outra maneira; mantendo-se a velocidade metronômica quase constante,[94] os valores das

---

94   A semínima reduz de 76 para 56 M. M. no compasso 24, com um pequena aceleração para 60 nos compassos 28-33. No compasso 34, com 12 subdivisões, o andamento permanece constante em 56 M. M.

figuras rítmicas ficam progressivamente mais longos, encerrando com o mesmo "bloco" A (Figura 20) que deu início à peça.

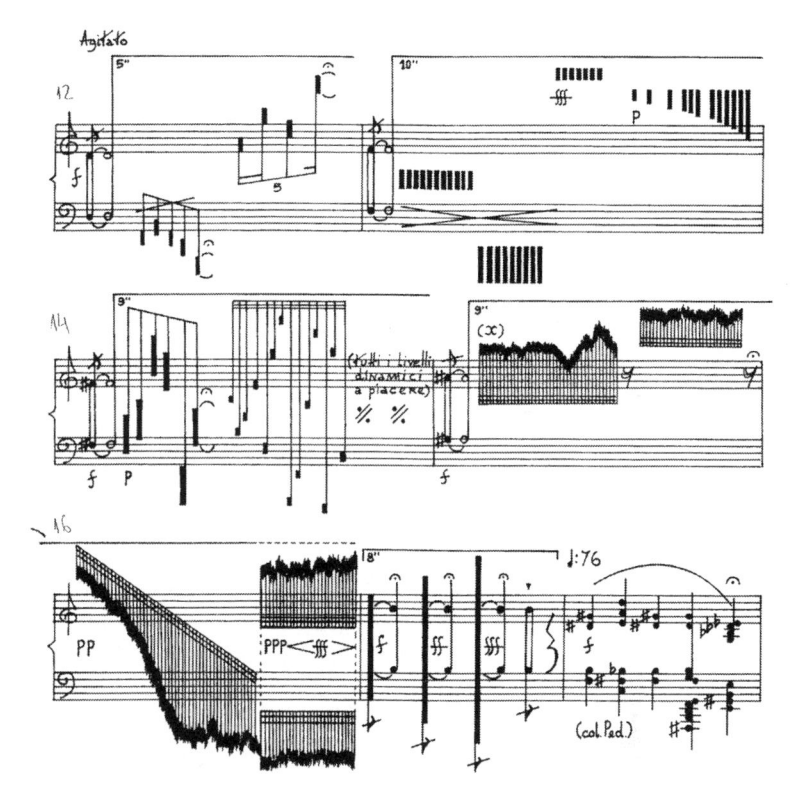

Figura 21 – Segunda seção do *Prelúdio 2*, de W.C. Oliveira, compassos 12-17.

Oliveira trabalhou nesse *Prelúdio* dois tipos de material: 1. acordes "arquetípicos", referindo-se ao território da tradição tonal, porém elevados a um princípio "neutro", dentro de um contexto em que o elemento unificador seria a própria *história*; e 2. o som em estado bruto, a partir da equiparação entre os parâmetros de altura, intensidade, duração e timbre.

O contraste oferecido pela seção central (B) proporciona a discussão entre os materiais ordenados das seções A1 e A2, estabelecidos pelos signos da notação tradicional e os materiais aleatórios, cuja notação dá margem à interferência do intérprete. O caráter metalinguístico da obra a remete ao universo mais fechado dos conhecedores, daqueles capazes de identificar, seja de ouvido seja pela partitura, a origem dos acordes da primeira seção e estabelecer a conexão entre eles. O autor não se preocupou em fornecer pistas além dos grafismos da partitura.[95]

Esse gesto "vanguardista" está ausente em sua *Pequena peça zen* (1988), em que podemos apreciar pequenas relações harmônicas tonais se desenrolarem sobre um baixo simples, de *passacaglia*:

Figura 22 – Willy C. Oliveira, *Pequena peça zen*, compassos. 1-4.

É preciso ressaltar que entre ambas as peças, mais exatamente entre 1980 e 1987, houve um período em que Willy C. Oliveira nada compôs, talvez em razão da experiência vivida na então Alemanha oriental: "Visitou duas vezes a RDA nos anos sessenta e setenta, e disso resultou tremendo abalo crítico em sua vida, no início dos anos oitenta. Passou bastante tempo sem compor ... Voltou à baila o informe Zdanov" (Mariz, 1994a, p.424).

Mariz se refere à posição política do compositor, marcada por um compromisso com causas sociais;[96] no entanto, a *Pequena peça zen*

---

95 Provavelmente, como professor de composição na ECA/USP, Oliveira fez comentários a respeito da origem desses acordes, como deixa transparecer Menezes (2002, p.327n).

96 Um exemplo de música funcionalmente engajada composta por Willy C. Oliveira é o *Hino do Movimento Sem-Terra* sobre poema de Ademar Bogo. Ver partitura em Ikeda (1995, p.239-40).

não deixa entrever nenhuma orientação zdanovista, salvo sua simplicidade. O relatório Zdanov já era letra morta desde o desaparecimento de Stalin, em 1953, e seria muito pouco provável que um regime em crise, à beira da ruína como o socialismo dos anos 1980, pretendesse impor uma orientação estética qualquer, num cenário de crescente afirmação do capitalismo e das ideias neoliberais. É sintomático que Mariz, quase exultante, comemore esse "fracasso" e o queira atribuir por extensão a Oliveira, como um militante que afundasse junto com o navio: "Vai longe o jovem que frequentou Darmstadt, a casa de Pousseur, de Luigi Nono. Depois da queda do Muro de Berlim, em 1989, Willy está fora de moda" (ibidem).

E, de fato, é notável a distância entre o Willy "moderno" dos *Prelúdios* e o "pós-moderno" da *Pequena peça zen*. Num compositor de reconhecida militância política (e qualidade técnica da obra) como Oliveira, seu pós-modernismo implica também a superação de determinadas posições políticas que, como o Muro de Berlim, vieram abaixo. E representa uma revisão das posições estéticas fechadas ou *modismos*, como acerta sem querer Mariz, tais como o nacionalismo estético e político ou o vanguardismo. No entanto, num país como o Brasil, é difícil admitir que causas sociais sejam questão de "moda". É possível ver em Willy Corrêa de Oliveira coexistirem, a partir dos anos 1980, tanto o engajamento funcional das causas sociais como certo descompromisso, manifesto em *Pequena peça zen*.

Há também em Willy o lado teórico que, paralelamente à sua atuação como professor de composição no Departamento de Música da ECA/USP, tem grande importância para o entendimento de suas ações.[97] O livro *Beethoven, proprietário de um cérebro* (1979) mostra-o

---

97 Gilberto Mendes (1991, p.42) comenta como Willy "há uns anos rompeu espetacularmente com toda a vanguarda, com sua própria obra, renegando-a; e superando Eisler e Cardew em radicalidade, passou a compor só com fins de doutrinação política, junto às Comunidades Eclesiais de Base. Da Música Nova para a Igreja Nova, da Teologia da Libertação, um passo fora do comum, mas não de todo surpreendente, nos estranhos caminhos da música hoje no Brasil e no mundo".

em um momento que antecede a sua "crise", elaborando uma teoria semiótica que investiga o significado musical a partir dos signos.[98]

> Na música a sintaxe se revela como o mais relevante nível da linguagem. Tudo o que pode (e deve) ser dito de uma obra musical se atém à particularidade da organização do universo sonoro ... Um som é percebido (a um só tempo) como: altura, intensidade, timbre e duração. Isso implica uma pluralidade de leituras possíveis e necessárias ... Tudo se relacionando num campo sintático; dialético. Estrutura: relação direta e inequívoca dos elementos componentes de um todo, um intercâmbio de informações. Direcionalidades. (Oliveira, 1979, p.10)

Portanto, como a própria análise do *Prelúdio n° 2* revela, a preocupação de Willy é estabelecer para a linguagem musical um valor sintático inflexível:

> A despeito dos etimólogos, dos ditadores da gramática. Em função da linguagem musical, o signo permanece sempre o mesmo, forte e novo, sempre, a despeito dos diluidores medíocres. Em arte (invenção) praticamente se cria um código novo – a permanecer intacto – para cada obra ... assim o nível pragmático, em música, se mostra como uma tradição (oriunda dos equívocos) da família proprietária. Equívoco quase sempre estribado sobre suas individualíssimas paixões. (Ibidem, p.11)

Após o período de crise e a retomada da composição, podemos notar em Willy certa descrença em todo o sistema musical, manifesta no artigo "Música e sociedade" (1991), em que o compositor discorre com sarcástica ironia sobre a mudança de paradigmas pedagógicos a partir de sua experiência como professor:

> Nosso projeto pedagógico se move a partir de um centro, do ponto focal da AFIRMAÇÃO DA PERSONALIDADE – e, para tanto, nos utilizamos do entrelaçamento paralelo das categorias prototípicas ...

---

98 Em um debate entre o compositor Rodolfo Coelho de Souza e José Luiz Martinez, na lista de discussão que o último encabeça no Departamento de Semiótica da PUC/SP, Martinez aponta para o pioneirismo de Oliveira, já que, antes dele, os únicos a enfocar o aspecto semiótico haviam sido Coker (1972) e Nattiez (1975) (cf. Martinez & Souza, 1998).

Nos propomos o papel de ladear os discípulos para, juntos, sentirmos as qualidades do sentimental: nos impressionamos com ele até o limiar da mais prenhe compassividade ... A liberdade, leitor, é o imo da afirmação da personalidade. É como a água para os peixes, como o ar que respiramos. Em nossa pedagogia começamos com os exercícios mais simples: na "sala branca" – de temperatura controlada – perfazemos com os participantes toda a série MARGE das práticas sobre o ILIMITADO; só após a água de coco comunal, é que nos retiramos. (Oliveira, 1991, p.70-1)

No "segundo movimento" de seu "projeto pedagógico", Willy, sustentando o tom parodístico (com referências que vão de Pound a Mário de Andrade), aborda a questão da pós-modernidade como decorrente de um individualismo exacerbado:

O arte educador tem que estar atento, e com o espírito císsil [sic] para fazer face a seu discípulo como um ser único, uno e tão insubstituível quanto qualquer um de nós (não é?) ... Assim, não devemos jamais moldá-los à nossa imagem e semelhança ... Não se deve aventurar a qualquer tipo de cultura sem o exame prévio das potencialidades do solo. E hoje já temos um razoável arsenal científico para a leitura dos terrenos; e sem os preconceitos do passado. Isso vale dizer que atingimos um instante em nossa cultura em que valorizamos os mais (aparentemente) antagônicos produtos estéticos. Já não choramingamos como Webern: "Viver é defender uma forma". Hoje os gêneros já não causam desavenças. Decisivo é o ato de fazer: o gosto já não se discute, mesmo. Continuar fazendo é o desafio. (Ibidem, p.74-5)

O processo de crise que se deixa entrever pela comparação desses dois escritos, com um intervalo de doze anos entre eles,[99] manifesta-se, portanto, em um gesto cáustico de confrontamento com a inevitável mudança de paradigma. A crise pessoal de Willy Corrêa de Oliveira repercute todos os impasses que poderiam ter atingido a

---

99 Ikeda (1995, p.23) menciona ainda outro texto importante escrito por W. C. Oliveira nesse meio-tempo: "Quando a música ameaça a sociedade estabelecida", na revista *Pau Brasil*, n.16, p.66-71, jan.-fev. 1987.

vanguarda brasileira, ainda mais por sua atividade política, também abalada pelo fim do Estado soviético. Seu "desafio" de "continuar fazendo" representa sua postura dentro de um universo pós-moderno que ele, sem desarmar-se da ironia, classifica:

> Meu método tem a vantagem de possibilitar diagnósticos-pedagógicos para as quatro vocações básicas de nosso tempo:
> A VANGUARDA – em suas três vocatipyas [sic][100]
> O Nacionalismo
> A Arte Revolucionária
> O Pós-TUDismo. (p.75)

Willy segue desmistificando o sistema, a ausência do público das salas de concerto, a economia de mercado, a mediocridade ("em pleno século XX, quando somos criativos até ao levantarmos as mãos" (p.78). E assim se define sua trajetória dos anos 1970 para os 1980: da militância de uma vanguarda revolucionária para um inconformismo maldisfarçado nas suas pequenas peças para piano, a um só tempo despretensiosas, como as de Satie, e tensas, como as de Cornelius Cardew.

A atuação de Gilberto Mendes e Willy Corrêa de Oliveira perante a ECA/USP nos anos 1980 ajudou a formar uma geração de novos compositores, sintonizados com a problemática da música contemporânea e o papel do músico na sociedade. Foi um período em que Mendes esteve frequentemente fora, nos Estados Unidos, e a orientação de Willy se fez marcante, sobretudo na geração de compositores formada pela ECA/USP nas décadas de 1980-1990.[101]

100　Willy divide a vanguarda em três tipos: estruturalista (uma espécie de autocrítica ao estereótipo do compositor vanguardista que ele mesmo encarnava em 1979), semântica (escola cagiana) e populista (música que pede participação do público, à maneira de *Santos Football Music*).

101　Não houve, obviamente, estudos avançados de música só em São Paulo nos anos 1980, mas também em Brasília (com a presença de Cláudio Santoro, Marlos Nobre e Jorge Antunes), Rio de Janeiro (Ricardo Tacuchian, Edino Krieger e Koellreuter) e na Bahia (Widmer e os integrantes do grupo baiano), sem contar outros centros importantes, como Minas Gerais, Paraná e Rio Grande do Sul.

Assim, o braço mais abrangente da "mitologia das três raças" que nos serviu de roteiro, representado neste tópico pela cultura musical europeia, constituiu a releitura dos procedimentos da vanguarda feitas, segundo nosso entendimento, por uma ótica pós-moderna que busca dar vez à expressão de culturas que, como a brasileira, têm permanecido "periféricas" no cenário mundial. Os impasses de ordem estética e política, localizados principalmente em torno da questão da "identidade nacional", foram praticamente vencidos durante essas duas décadas, mas deixaram em aberto outros aspectos voltados sobretudo para as dificuldades de ordem econômica. Nos anos 1990, o Brasil iria buscar consolidar uma economia de mercado e a MEB ainda dependia fundamentalmente da Funarte e das universidades públicas; nesse sentido, quando o então presidente Fernando Collor fechou a Funarte em 1990, foi o início de uma nova era para a MEB, marcando o limiar que este trabalho se propôs abranger.

Conclusões

A pós-modernidade vislumbra-se como uma tentativa de rever criticamente a distribuição de poder ao longo da modernidade. No nosso caso, esse poder consiste em legitimar práticas e produções culturais no território da arte musical. Sob esse aspecto, o modernismo acreditava que um enfoque objetivo, centrado no potencial renovador das obras musicais, poderia estabelecer uma revolução no gosto estético, se não das massas ao menos dos apreciadores da chamada tradição musical do Ocidente.

É claro que essa abordagem renovadora encontrou resistências, principalmente de uma grande parcela de músicos e conhecedores de música que não pretendia abrir mão de algumas convenções arraigadas pelo costume. Houve, por assim dizer, uma facção modernista "conservadora", ciente da necessidade de novas criações, mas zelosa pelo vínculo com a maioria das formas já instituídas. Do embate entre essas duas facções, os vanguardistas e os neoclássicos, emergiu uma disputa pela hegemonia musical ao longo do século XX.

No entanto, o maior interesse despertado pelos estudos sobre a cultura de massa, a crescente interação entre culturas, a conscientização – pode-se mesmo dizer *modernização* – das nações colonizadas, fez ver o quão alinhada ao poder econômico estava a questão cultural. A "grande" música, a "verdadeira" arte dos sons, parecia ser possível apenas em continuidade à tradição da Europa ocidental ou no próspero ambiente da América do Norte. Foi pela relativização das contribuições culturais que, em determinado momento, a chamada música contemporânea tornou-se quase um organismo estranho, um produto indigesto e talvez até politicamente "incorreto".

O mercado de produção cultural estruturou-se de modo tão voltado à lucrativa indústria de entretenimento que o espaço destinado à música "artística" foi dedicado principalmente à chamada "música clássica". Como as outras áreas de produção de conhecimento, a música viu-se ilhada em universidades e centros de pesquisa.

Diante desse quadro, a discussão inicial entre vanguarda e conservadorismo converteu-se principalmente numa questão de sobrevivência da criação musical independente do interesse mercadológico. A necessidade de restaurar os canais de comunicação entre a música contemporânea e o público potencialmente interessado em música resultou em pelo menos duas estratégias: a facilitação da linguagem musical (a corrente Nova Simplicidade) e uma disposição em tornar as obras mais acessíveis por meio de sua textualização, do discurso em torno da obra.

Se a ideia de facilitar a obra causa apreensão, às vezes até mesmo repulsa, o recurso ao texto é compartilhado por muitos compositores que sustentam o princípio do modernismo.[1] O texto analítico de feição musicológica tradicional ainda existe, sobretudo como meio de divulgação de técnicas para o estudante de composição ou o especialista em análise musical. Mas são cada vez mais frequentes as abordagens que discutem a percepção da obra, enfatizando o potencial metafórico da música associado a outras formas de expressão. Falar sobre a *escuta* de determinada obra (o nível *estésico*, conforme Nattiez) tornou-se mais comum e eficaz para sua compreensão em geral do que falar sobre a feitura da obra.

---

1 Essa preocupação com a comunicabilidade é destacada por vários teóricos do pós-modernismo e é elemento central das teorias de Habermas (2000) e Vattimo (1996), vistas no Capítulo 1.

Essa mudança convergiu para a discussão em torno da Música Nova na Europa e nos Estados Unidos do pós-guerra, manifestando-se sobretudo na nova crítica musical, influenciada pela maneira com que a crítica literária passou a abordar aspectos inusitados da criação.[2] A valorização do discurso em torno da obra abriu espaço para uma retórica que por vezes procura apenas encobrir a verdadeira fragilidade de certas obras musicais. Esse renascimento do sofismo sem dúvida contribuiu muito para despertar uma antipatia contra o pensamento pós-moderno e para a associação desse tipo de manifestação com uma *estética* pós-moderna, um vale-tudo sempre justificado por uma hábil e sedutora argumentação.

O discurso, entretanto, tornou-se estratégia marcante da música contemporânea, sendo praticado sistematicamente por compositores, críticos e teóricos como uma nova prática de teoria musical (como vimos no Capítulo 2). Assim, o pós-modernismo não viu surgir novos estilos de composição, exceto a tentativa mais superficial de banalização do conteúdo musical. O que é novo no pós-modernismo é justamente sua disposição *crítica*.

Esta é uma narrativa possível para a colocação do problema pós-moderno da música. Mas ainda é uma visão parcial, partindo da origem do problema da Música Nova na Europa e mais tarde, nos Estados Unidos. O pós-modernismo musical nos países periféricos assume outras características, embora apresente problemas comuns aos grandes centros, sobretudo em sua relação com o mercado.

Por isso, abrimos espaço para um estudo do pós-modernismo na MEB (Capítulo 4), dadas as peculiaridades em torno dos eventos políticos importantes ocorridos entre 1964 e 1985 e pelo evidente prestígio que a MPB tem e exerce hegemonicamente entre a crítica e a maior parcela da vida musical no país. Nosso ponto de partida é justamente a transição abrupta de uma modernidade em implantação, ocorrida entre os governos de Getúlio Vargas e Juscelino Kubits-

---

2 É evidente que houve reações contrárias a esse novo enfoque da crítica, como vemos em Barthes (1997).

chek, para uma pós-modernidade de contestação, manifesta após o golpe de 1964.

No Brasil, as universidades só abriram departamentos de música em meados de 1960, visando criar instituições que ao longo dos anos anteriores eram vistas como premiações a uns poucos indivíduos talentosos que deveriam se aperfeiçoar no exterior.

O projeto modernista de Mário de Andrade visou à formação de um caráter nacional, uma ideologia em torno da originalidade de nossa formação étnica, mas que ao cabo revelou-se sectária e pouco capaz de constituir os elementos necessários para a sedimentação de uma cultura musical moderna: universidades, bibliotecas, novas formas de administração de orquestras etc. Pelo contrário, esse modernismo andradiano foi por vezes até obscurantista, dado a proibições, vetos e outras manifestações inquisitórias. Em sua busca obstinada do folclore, praticamente eliminou o que pudesse ser considerado estrangeiro.

Houve também o flerte com a proposta estética do realismo socialista que praticamente esvaiu os esforços de Koellreuter em tentar estabelecer uma nova escola de composição musical nos anos 1940-1950. Essa confluência quase estagnadora foi chacoalhada pela eclosão do golpe militar de 1964 e pelas estratégias da política cultural que se seguiram a ele. Nesse meio-tempo, ocorreram eventos que revitalizaram o debate musical, como o surgimento do Grupo Música Nova e a iniciativa de Gilberto Mendes na organização do Festival de Música Nova, proporcionando um intercâmbio entre compositores e intérpretes brasileiros e estrangeiros. Foi também significativa a criação dos departamentos de música nas universidades e instituições como a Funarte (1976), possibilitando a aglutinação de estudiosos e demais interessados em música contemporânea no Brasil.

Com o golpe, ficou evidente o gerenciamento das atividades culturais de acordo com um padrão modernizador, em conformidade com a visão do regime. Foi uma época efervescente, em que a jovem classe média urbana mal havia encontrado sua expressão musical com a bossa nova, e a música popular, graças à recém-nascida televisão, assumiu dimensões épicas ao dar voz aos anseios universitários traduzidos como protesto diante do cerceamento da liberdade civil.

A perseguição do regime aos intelectuais e artistas associados aos partidos de esquerda desarticulou o próprio Grupo Música Nova, afastou Cláudio Santoro e abalou as convicções da escola nacionalista de Camargo Guarnieri.

O impasse ideológico do golpe de 1964 desencadeou uma orientação que em princípio trouxe como bandeira uma certa orientação modernizadora. É notável a indicação do jovem Marlos Nobre como "representante oficial do Brasil, enviado pelo Itamarati como observador do Festival da Primavera de Praga" (Mariz, 1994a, p.371) em 1966, prenunciando uma época em que o compositor pernambucano reinou absoluto no cenário musical do país. Por causa dessa modernização, formou-se um clima hostil aos representantes do nacionalismo neoclássico, como Guarnieri e Mignone.

Houve uma avaliação de que, após Villa-Lobos, a música brasileira deixou de seguir seu curso "evolutivo", mas pouco consenso se formou em torno da música contemporânea da escola pós-serialista.[3] Da mesma forma que os extremismos tiveram de dar lugar à moderação, a fim de possibilitar uma abertura política, a construção de uma música nacional passou a incorporar os elementos opostos outrora incompatíveis.

O pós-modernismo musical no Brasil se dá por intermédio da criação e, sobretudo, da produção teórica. A crítica musical ainda não constituiu um discurso muito efetivo em relação à criação contemporânea, preferindo omitir-se sobre o assunto ou, em casos mais extremos, refutar a necessidade de tal prática musical no país (Augusto, 1997). Deve-se ressalvar que nossa pesquisa se limitou essencialmente ao período que vai da década de 1960 à de 1980, sendo, portanto, precipitado supor que a crítica não tenha avançado a ponto de cobrir satisfatoriamente a produção musical contemporânea.

---

3 É significativo que Tom Jobim, o principal nome da bossa nova, refira-se a si próprio como uma espécie de continuador de Villa-Lobos, sem vincular-se em momento algum com o nacionalismo de Guarnieri.

O aspecto mais controvertido da teoria pós-moderna é a aparente imobilidade causada pela ausência de rupturas, considerada por alguns como o "fim da história". Por isso, há uma grande rejeição a um conceito que pode ser paralisante e tautológico. Caberá ao tempo revelar se essa é uma dimensão real que irá imperar indefinidamente ou apenas um período transicional. Podemos concluir que, como uma definição de estilo, o pós-modernismo pouco tem a oferecer em relação à música contemporânea. Porém, o conceito é útil para articular muitas das principais questões sobre o rumo tomado pelos músicos desde 1950, o que não é pouco para uma processo ainda em andamento.

REFERÊNCIAS BIBLIOGRÁFICAS

Livros

ADORNO, T. W. *Filosofia da nova música*. Trad. Magda França. São Paulo: Perspectiva, 1974.

_____. *Theodor W. Adorno*: sociologia. Gabriel Cohn (Org.). Trad. Flávio Kothe et al. 2.ed. São Paulo: Ática, 1994.

ADORNO, T. W., HORKHEIMER, M. *Dialética do esclarecimento*. Rio de Janeiro: Zahar, 1985.

ALVAREZ, S., DAGNINO, E., ESCOBAR, A. (Org.). *Cultura e política nos movimentos sociais latino-americanos*. Belo Horizonte: Editora UFMG, 2000.

ANDERSON, P. *As origens da pós-modernidade*. Trad. Marcos Penchel. Rio de Janeiro: Zahar, 1999.

ANDRADE, M. de. *Música, doce música*. São Paulo: Livraria Martins Editora, 1963.

_____. *O ensaio sobre a música brasileira*. 3.ed. São Paulo: Livraria Martins Editora, 1972.

_____. *Pequena história da música*. 8.ed. São Paulo: Livraria Martins Editora, 1980.

_____. *Música e jornalismo*: Diário de São Paulo. Paulo Castagna (Ed.). São Paulo: Hucitec, Edusp, 1993.

APPLEBY, D. P. *La música de Brasil*. Trad. Juan José de Utrilla. México: Fondo de Cultura Económica, 1985.

ARNOLD, D., FORTUNE, N. *The Monteverdi componion*. New York: London: W. W. Norton & Co., 1972.

ARTURI, C. S. Transição política e consolidação da democracia: notas a partir da experiência brasileira. In: REIS, E. et al. *Política e cultura*: visões do passado e perspectivas contemporâneas. São Paulo: Hucitec, 1996. p.42-280.

BARRAUD, H. *Para compreender as músicas de hoje*. Trad. J. J. de Moraes. 3.ed. São Paulo: Perspectiva, 1997.

BARTHES, R. *Crítica e verdade*. Lisboa: Edições 70, 1997.

BAUDELAIRE, C. *A modernidade de Baudelaire*. Teixeira Coelho (Org.). Rio de Janeiro: Paz e Terra, 1988.

BAUDRILLARD, J. *América*. Trad. Álvaro Cabral. Rio de Janeiro: Rocco, 1986.

_____. *À sombra das maiorias silenciosas*: o fim do social e o surgimento das massas. Trad. Suely Bastos. 4.ed. São Paulo: Brasiliense, 1994.

BAUMAN, Z. *O mal-estar da pós-modernidade*. Rio de Janeiro: Zahar, 1998.

BÉHAGUE, G. *Music in Latin America*: an introduction. Englewood Cliffs, NJ: Prentice-Hall, 1979.

BENJAMIN, W. A obra de arte na era de sua reprodutibilidade técnica. In: _____. *Obras escolhidas*: magia e técnica, arte e política. Trad. Sérgio Paulo Rouanet. São Paulo: Brasiliense, 1996. p.65-96.

BOSI, A. (Org.). *Cultura brasileira* – temas e situações. 4.ed. São Paulo: Ática, 1999.

BOSSEUR, D., BOSSEUR, J.-Y. *Revoluções musicais*: a música contemporânea depois de 1945. Lisboa: Caminho, 1990.

BOSSEUR, J.-Y. Igor Stravinsky. In: MASSIN, J. *História da música ocidental*. Rio de Janeiro: Nova Fronteira, 1997. p.1011-22.

BOULEZ, P. *A música hoje 2*. Trad. Geraldo G. de Souza. São Paulo: Perspectiva, 1992.

_____. *Apontamentos de aprendiz*. Trad. Stella Moutinho, Caio Pagano e Lídia Bazarian. São Paulo: Perspectiva, 1995.

BRADBURY, M., McFARLANE, J. *Modernismo*: guia geral. São Paulo: Companhia das Letras, 1989.

BUCKINX, B. *O pequeno pomo* – ou a história da música do pós--modernismo. São Paulo: Giordano, Ateliê Editorial, 1998.

BURLATSKI, F. *Fundamentos da filosofia marxista-leninista*. Trad. K. Asryants. Moscou: Edições Progresso, 1987.

BÜRGER, P. *Teoria da vanguarda*. Trad. Ernesto Sampaio. Lisboa: Vega, 1993.

CAGE, J. *Silence*. Middletown, Connecticut: Wesleyan University Press, 1961.

_____. *For the birds*. Boston: London: Marion Boyars Publishers, 1995.

CALDEIRA FILHO, J. *A aventura da música*: subsídios críticos para apreciação musical. São Paulo: Ricordi Brasileira, 1968. v.1.

CALLADO, C. *A Divina Comédia dos Mutantes*. São Paulo: Editora 34, 1995.

CAMPOS, A. de. *Balanço da bossa e outras bossas*. 5.ed. São Paulo: Perspectiva, 1993.

CASTRO, R. *Chega de saudade*: uma história da bossa nova e outras bossas. 2.ed. São Paulo: Companhia das Letras, 1993.

CHRISTENSEN, T. Music theory and its histories. In: HATCH, C., BERSTEIN, D. W. (Ed.). *Music Theory and the Exploration of the Past*. Chicago, London: The University of Chicago Press, 1992. p.9-40.

COHN, G. Adorno e a teoria crítica da sociedade. In: ADORNO, T. W. *Theodor W. Adorno*. Gabriel Cohn (Org.). 2.ed. São Paulo: Ática, 1994. p.7-32.

COMPAGNON, A. *Os cinco paradoxos da modernidade*. Belo Horizonte: Editora da UFMG, 1999.

CONTIER, A. D. *Música e ideologia no Brasil*. 2.ed. São Paulo: Novas Metas, 1985a.

COOK, N. *A Guide to Music Analysis*. New York, London: Norton, 1992.

COPLAND, A. *Copland on Music*. New York: Doubleday & Company, Inc., 1960.

_____. *A nova música*. Trad. Lívio Dantas. São Paulo: Record, 1968.

DAGNINO, E. Cultura, cidadania e democracia: a transformação dos discursos e práticas na esquerda latino-americana. In: ALVAREZ, S. et al. *Cultura e política nos movimentos sociais latino-americanos*: novas leituras. Belo Horizonte: Editora da UFMG, 2000. p.61-102.

DAHLHAUS, C. *Between Romanticism and Modernism*: four Studies in the Music of the later Nineteenth Century. Transl. Mary Whittall. Berkeley, Los Angeles, London: University of California Press, 1989.

_____. *Schoenberg and the New Music*. Transl. Derrick Puffett and Alfred Clayton. Cambridge: University of Cambridge Press, 1990.

_____. *The Idea of Absolute Music*. Transl. Roger Lustig. Chicago: University of Chicago Press, 1991.

DAMSCHRODER, D., WILLIAMS, D. R. Music Theory from Zarlino to Schenker: a Bibliography Guide. Stuyvesant, NY: Pendragon Press, 1990.

DE MASI, D. A sociedade pós-industrial. In: _____. (Org.). *A sociedade pós-industrial*. 3.ed. São Paulo: Senac, 2000.

DEATHRIDGE, J., DALHLAUS, C. *Wagner*. Trad. Marija M. Bezerra. Porto Alegre: L&PM, 1988. (Série The New Grove).

DERRIDA, J. *Gramatologia*. 2.ed. São Paulo: Perspectiva, 1999.

DIAS, M. T. *Os donos da voz*: indústria fonográfica brasileira e mundialização da cultura. São Paulo: Boitempo, 2000.

DUCKWORTH, W. *Talking Music*: Conversations with John Cage, Philip Glass, Laurie Anderson and five Generations of American Experimental Composers. New York: Da Capo Press, 1999.

ECO, U. *Apocalípticos e integrados*. Trad. Geraldo Gérson de Sousa. 5.ed. São Paulo: Perspectiva, 2000a.

_____. *Obra aberta*: forma e indeterminação nas poéticas contemporâneas. Trad. Giovanni Cutolo. 8.ed. São Paulo: Perspectiva, 2000b.

EDUCADORES MUSICAIS DE SÃO PAULO: encontros e reflexões. Organizado por Sônia Albano de Lima. São Paulo: Companhia Editora Nacional, 1998.

ELLMERICH, L. *Guia da música e da dança*. São Paulo: Boa Leitura, 1962. 2v.

ENCONTROS/DESENCONTROS. Encontros de pesquisadores e músicos da XI Bienal de Música Brasileira Contemporânea. Organizado por Carole Gubernikoff. Rio de Janeiro: Funarte, Unirio, 1996.

FABRIS, A. *O futurismo paulista*: hipóteses para o estudo da chegada da vanguarda ao Brasil. São Paulo: Perspectiva, 1994a.

_____. (Org.). *Modernidade e modernismo no Brasil*. Campinas: Mercado de Letras, 1994b.

FAUSTO, B. *História do Brasil*. 8.ed. São Paulo: Edusp, Fundação para o Desenvolvimento da Educação, 2000.

FERRAZ, S. *Música e repetição*: a diferença na composição contemporânea. São Paulo: Educ, 1998.

FRANCIS, P. *Trinta anos esta noite*: 1964, o que vi e vivi. São Paulo: Companhia das Letras, 1994.

FREITAG, B. *A teoria crítica*: ontem e hoje. São Paulo: Brasiliense, 1986.

FUBINI, E. *L'estetica musicale dall'antichità al settecento*. Torino: Giulio Einaudi, 1976.

_____. *L'estetica musicale dal settecento a oggi*. Nuova edizione ampliata. Torino: Giulio Einaudi editore, 1987.

GABLER, N. *Vida, o filme* – como o entretenimento conquistou a realidade. Trad. Beth Vieira. São Paulo: Companhia das Letras, 1999.

GAGNEBIN, J. M. *Sete aulas sobre linguagem, memória e história*. São Paulo: Imago, 1997.

GARDNER, J. *Cultura ou lixo?* Trad. Fausto Wolff. Rio de Janeiro: Civilização Brasileira, 1996.

GRIFFITHS, P. *A música moderna*: uma história concisa e ilustrada de Debussy a Boulez. Trad. Clóvis Marques. Rio de Janeiro: Zahar, 1994.

GROUT, D., PALISCA, C. V. *A History of Western Music*. 5.ed. London: W.W. Norton & Co., 1996.

HABERMAS, J. *O discurso filosófico da modernidade*. Trad. Luiz Sérgio Repa e Rodnei Nascimento. São Paulo: Martins Fontes, 2000.

HABERMAS, J., RAWLS, J. *Debate sobre el liberalismo político*. Barcelona: Ediciones Paidós, 1998.

HANSLICK, E. *Do belo musical*: uma contribuição para a revisão da estética musical. Trad. Nicolino Simone Neto. 2.ed. Campinas: Editora da Unicamp, 1992.

HARNONCOURT, N. *O diálogo musical*: Monteverdi, Bach e Mozart. Trad. Luiz Paulo Sampaio. Rio de Janeiro: Zahar, 1993.

HARVEY, D. *Condição pós-moderna*: uma pesquisa sobre as origens da mudança cultural. 9.ed. Trad. Adail Ubirajara Sobral e Maria Stela Gonçalves. São Paulo: Loyola, 2000.

HEGEL, G. W. F. *O belo na arte*: curso de estética. Trad. Orlando Vitorino. São Paulo: Martins Fontes, 1996.

HELMHOLTZ, H. *On the Sensations of Tone as a Physiological Basis for the Theory of Music.* Transl. Alexander Ellis. New York: Dover, 1954.

HOBSBAWM, E. *Era dos extremos, o breve século XX:* 1914-1991. Trad. Marcos Santarrita. São Paulo: Companhia das Letras, 1997.

JAMESON, F. O pós-modernismo e a sociedade de consumo. In: KAPLAN, E. A. *O mal-estar no pós-modernismo:* teorias e práticas. Trad. Vera Ribeiro. Rio de Janeiro: Zahar, 1993.

_____. *Pós-modernismo:* a lógica cultural do capitalismo tardio. 2.ed. Trad. Maria Elisa Cevasco. São Paulo: Ática, 1997.

KAGEL, M. *Tam-tam:* monologues et dialogues sur la musique. Félix Schmidt e Jean-Jacques Nattiez (Org.). Trad L. Touzin-bauer, A. Goléa, E. Guérineau e H. Hildebrand. Paris: Christian Bourgois, 1983.

KAPLAN, E. A. (Org.). *O mal-estar no pós-modernismo:* teorias e práticas. Trad. Vera Ribeiro. Rio de Janeiro, Zahar, 1993.

KARL, F. R. *O moderno e o modernismo:* a soberania do artista – 1885-1925. Trad. Henrique Mesquita. Rio de Janeiro: Imago, 1988.

KATER, C. *Música viva e H. J. Koellreuter:* movimentos em direção à modernidade. São Paulo: Musa Editora, Atravez, 2001.

KERMAN, J. *Musicologia.* Trad. Álvaro Cabral. São Paulo: Martins Fontes, 1987.

KOSTELANETZ, R. *Conversing with Cage.* New York: Limelight Editions, 1991.

KRAMER, L. *Classical Music and Postmodern Knowledge.* Berkeley (CA): University of California Press, 1995.

KUHN, T. *A estrutura das revoluções científicas.* Trad. Beatriz Viana Boeira e Nelson Boeira. 5.ed. São Paulo: Perspectiva, 1997.

KUJAWSKI, G. de M. *A crise no século XX.* São Paulo: Ática, 1988.

LEME, M. A. V. da S. O impacto das representações sociais. In: SPINK, M. J. (Org.). *O conhecimento do cotidiano:* as representações sociais na perspectiva da psicologia social. São Paulo: Brasiliense, 1995. p.46-57.

LÉVI-STRAUSS, C. *Tristes trópicos.* Trad. Rosa Freire D'Aguiar. São Paulo: Companhia das Letras, 1999.

LIMA, L. C. (Org.). *Teoria da cultura de massa.* 4.ed. São Paulo: Paz e Terra, 1990.

LIPPMAN, E. *A History of Western Musical Aesthetics*. University of Nebraska Press, 1992.

_____. The place of aesthetics in theoretical treatises on music. In: HATCH, C., BERSTEIN, D. W. (Ed.). *Music Theory and the Exploration of the Past*. Chicago and London: The University of Chicago Press, 1992. p.217-32.

LÓPEZ, J. *La música de la posmodernidad*: ensayo de hermenéutica cultural. Barcelona: Editorial Anthropos, 1988.

LYOTARD, J.-F. *Moralidades pós-modernas*. Trad. Marina Appenzeller. Campinas: Editora Papirus, 1996.

LUKÁCS, G. *Introdução a uma estética marxista*. 2.ed. Trad. Carlos Nelson Coutinho e Leandro Konder. Rio de Janeiro: Civilização Brasileira, 1970.

McFARLANE, A. *A cultura do capitalismo*. Trad. Ivo Korytowski. Rio de Janeiro: Zahar, 1989.

MARCONDES, M. A. *Enciclopédia da música brasileira*: erudita, folclórica, popular. Apresentação de Ricardo Ribenboim. 2.ed., rev. e ampl. São Paulo: Art Editora, 1998.

MARIZ, V. *História da música no Brasil*. 4.ed. Rio de Janeiro: Civilização Brasileira, 1994a.

_____. *Cláudio Santoro*. Rio de Janeiro: Civilização Brasileira, 1994b.

McLUHAN, H. M. *A galáxia de Gutenberg*: a formação do homem tipográfico. Trad. Leônidas Gontijo de Carvalho e Anísio Teixeira. São Paulo: Editora Nacional, Edusp, 1972.

MEDAGLIA, J. *Música impopular*. São Paulo: Global, 1988.

MENDES, G. *Uma odisseia musical*: dos mares do sul à elegância *pop/art déco*. São Paulo: Edusp, 1994.

MENEZES, F. (Org.). *Música eletroacústica*: história e estéticas. São Paulo: Edusp, 1996.

_____. *Atualidade estética da música eletroacústica*. São Paulo: Edusp, 1999.

_____. *Apoteose de Schoenberg*. 2.ed. São Paulo: Ateliê Editorial, 2002.

MERLEAU-PONTY, M. *Fenomenologia da percepção*. Trad. Carlos Alberto Ribeiro de Moura. São Paulo: Martins Fontes, 1996.

MEYER, L. B. *Emotion and Meaning in Music*. Chicago: University of Chicago Press, 1961.

MOTA, C. G. *Ideologia da cultura brasileira* – 1933-1974. 9.ed. São Paulo: Ática, 1994.

_____. (Org.). *Viagem incompleta*: a grande transação: a experiência brasileira. São Paulo: Senac, 2000.

NATTIEZ, J.-J. *Music and Discourse*: Towards a Semiology of Music. Princeton, New Jersey: University of Princeton Press, 1990a.

NATTIEZ, J.-J. et al. *Semiologia da música*. Trad. Mário Vieira de Carvalho. Lisboa: Vega, s. d.

NEVES, J. M. *Villa-Lobos, o choro e os choros*. São Paulo: Musicália, 1977.

_____. *Música contemporânea brasileira*. São Paulo: Ricordi Brasileira, 1981.

NEIGHBOUR, O. et al. *Segunda escola vienense*. Trad. Magda Lopes. Porto Alegre: L&PM, 1990.

NÓBREGA, A. *Os choros de Villa-Lobos*. Rio de Janeiro: Museu Villa--Lobos, 1975.

NYMAN, M. *Experimental Music*: Cage and beyond. 2.ed. Cambridge: University Press, 1999.

OLIVEIRA, B. A. de. *O estado autoritário brasileiro e o ensino superior*. 2.ed. São Paulo: Editores Associados, 1981.

OLIVEIRA, W. C. de. *Beethoven, proprietário de um cérebro*. São Paulo: Perspectiva, 1979.

ORTIZ, R. *A moderna tradição brasileira*: cultura brasileira e indústria cultural. São Paulo: Brasiliense, 1988.

_____. *Cultura brasileira & identidade nacional*. 5.ed. São Paulo: Brasiliense, 1994.

_____. Sociedade e cultura. In: SACHS, I. et al. (Org.). *Brasil*: um século de transformações. São Paulo: Companhia das Letras, 2001. p.184-209.

PAES, J. P. Música e democracia: "populismo" x "elitismo" – argumento falacioso. In: BOSI, A. (Org.). *Cultura brasileira*: temas e situações. 4.ed. São Paulo: Ática, 1999. p.124-8.

PALISCA, C. V. Science empiricism in musical thought. In: TOULMIN, S. et al. *Seventeenth Century Science and the Arts*. Princeton, New Jersey: Princeton University Press, 1961. p.91-137.

PESSOA, F. *Fernando Pessoa*: obra poética. Rio de Janeiro: Nova Aguilar, 1986.

PIGNATARI, D. *Informação. Linguagem. Comunicação.* 19.ed. São Paulo: Cultrix, 1997.

PORTELLA, E. Modernidade no vermelho. In: SACHS, I. et al. (Org.). *Brasil*: um século de transformações. São Paulo: Companhia das Letras, 2001. p.456-71.

PRADO JÚNIOR, C. *História econômica do Brasil.* 25.ed. São Paulo: Brasiliense, 1976.

RAMAUT-CHEVASSUS, B. *Musique et postmodernité.* Paris: PUF, 1998.

REICH, S. *Écrits et entreteniens sur la musique.* Trad. Bérénice Reynaud. Paris: Christian Bourgois, 1981.

REIS, S. L. de F. *Elementos de uma filosofia da educação musical em Theodor Wiesengrund Adorno.* Belo Horizonte: Mãos Unidas, 1996.

RIBEIRO, D. *UnB*: invenção e descaminho. Rio de Janeiro: Avenir, 1978.

RICH, A. *American Pioneers*: Ives to Cage and Beyond. London: Phaidon, 1995.

ROSEN, C. *The Classical Style*: Haydn, Mozart e Beethoven. Expanded edition. London, New York: W.W. Norton & Co., 1998.

_____. *A geração romântica.* Trad. Eduardo Seincman. São Paulo: Edusp, 2000.

RUWET, N. Contradictions du langage sériel. In: _____. *Langage, musique, poésie.* Paris: Éditions du Seuil, 1972. p.23-40.

SÁ, C. P. de. Representações sociais: o conceito e o estado atual da teoria. In: SPINK, M. J. (Org.). *O conhecimento no cotidiano*: as representações sociais na perspectiva da psicologia social. São Paulo: Brasiliense, 1995. p.19-45.

SACHS, I. et al. (Org.). *Brasil*: um século de transformações. São Paulo: Companhia das Letras, 2001.

SALZER, F. *Structural Hearing*: Tonal Coherence in Music. New York: Dover, 1982.

SANTOS, A. E. *O antropofagismo na obra pianística de Gilberto Mendes.* São Paulo: Annablume, 1997.

SANTOS, B. de S. *Pela mão de Alice*: o social e o político na pós--modernidade. 6.ed. São Paulo: Cortez, 1999.

_____. *Introdução a uma ciência pós-moderna.* 3.ed. São Paulo: Graal, 2000a.

SANTOS, B. de S. *A crítica da razão indolente*: contra o desperdício da experiência. 2.ed. São Paulo: Cortez, 2000b.

SCHAFER, M. *O ouvido pensante*. Trad. Marisa Fonterrada. São Paulo: Editora Unesp, 1997.

SCHENKER, H. *Free Composition*. New York: Longman, 1979. (*Der freie satz*, 1935).

SCHOENBERG, A. *Armonía*. Trad. Ramon Barce. Madrid: Real Musical, 1979.

_____. *Style and Idea*. Berkeley, Los Angeles: University of California Press: 1984.

SEEGER, C. *Studies in Musicology* – 1935-1975. Berkeley, Los Angeles, London: University of California Press, 1977.

SEVCENKO, N. *Orfeu extático na metrópole*: São Paulo, sociedade e cultura nos frementes anos 20. São Paulo: Companhia das Letras, 1998.

SOUZA, R. C. de. *Música*. São Paulo: Novas Metas, 1983.

STOCKHAUSEN, K., TANNEMBAUM, M. *Diálogo com Stockhausen*. Lisboa: Edições 70, 1991.

STRAVINSKY, I. *Poética musical* – em 6 lições. Trad. Luiz Paulo Horta. Rio de Janeiro: Zahar, 1996.

STRAVINSKY, I., CRAFT, R. *Conversas com Stravinsky*. Trad. Stella Rodrigo Octavio Moutinho. São Paulo: Perspectiva, 1984.

STRAVINSKY, I. et al. *Themes and Conclusions*. Berkeley, Los Angeles: University of California Press, 1982.

SUBIRATS, E. *Da vanguarda ao pós-moderno*. 4.ed. Trad. Luiz Carlos Daher, Adélia Bezerra de Meneses e Beatriz Cannabrava. São Paulo: Nobel, 1991.

TELES, G. M. *Vanguarda europeia e modernismo brasileiro*: apresentação e crítica dos principais manifestos vanguardistas. 15.ed. São Paulo: Vozes, 1999.

TERRA, V. *Acaso e aleatório na música*: um estudo da indeterminação nas poéticas de Cage e Boulez. São Paulo: Educ, Fapesp, 2000.

TOFFLER, A. *A terceira onda*. Trad. João Távora. Rio de Janeiro/São Paulo: Record, 1999.

TOMÁS, L. *O poema do fogo*: mito e música em Scriabin. São Paulo: Annablume, 1993.

TOMÁS, L. *Ouvir o* logos: música e filosofia. São Paulo: Editora Unesp, 2002.

TOTA, A. P. *O imperialismo sedutor*: a americanização do Brasil na época da Segunda Guerra. São Paulo: Companhia das Letras, 2000.

VALENTE, H. de A. D. *Os cantos da voz*: entre o ruído e o silêncio. São Paulo: Annablume, 1999.

VAN DER TOORN, P. C. *Stravinsky and* The Rite of Spring: The Beginnings of a Musical Language. Berkeley, Los Angeles: University of California Press, 1987.

VATTIMO, G. *O fim da modernidade* – niilismo e hermenêutica na cultura pós-moderna. Trad. Eduardo Brandão. São Paulo: Martins Fontes, 1996.

VELOSO, C. *Verdade tropical*. São Paulo: Companhia das Letras, 1997.

VERHAALEN, S. M. *The solo piano music of Francisco Mignone and Camargo Guarnieri*. Dissertation submitted and aproved for the Degree of Doctor of Education in Teachers College, Columbia University, 1971.

VILARINO, R. C. *A MPB em movimento* – música, festivais e censura. São Paulo: Olho d'Água, 1999.

WEBER, M. *Os fundamentos racionais e sociológicos da música*. Trad. Leopoldo Waisbort. São Paulo: Edusp, 1995.

WEBERN, A. *O caminho para a música nova*. Trad. Carlos Kater. São Paulo: Novas Metas, 1984.

WILLIAMS, R. *Cultura*. Trad. Lólio Lourenço de Oliveira. São Paulo: Paz e Terra, 1992.

WISNIK, J. M. *O coro dos contrários* – a música em torno da semana de 22. 2.ed. São Paulo: Duas Cidades, 1983.

_____. *O som e o sentido*: uma outra história das músicas. 2.ed. São Paulo: Companhia das Letras, 1999a.

_____. Algumas questões de música e política no Brasil. In: BOSI, A. (Org.). *Cultura brasileira*: temas e situações. 4.ed. São Paulo: Ática, 1999b. p.114-23.

ZAMBONI, S. *A pesquisa em arte* – um paralelo entre arte e ciência. Campinas: Editores Autores Associados, 1998.

ZAMPRONHA, E. *Notação, representação e composição* – um novo paradigma da escritura musical. São Paulo: Annablume, 2000.

Revistas e periódicos indexados

ADORNO, T. W. Music, language and composition. Transl. Susan Gillespie. *The Musical Quarterly*, v.77, n.3, p.401-14, Summer 1993.

ALEGANT, B. Cross-partitions as harmony and voice leading in twelve--tone music. *Theory Music Spectrum*, v.23, n.1, p.1-40, Spring 2001.

ALIMONDA, H. Lembranças importantes de uma amizade muito importante. *Brasiliana (Rio de Janeiro)*, Revista da Academia Brasileira de Música, n.2, p.34-7, 1999.

ANAIS DO I SIMPÓSIO INTERNACIONAL DE COMPOSITO-RES. São Bernardo do Campo, SP: IAP/Unesp, 4 a 10 set.1977.

ANTUNES, J. O novo discurso musical que dá asas à criação. In: VIII ENCONTRO DA ANPPOM, 1995, João Pessoa. *Anais...* João Pessoa, 1995.

_____. *Sinfonia das buzinas*: O sublime e o útil na fronteira entre o medo e a ousadia. *Brasiliana (Rio de Janeiro)*, Revista da Academia Brasileira de Música, n.7, p.6-19, jan. 2001.

AUSTIN, L. An interview with John Cage and Lejaren Hiller. *Computer Music Journal*, v.16, n.4, p.15-29, MIT Press, 1992.

AZEVEDO, C. A rádio MEC como centro difusor da música de concerto no Brasil. *Brasiliana (Rio de Janeiro)*, Revista da Academia Brasileira de Música, n.5, p.2-13, maio 2000.

BANDUR, M. The composition of meaning: construction and semantics in Karlheinz Stockhausen's *Luzifer-Gruss vom Samtag aus Licht*. *Perspectives of New Music*, v.37, n.1, p.157-78, Winter 1999.

BARANCOSKI, I. A identidade nacional nos *Ciclos nordestinos* para piano de Marlos Nobre. *Cadernos do Colóquio (Rio de Janeiro)*, CLA/Unirio, p.13-24, abr. 1999.

BARCE, R. Doce advertencias para una sociología de la música. *Pauta (México)*, v.VII, n.26-28, p.141-55, abr.-dez. 1988.

BÉHAGUE, G. Recent studies of brazilian music (review). *Latin America Music Review (Austin)*, University of Texas, v.8, n.2, p.292-299, Fall-Winter 1987.

_____. Conferência: discurso musical e discurso sobre música: sistemas de comunicação incompatíveis? In: VIII ENCONTRO DA ANP-POM, 1995, João Pessoa. *Anais...* João Pessoa, 1995.

BÉHAGUE, G. Marlos Nobre, Villa-Lobos (review). *Latin America Music Review (Austin)*, University of Texas, v.17, n.1, p.85-9, 1996.

BEZERRA, M. A evolução de um pianismo eclético: Gilberto Mendes e o uso da citação musical. *Revista Música (São Paulo)*, v.9-10, p.165-81, 1998-1999.

BITTENCOURT, Á. O festival Camargo Guarnieri. *Fundamentos*, n.2, p.152-54, jul. 1948.

BRODY, M. "Music for the Masses": Milton Babbitt's cold war music theory. *The Musical Quarterly*, v.77, n.2, p.161-92, Summer 1993.

CAGE, J. El futuro de la música. *Pauta (México)*, v.7, n.26-28, p.6-23, abr.-jun. 1986a.

_____. Tema y variaciones: introducción. *Pauta (México)*, v.7, n.41-59, p.6-23, abr.-jun. 1986b.

CARPENTIER, A. Heitor Villa-Lobos. *Pauta (México)*, v.6, n.24, p.5-17, oct., nov., dic. 1987.

CHAVES, C. L. Schenker, Schoenberg e Entartete Musik. In: VIII ENCONTRO DA ANPPOM, 1995, João Pessoa. *Anais...* João Pessoa, 1995.

CIRCUIT. Revue nord-americaine de musique du XXᵉ siécle. Postmodernisme. NATTIEZ, Jean-Jacques (Ed.). Montréal, Canadá: Presses de l'Université de Montréal, 1990. n.1, 97p.

CONTIER, A. D. A sacralização do nacional e do popular na música. *Revista Música*, v.2, n.1, p.5-36, maio 1991.

_____. Mário de Andrade e a música brasileira. *Revista Música*, v.5, n.1, p.33-47, maio 1994.

_____. Ensaio sobre a música brasileira: estudos dos matizes ideológicos do vocabulário social e técnico-estético (Mário de Andrade, 1928). *Revista Música*, v.6, n.1-2, p.75-121, maio-nov. 1995.

_____. Chico Bororó Mignone. *Revista do Instituto de Estudos Brasileiros (São Paulo)*, n.42, p.11-30, 1997.

COUTO, M. de F. M. Mário Pedrosa, Ferreira Gullar e a abstração informal no Brasil. *Novos Estudos Cebrap*, n.58, p.203-13, nov. 2000.

DELIÉGE, C. Stravinsky: ideology – language. *Perspectives of New Music*, v.26, n.1, p.82-107, Winter 1988.

DINEEN, M. Adorno and Schoenberg's unanswered question. *The Musical Quarterly*, v.77, n.3, p.415-27, Summer 1993.

DOMINGUES, J. M. Desencaixes, abstrações e identidades. *Revista da USP (São Paulo)*, n.42, p.20-33, jun.-ago. 1999.

DUARTE, M. de A. A tripartição *ethos, pathos, logos* da Retórica de Aristóteles e a teoria tripartite de Nattiez: buscando uma analogia. In: XIII ENCONTRO NACIONAL DA ANPPOM, 2001, Belo Horizonte. *Anais...* Belo Horizonte, MG, 2001. p.391-9.

DUPRAT, R. Luís Heitor Corrêa de Azevedo: o cinquentenário de um livro. *Revista Música (São Paulo)*, v.9-10, p.11-9, 1998-1999.

ESCALANTE, E. Camargo Guarnieri: o mestre, o músico, o homem. *Brasiliana (Rio de Janeiro)*, Revista da Academia Brasileira de Música, n.4, p.24-9, jan. 2000.

ESTRELLA, A. et. al. Manifesto do 2° Congresso de compositores e críticos musicais – Praga. *Fundamentos*, n.2, p.154-6, jul. 1948.

FERNEYHOUGH, B. Il tempo della figura; The tactility of time; Form-Figure-Style: an intermediate assesment. *Perspectives of New Music*, v.31, n.1, p.11-41, 1993.

FERRAZ, S. Composição e pesquisa: a categoria compositor-pesquisador ou o compositor que se perdeu num tubo de ensaio. In: IX ENCONTRO ANUAL DA ANPPOM, 1996, Rio de Janeiro. Rio de Janeiro, 5-9 ago. 1996. p.69-73.

FERRIS, J. The evolution of Rameau's harmonic theories. *Journal of music theory*, v.3, p.231-56, 1959.

FUBINI, E. Universalidade ou individualidade da linguagem musical? *Novos Estudos Cebrap*, n.60, p.109-18, jul. 2001.

FURTADO, C. Reflexões sobre a crise brasileira. *Novos Estudos Cebrap*, n.57, p.3-8, jul. 2000.

GANDELMAN, S. Repertório brasileiro para piano (1950-1990). *Brasiliana (Rio de Janeiro)*, Revista da Academia Brasileira de Música, n.2, p.24-33, 1999a.

GARCIA, M. F. *Density 21.5* de Edgard Varèse: uma análise espectrográfica. XIII ENCONTRO NACIONAL DA ANPPOM, 2001, Belo Horizonte. *Anais...* Belo Horizonte: Universidade Federal de Minas Gerais, 2001. v.1, p.373-81.

GAUDIBERT, P. Moderne, modernite, modernisme, contemporaneite et post-moderne. In: IV CONGRESSO BRASILEIRO DE HISTÓRIA DA ARTE, 1991, Porto Alegre. *Anais...* Porto Alegre: Instituto de Artes, UFRGS, 1991. p.20-4.

GAUNA, E. et al. O percurso da música na escola. In: I SEMINÁRIO NACIONAL SOBRE O PAPEL DA ARTE NO PROCESSO DE SOCIALIZAÇÃO E EDUCAÇÃO DA CRIANÇA E DO JOVEM, 1995, São Paulo. *Anais...* São Paulo: Universidade Cruzeiro do Sul, 1995. p.149-56.

GILBERT, S. E. The ultra-modern idiom: a survey of New Music. *Perspectives of New Music*, Annandale-on-Hudson, New York, double issue, v.2, p.282-314, Spring-Summer 1974.

GODWIN, J. The revival of speculative music. *The Musical Quarterly*, v.68, n.3, p.373-89, July 1982.

GONZÁLEZ, J. P. Modernidad y posmodernidad en el compositor chileno contemporáneo. *Revista Música (São Paulo)*, v.4, n.2, p.174-89, nov. 1993.

GREBE, M. E. Ukrinmakrinkrin. *Revista Musical Chilena (Santiago de Chile)*, n.148, p.48-57, oct.-dic., 1979.

GUARNIERI, C. Camargo Guarnieri: meio século de nacionalismo. *Caderno de Música (São Paulo)*, ECA/USP, Federação Paulista de Conjuntos Corais, n.7, p.8-10, jun.-jul. 1981.

GUBERNIKOFF, C. Implicações estéticas das tendências da música contemporânea nos anos 70 e 80. In: VII ENCONTRO NACIONAL DA ANPPOM, 1994, São Paulo. *Anais...* São Paulo: ECA/ USP, Unicamp e Unesp, 1994. p.52-3.

_____. A Missa de São Nicolau, de Almeida Prado, na confluência das opções estéticas dos anos 80. *Revista Música (São Paulo)*, v.9-10, p.183-209, 1998-1999.

_____. Almeida Prado e Tristan Murail: empirismo e composição – algumas questões teóricas envolvidas na pesquisa de pós-doutorado. *Cadernos do Colóquio (Rio de Janeiro)*, CLA/Unirio, p.25-30, abr. 1999.

HAMM, C. Privileging the moment: Cage, Jung, synchronicity, post--modernism. *The Journal of Musicology (Berkeley)*, University of California Press, v.5, n.2, p.278-89, 1997.

IAZZETTA, F. A música, o corpo e as máquinas. *Opus 4 (Rio de Janeiro)*, v.4, n.4, p.27-44, ago. 1997.

KOELLREUTER, H. J. Aspectos econômicos da música. *Fundamentos*, n.1, p.41-3, jun. 1948.

LEME, M. Projeto espiral: um projeto de formação de músicos de orquestra no Brasil. *Cadernos do Colóquio (Rio de Janeiro)*, CLA/ Unirio, p.50-4, abr. 1999.

LESSEM, A. Schoenberg, Stravinsky and neo-classicism: the issues reexamined. *The Musical Quarterly*, v.68, n.4, p.527-42, oct. 1982.

LONDON, J. Review: Laird Addis, *Of mind and music* and Edward Lippman, *The philosophy and aesthetics of music. Theory Music Spectrum*, v.23, n.1, p.108-17, Spring 2001.

LUCAS, M. A música polonesa dos anos 60-70 e sua influência na música brasileira. *Brasiliana (Rio de Janeiro)*, Revista da Academia Brasileira de Música, n.6, p.2-11 set. 2000.

MAGALHÃES, F. O passado ameaça o futuro: Tocqueville e a perspectiva da democracia individualista. *Tempo Social (São Paulo)*, Revista da Sociologia da Universidade de São Paulo, v.12, n.1, p.141-64, maio 2000.

MARTINS, J. E. O anjo e suas metas-morfoses. *Revista do Instituto de Estudos Brasileiros (São Paulo)*, n.42, p.31-42, 1997.

_____. Departamento de Música: 30 anos de lutas e conquistas. *Jornal da USP*, n.533, 4-10 dez. 2000.

MENDES, G. Música moderna brasileira e suas implicações de esquerda. *Revista Música (São Paulo)*, v.2, n.1, p.37-42, maio 1991.

NASSARO, J. N. Tendências neoclássicas na música brasileira de hoje. *Cadernos do Colóquio (Rio de Janeiro)*, CLA/Unirio, p.40-4, abr. 1999.

NATTIEZ, J.-J. Trois modèles linguistiques pour l'analyse musicale. *Musique en Jeu*, n.10, p.3-11, mars 1973.

_____. *Répons* et la crise de la "communication" musicale contemporaine. *Harmoniques, Musiques, identités*. Ircam – Centre George Pompidou, p.193-210, mai 1987.

_____. Semiologia musical e pedagogia da análise. Trad. Régis Duprat. *Opus 2*, Revista da ANPPOM, ano 2, n.2, p.50-8, jun. 1990b.

NATTIEZ, J.-J., HIRBOUR-PAQUETTE, L. Analyse musicale et semiologie a propos du Prélude de *Pelléas. Musique en Jeu*, n.10, p.42-69, mars 1973.

NOBRE, M. L. C. Sonâncias III, op. 49 de Marlos Nobre. *Revista da Sociedade Brasileira de Música Contemporânea (Goiânia)*, n.2, p.101-27, 1995.

NOBRE, M. Tendências da criação musical contemporânea. *Revista da Sociedade Brasileira de Música Contemporânea (Goiânia)*, n.1, p.73-86, 1994.

OLIVEIRA, J. de. Música experimental – ainda existe? *Brasiliana (Rio de Janeiro)*, Revista da Academia Brasileira de Música, n.2, p.18-23, 1999.

OLIVEIRA, W. C. de. Música e sociedade. *Revista Música*, v.2, n.1, p.70-78, maio 1991.

PARASKEVAÍDIS, G. Música dodecafónica y serialismo en América Latina. *Brasiliana (Rio de Janeiro)*, Revista da Academia Brasileira de Música, n.2, p.38-47, maio 1999.

PRITCHETT, J. From choice to chance: John Cage's Concerto for prepared piano. *Perspectives of New Music*, v.26, n.1, p.50-81, Winter 1988.

RAMALHO, G. C. G. Em debate: o percurso da música na escola. In: I SEMINÁRIO NACIONAL SOBRE O PAPEL DA ARTE NO PROCESSO DE SOCIALIZAÇÃO E EDUCAÇÃO DA CRIANÇA E DO JOVEM, 1995, São Paulo. *Anais...* São Paulo: Universidade Cruzeiro do Sul, 1995. p.157-62.

REIS, S. L. de F. Musicologia e filosofia: mímesis na linguagem musical. In: XIII ENCONTRO NACIONAL DA ANPPOM, Belo Horizonte, 2001. *Anais...* Belo Horizonte, 2001. v.II, p.496-500.

REVISTA MUSICAL CHILENA. Nueve preguntas a Marlos Nobre. Entrevista. Santiago de Chile, n.148, p.37-47, out.-dez. 1979.

RICCIARDI, R. Jdanov, Brecht, Eisler e a questão do formalismo. *Revista Música (São Paulo)*, v.8, n.1-2, p.169-203, maio-nov. 1997.

RIPPER, J. G. Pós-modernismo na música latino-americana. *Revista da Sociedade Brasileira de Música Contemporânea (Goiânia)*, n.4, p.78-9, 1997.

RODRIGUES, L. Yes, nós temos a música. *Revista da Sociedade Brasileira de Música Contemporânea (Goiânia)*, n.3, p.83-9, 1996.

SALLES, P. de T. Ethos real e virtual: um impasse na música brasileira. *Revista Unicsul (São Paulo)*, ano 5, n.7, p.148-53, dez. 2000.

_____. A música brasileira e sua condição pós-moderna. XIII ENCONTRO NACIONAL DA ANPPOM, Belo Horizonte, 2001. *Anais...* Belo Horizonte, 2001. v.II, p.417-23.

SALLES, P. de T. Momentos I (1974) de Marlos Nobre: síntese e contraste. *Per Musi – Revista de Performance Musical (Belo Horizonte)*, v.7, p.32-51, 2003.

SALLUM JÚNIOR, B. Globalização e desenvolvimento: a estratégia brasileira nos anos 90. *Novos Estudos Cebrap*, n.58, p.131-56, nov. 2000.

SANTORO, C. Problema da música contemporânea brasileira em face das resoluções e apelo do congresso de compositores de Praga – resumo das conferências e discussões. *Fundamentos*, n.3, p.233-40, jun. 1948.

SKIDMORE, T. Temas e metodologias nos estudos das relações raciais brasileiras. *Novos Estudos*, n.60, p.63-76, jul. 2001.

SILVA, F. Camargo Guarnieri e Mário de Andrade. *Latin America Music Review (Austin)*, v.20, n.2, p.184-212, 1999.

SOFFIATI, G. L. Tacuchian, sistema-T e pós-modernidade. Entrevista com Ricardo Tacuchian. *Brasiliana (Rio de Janeiro)*, Revista da Academia Brasileira de Música, n.6, p.20-7, set. 2000.

STRAUS, J. N. Stravinsky's serial "mistakes". *The Journal of Musicology (Berkeley)*, v.XVII, n.2, p.231-71, Spring 1999.

TACUCHIAN, R. O pós-moderno e a música. *Em Pauta*, v.IV-5, p.24-31, jun. 1992.

_____. Um novo controle de alturas através da Escala T. *Cadernos de Estudo (São Paulo)*, n.6-7, p.125-46, fev. 1994a.

_____. Pesquisa musicológica e vida musical contemporânea. *Revista da Sociedade Brasileira de Música Contemporânea (Goiânia)*, n.1, 1994b.

_____. Música pós-moderna no final do século. *Pesquisa e música (Rio de Janeiro)*, Revista do Conservatório Brasileiro de Música, v.1, n.2, p.25-40, dez. 1995.

_____. O Brasil no Carneggie Hall. *Revista da Sociedade Brasileira de Música Contemporânea (Goiânia)*, n.3, p.77-82, 1996.

TASCHNER, G. A pós-modernidade e a sociologia. *Revista da USP (São Paulo)*, n.42, p.6-19, jun.-ago. 1999.

TOMÁS, L. Impasses na música popular brasileira. *Comunicação & Educação (São Paulo)*, ECA/USP, ano VII, n.20, p.91-4, jan.-abr. 2001a.

TOMÁS, L. Música e tragédia em Nietzsche ou a música como sentido. In: XIII ENCONTRO NACIONAL DA ANPPOM, Belo Horizonte, 2001. *Anais...* Belo Horizonte, 2001b. v.1, p.282-9.

ULMAN, E. Some thoughts on the New Complexity. *Perspectives of New Music (New York)*, v.32, n.1, Winter 1994.

VAN DER TOORN, P. C. Some characteristics of Stravinsky's diatonic music (I). *Perspectives of New Music (New York)*, Fall-Winter, p.104-38, 1977a.

_____. Some characteristics of Stravinsky's diatonic music (II). *Perspectives of New Music (New York)*, p.58-96, Spring-Summer 1977b.

Jornais e revistas de circulação comercial

AGUIAR, C. Os ásperos caminhos da boa música. *Jornal da Tarde*, São Paulo, 16 set. 2000.

AITH, M. O encontro secreto de Jango e Bob Kennedy. *Folha de S.Paulo*, São Paulo, 12 ago. 2001. Mundo, p.A17.

ANDERSON, J. A opressão invisível. *Folha de S.Paulo*, São Paulo, 22 jul. 2001. Mais!, p.9-13.

AUGUSTO, S. Aquele som que a gente finge que entende e aprecia. *O Estado de S. Paulo*, 26 out. 1997.

CAMPOS, A. de. Stockhausen, multimúsico. *Folha de S.Paulo*, São Paulo, 17 jun. 2001. Caderno Mais!, p.16-7.

COELHO, J. M. Transplante e rejeição – se temos de copiar, que pelo menos o façamos bem. *Revista Bravo!*, ano 3, n.32, p.25-6, maio 2000a.

_____. Gilberto Mendes reativa seu festival de experimentalismos. *O Estado de S. Paulo*, São Paulo, 9 jul. 2000b. Caderno 2.

COELHO, L. M. Uma batuta voltada para o nacionalismo. *O Estado de S. Paulo*, São Paulo, 19 fev. 2001. Caderno 2.

DA MATTA, R. Fundamentalismo pluralista ou catolicismo hierárquico. *O Estado de S. Paulo*, São Paulo, 16 dez. 2000. Caderno 2, p.D 18-9.

DARNTON, R. Mal do século. *Folha de S.Paulo*, São Paulo, 11 jul. 1999. Caderno Mais!, p.5-6.

DUARTE, A. Cult para multidões. *Veja São Paulo*, São Paulo, 18-24 dez. 2000. p.14-22.

EICHENBERG, F. A pausa do grande Boulez. *Revista Bravo!*, ano 4, n.46, jul. 2001.

FAUSTO, B. Diálogo no Brasil antecedeu tempestade. *Folha de S.Paulo*, São Paulo, 12 ago. 2001. Mundo, p.A 18.

GIRON, L. A. Entrevista com Gorécki. *Folha de S.Paulo*, São Paulo, 18 jun. 1994. Ilustrada, p.5-6.

KUJAWSKI, G. de. A construção da identidade internacional do Brasil. *O Estado de S. Paulo*, São Paulo, 9 set. 2001. Caderno 2.

KUNDERA, M. O diário íntimo de Milan Kundera. Trad. José Marcos Macedo. *Folha de S.Paulo*, São Paulo, 5 ago. 2001. p.4-9.

MAINARDI, D. Cultura é um desperdício. *Veja*, São Paulo, 7 fev. 2001. p.123.

MARTINS, S. Entrevista com Stockhausen: A vanguarda sou eu. *Veja*, São Paulo, 20 jun. 2001. p.11-5.

MEDEIROS, J. Anarquista pôs Duprat no mau caminho. *O Estado de S. Paulo*, São Paulo, 31 maio 1996. Caderno 2.

MENDES, G. Vanguarda acabou, afirma Mendes. Entrevista a Fausto Siqueira. *Folha de S.Paulo*, São Paulo, 8 ago. 1998. Ilustrada, p.4-6.

NYE, J. EUA lideram graças a sua versatilidade. Entrevista a Márcio Senne de Moraes. *Folha de S.Paulo*, São Paulo, 5 nov. 2000. Folha Mundo, p.A17-18.

PORTOGHESI, P. Arquitetura da reconstrução. Entrevista a Maurício Santana Dias. *Folha de S.Paulo*, São Paulo, 9 dez. 2001. Mais!, p.4-10.

ROUANET, S. P. O exorcismo do bom e do mau selvagem. *Folha de S.Paulo*, São Paulo, 15 out. 2000. Mais!.

SAER, J. J. O democratismo totalitário pós-moderno. *Folha de S.Paulo*, São Paulo, 21 out. 2001. Mais!

SIMONETTI, E., BOSCOV, I., GALUPPO, R. Susto no império americano. *Veja*, São Paulo, 26 abr. 2000. p.44-53.

VIOTTI, I. Réquiem para Santoro. *Isto É/Senhor*, 5 abr. 1989. p.45-6.

Teses e dissertações

ASSIS, A. C. de. *O timbre em* Ilhas *e* Savanas *de Almeida Prado*: uma contribuição às práticas interpretativas. Rio de Janeiro, 1997. Dissertação (Mestrado) – Centro de Letras e Artes da Unirio.

BARTOLONI, G. *Violão:* a imagem que fez escola – São Paulo 1900-1960. Assis, 2000. Tese (Doutorado) – Faculdade de Ciências e Letras de Assis, Universidade Estadual Paulista.

GUIMARÃES, I. B. *Artes da memória:* a crônica de uma instituição – Funarte. São Paulo, 1996. Tese (Doutorado) – Escola de Comunicações e Artes, Universidade de São Paulo.

IKEDA, A. T. *Música política:* imanência do social. São Paulo, 1995. Tese (Doutorado) – Escola de Comunicações e Artes, Universidade de São Paulo.

MOREIRA, A. L. da C. *A poética nos 16 poesilúdios para piano de Almeida Prado.* Campinas, 2002. Dissertação (Mestrado) – Instituto de Artes, Universidade Estadual de Campinas.

PRADO, J. A. R. de A. *Cartas celestes:* uma uranografia sonora geradora de novos processos composicionais. Campinas, 1985. 577p. Tese (Doutorado) – Universidade Estadual de Campinas.

RAYMUNDO, H. A. E. *Camargo Guarnieri em fins de milênio:* o papel de um compositor nacional na formação da música erudita brasileira. São Paulo, 1997. Tese (Doutorado) – Faculdade de Filosofia, Letras e Ciências Humanas, Universidade de São Paulo.

TACUCHIAN, M. de F. G. *Panamericanismo, propaganda e música erudita:* Estados Unidos e Brasil (1939-1948). São Paulo, 1998. Tese (Doutorado) – Faculdade de Filosofia, Letras e Ciências Humanas, Universidade de São Paulo.

TERRA, V. R. R. *Indeterminação:* o acaso e o aleatório na música do século XX. São Paulo, 1999. 159p. Dissertação (Mestrado em Comunicação e Semiótica) – Pontifícia Universidade Católica.

TOMÁS, L. *De música:* contribuições para a elaboração de uma nova teoria musical. São Paulo, 1998. Tese (Doutorado em Comunicação e Semiótica) – Pontifícia Universidade Católica.

ZERON, C. A. de M. R. *Fundamentos histórico-políticos da música nova e da música engajada no Brasil a partir de 1962:* o salto do tigre de papel. São Paulo, 1991. Dissertação (Mestrado) – Faculdade de Filosofia, Letras e Ciências Humanas, Universidade de São Paulo.

Textos veiculados em endereços eletrônicos*

ASHLEY, R. *Home Page* do compositor norte-americano. Disponível em: <http://www.lovely.com/bios/ashley.html>.

COOMARASWAMY, A. Textos sobre a pesquisadora hindu. Disponível em: <http://www.tamilnation.org/hundredtamils/coomaraswamy.htm>.

COUTINHO, C. N. Gramsci e a sociedade civil. Disponível em: <http://www.artnet.com.br/gramsci/arquiv93.htm>.

GUBERNIKOFF, C. Três compositores brasileiros nos anos 70 e 80: Rodolfo Caesar, Gilberto Mendes e Almeida Prado (relato). In: ANAIS DO VIII ENCONTRO NACIONAL DA ANPPOM. João Pessoa, 1995. Disponível em: <http://www.musica.ufmg/anppom>.

IRCAM – Institut de Recherche et Cordination Acustique/Musique. Centre Georges Pompidou. Disponível em: <http://www.ircam.fr/>.

MARTINEZ, J. L., SOUZA, R. C. de. Ainda o ícone, Willy, ícone/índice/símbolo. In: *Musikeion*, lista de discussão do Departamento de Semiótica da PUC/SP. Disponível em: <http://listas.pucsp.br/musikeion/archives/9806/msg00032.html>. Mensagem de 12 de junho de 1998.

NEW CONSONANT MUSIC. Disponível em <http://www.avk.org/ncm/index.html>. Gravadora especializada em música "pós--moderna".

NOBRE, M. *Yanomani* op. 47 di Marlos Nobre: introduzioni a cura dell'Autore. In: **Seicorde.it** – il portale di Chitarra Classica. s. d. Disponível em: <http://www.seicorde.it/seicorde/atti7.asp>.

PASLER, J. Postmodernism. In: *The New Grove's Dictionary of Music and Musicians*. 2.ed., 2001. Disponível em: <http://www.grovemu--sic.com>.

RAMOS, E. H. Almeida Prado genialidade musical. 2 de junho de 2000. Entrevista com Almeida Prado. Disponível em: <http://www.usinadeletras.com.br/exibelotexto.phtml?cod=199&cat=Ensaios>.

---

* Muitas das publicações como jornais e revistas de circulação comercial foram consultados também a partir dos arquivos on-line disponibilizados pelos jornais e editoras.

SALLIS, F. Le paradoxe postmoderne et l'oeuvre tardive de Luigi Nono. *Circuit*, v.11, n.1, p.69-84, 2000. Disponível em: <http://www.erudit.org/erudit/circuit)>.

SANTOS, B. de S. O princípio do futuro. *Guia Global*, 15 fev. 2001. Disponível em: <http://www.guiaglobal.com.br>.

SOLOMON, L. What is postmodernism? Disponível em: <http://www.azstarnet.com/~solo/postmod.htm>.

Contracapas de discos, LPs, CDs e outras mídias eletrônicas

GANDELMAN, S. O som de Almeida Prado. Contracapa do CD *O som de Almeida Prado*. Rio de Janeiro: Unirio, 1999b.

GUARNIERI, M. C. Notas para o CD *Camargo Guarnieri*: Concertos para piano n°s 3 e 4. Estúdio Sono-Viso. Rio de Janeiro: Funarte, 1979.

QUADRIO, M. Marlos Nobre/Yanomani – texto de contracapa do LP 31C 063422921, EMI-Odeon, 1982.

SALLES, M. I. Cláudio Santoro: revolucionário e humanista. Contracapa do CD *5 sonatas de Cláudio Santoro para violino e piano*. Mariana Salles (violino) e Laís de Souza Brasil (piano). Rio de Janeiro: Academia Brasileira de Música, 1999.

TACUCHIAN, R. Estruturas: experimentalismo e emoção. Contracapa do CD *Estruturas*: Ricardo Tacuchian. Rio de Janeiro: Academia Brasileira de Música, 1999.

_____. Imagem carioca: obra para violão. Contracapa do CD *Imagem carioca*: obra para violão. Rio de Janeiro: Academia Brasileira de Música, 2000.

Partituras

CAGE, J. *4'33"*. Reproduzido em Nyman (1999).

GUARNIERI, M. C. *Dança negra*, para piano. São Paulo: Ricordi, 1948.

_____. *Concerto n.4*, para piano e orquestra. Manuscrito, pertencente ao acervo do IEB, datado de 1968.

GUARNIERI, M. C. *Ponteios*, para piano solo. 5v., n.1-50. São Paulo: Ricordi, 1978.

KRIEGER, E. *Ritmata*, para violão solo. Paris: Max Eschig, 1975.

_____. *Estro armonico* (para orquestra). Rio de Janeiro: Academia Brasileira de Música, Banco de Partituras de Música Brasileira, 2000.

MENDES, G. *Blirium c-9*, para piano. São Paulo: Ricordi, 1969.

NEUE BRASILIANISCHE KLAVIERMUSIK. Obras de Cláudio Santoro, Camargo Guarnieri, Marlos Nobre, Francisco Mignone, Guerra-Peixe, Almeida Prado, Jorge Antunes et al. Wiesbaden (ALE): Breitkopf & Härtel, 1980. 2v.

NOBRE, M. *Nazarethiana, op. 2.* 6.ed. São Paulo: Vitale, 1960.

_____. *Momentos I*, para violão solo. Paris: Max Eschig, 1974.

_____. *Sonancias*, para piano e percussão. Darmstadt: Tonos, 1973.

_____. *Yanomani*, para coro SATB e violão. Manuscrito datado de 1980.

OLIVEIRA, W. C. de. *Prelúdios n.1 e 2*, para piano solo. São Paulo: MCA do Brasil, 1977.

_____. *Pequena peça zen*, para piano solo. São Paulo: Novas Metas, 1989.

PRADO, A. *Portrait*, para violão solo. Darmstadt: Tonos, 1979.

SANTORO, C. *Sonatine n.2*, para piano. Paris: Edition Savart, 1972.

SOCIEDADE PRÓ-MÚSICA BRASILEIRA. Obras de Almeida Prado, Eduardo Escalante, Marlos Nobre e Vasconcellos Corrêa. *Álbum Piano I*. SPMB, 1985.

ÍNDICE REMISSIVO

SOBRE O LIVRO

Formato: 14 x 21 cm

Mancha: 23,7 x 42,5 paicas

Tipologia: Horley Old Style 10,5/14

Papel: Off-set 75 g/m² (miolo)

Cartão Supremo 250 g/m² (capa)

1ª edição: 2005

1ª reimpressão: 2012

EQUIPE DE REALIZAÇÃO

Coordenação de Produção

Sidnei Simonelli

Produção Gráfica

Anderson Nobara

Edição de Texto

Carlos Villarruel (Preparação de Original)

Ada Santos Seles e

Sandra Regina de Souza (Revisão)

Ana Paula Perovano (Atualização Ortográfica)

Editoração Eletrônica

Casa de Ideias (Diagramação)

Impressão e acabamento

psi7 | βοοκ7